매주
달러
받는
배당주통장

미국 배당주 알짜 기업 213을 알면 수익 나는 전략이 보인다

매주 달러 받는 배당주 통장

장우석 지음

"1년 52주,
매주 통장에 달러가 쌓이기 시작했다!"

page2

| 서문 |

배당주로 월급만큼 버는 일, 더 이상 꿈이 아니다!

배당투자에 관한 강의나 설명은 필자의 주력 콘텐츠 중 하나다. 2016년 『미국 주식이 답이다』 책이 세상에 첫 선을 보이던 해를 제외하면 필자가 만드는 거의 모든 콘텐츠가 배당이었는데 미국 배당주의 특징, 이해, 투자 방법 등 다양한 주제로 강의를 진행했었다. 그래서 한 때 필자는 워런 버핏을 상당히 추종했고, 그를 연구하며 2017년에 『워런 버핏은 무엇을 사고 사지 않는가』라는 책을 출간하기도 했다. 물론 지금은 절판되었다.

다음 장의 사진은 2017년 7월경 있었던 세미나의 한 장면이다. 코카콜라라는 배당주를 선택하고 놀라운 수익을 기록한 워런 버핏식 투자 방법을 설명하던 장면이다.

다음 장의 사진도 2017년에 있었던 세미나인데, 이때도 실적과 배당의 상관관계에 대해서 설명을 했다. 늘 하는 이야기지만 실적이 좋은 기업은 항상 배당을 늘린다. 장기적으로 배당을 꾸준하게 지급하는 기업들의 실적은 보지 않아도 다 좋다는 결론으로 귀결된다. 반대로 실적이 좋지 않은 기업은 배당을 중지하거나 줄이고, 결국 주가도 크게 하락한다. 그러니 실적과 배당은 한 몸이다.

그러다 보니 배당투자, 특히 포트폴리오에 대한 질문이 많았고, 결국 더 많은 세미나를 해야만 했다. 다음 장의 사진도 2019년 당시 한 증권사에서 배당 관련 세미나를 진행했을 때의 모습이다.

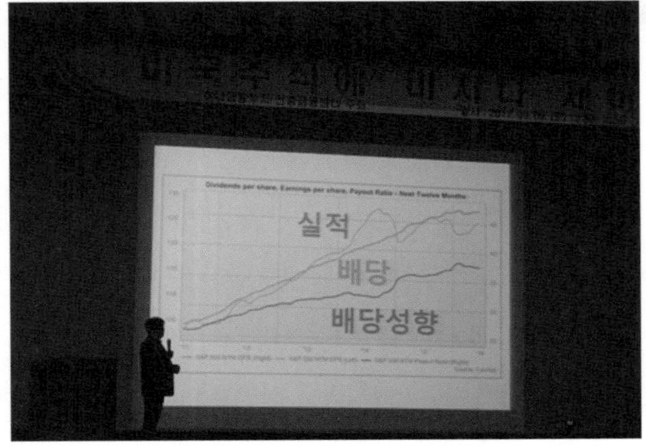

이렇게 수많은 강의를 진행하며 수많은 투자자를 만났다. 그리고 강의를 들으면 들을수록 배당투자에 대한 갈망이 더 깊어진다는 수강생들의 평을 듣기도 했다. 급기야 필자 나름대로 최적의 포트폴리오를 만들기 시작했다.

그렇게 탄생한 최초의 배당 포트폴리오가 바로 '배당23(미국

배당주로 월급 받는 방법)'으로 지금 이 책에서 소개하는 '매주 달러 받는 포트폴리오'보다 훨씬 먼저 세상에 소개한 것이다. 대략 3년 넘게 운용을 해왔었는데 지금은 운용 종목이 21개로 줄었고, 편입된 종목도 많이 달라졌다. 그만큼 배당투자에 대한 오랜 경험과 노하우가 그동안 쌓여 지금의 매주 달러 받는 포트폴리오가 만들어졌다.

그러나 많은 분들이 이러한 포트폴리오를 볼 때 퍼포먼스, 즉 수익률에만 눈길을 준다. 배당 포트폴리오의 강점은 단순히 주가차익이나 배당수익률이 아니다. 중요한 것은 '총 수익률(Total Return)'이다. 이것만 파악하고 이해하면 투자는 얼추 끝난다.

총 수익률은 간단하게 요약하면 보유한 기간의 시세차익과 배당수익을 뜻한다. 여기서 배당수익은 재투자 없는 배당수익과 매번 재투자를 실행한 경우가 있는데 후자의 경우 복리 개념의 수익이 발생할 수 있다. 이 개념을 쉽게 설명하기 위해서 코카콜라와 관련한 흥미로운 세 가지 예시를 들어보겠다.

첫 번째, 조금만 부지런하면 내 아이 대학원까지 보낸다.

투자 자금 1만 달러, 보유 주식수는 217.91주, 보유기간을 2020년 4월 30일부터 2023년 4월 28일까지 3년으로 설정했을 때 이 기간 동안의 시세차익과 배당수익의 합을 계산해 보면 다음과 같다.

배당만 받고 재투자하지 않는 경우

투자 시작:	04/30/2020
투자 종료:	04/28/2023
시작 당시 주가:	$45.89
종료 당시 주가:	$64.15
총 배당금 (재투자 없이 모으는 전략):	$5.13
총 수익률 (Total Return):	50.97%
연평균 수익률:	14.75%
시작 당시 투자금:	$10,000.00
종료 당시 투자금:	$15,098.39

분기마다 들어오는 배당금을 매번 재투자하는 경우

투자 시작:	04/30/2020
투자 종료:	04/28/2023
시작 당시 주가:	$45.89
종료 당시 주가:	$64.15
총 배당금 (재투자 없이 모으는 전략):	$5.13
총 수익률 (Total Return):	**53.41%**
연평균 수익률:	**15.36%**
시작 당시 투자금:	$10,000.00
종료 당시 투자금:	$15,340.01

여기서 배당 재투자가 없는 경우 수익률은 50.97%로 이는 보유기간 동안의 시세차익과 총 배당금 5.13달러를 합한 수익률이다. 최초 보유한 주식수가 217.91일 때 나온 결과다. 그런데 분기마다 들어오는 배당금을 매번 재투자하는 경우는 다르다. 수익률이 앞서 나온 결과 50.97%보다 더 높은 53.41%로 집계되었다. 어떤 차이점이 있었는지 알아보자.

보유기간 동안의 시세차익과 총 배당금 5.13달러를 합한 수익률은 동일하지만 여기서 2020년 당시 분기배당금 0.41달러, 2021년 0.42달러, 2022년 0.44달러, 2023년 0.46달러로 코카콜라 주식을 매수하는 것이다. 이제 한국도 소수점매매가 활성화되어 있으니, 이런 매수가 가능하다는 것을 알 것이다.

그래서 배당 재투자의 경우는 보유 주식수가 최초 217.91에서 239.15로 21.24주가 늘었다. 만약에 배당금을 꺼내서 소고기를 사 먹거나 옷을 사는 데 썼다면 3년을 보유해도 주식수는 여전히 217.91주였겠지만, 꼬박꼬박 부지런하게 재투자했다면 239.15주로 주식이 더 늘었을 것이다. 당연히 늘어난 주식 21.24주에 따른 배당금이 추가수익으로 잡혔음은 두말하면 입만 아픈 것이다.

결국 이 부분이 총 수익률 50.97%와 53.41%를 가른 이유가 된다. 같은 배당금을 받고도 부지런하기만 하면 수익이 커진다. 복리 효과를 누릴 수 있는 것이다. 독자 중에는 자녀가 있는 분들이 있으니 좀 더 길게 투자해 보자. 앞서 언급한 누구는 자녀를 대학까지 가르치고, 누구는 대학원까지 보낸다는 근거다.

다시 투자 자금은 동일하게 1만 달러, 보유기간은 2000년 5월 1일부터 2023년 4월 28일까지 23년으로 설정을 하고 이 기간 동안의 시세차익과 배당수익의 합을 계산해 보자.

토막 상식

- **소수점매매 서비스:** 미국주식을 1주 미만의 소수점 수량 단위로 거래할 수 있게 하여 소액으로도 비싼 미국주식 우량주에 투자할 수 있는 서비스. 적용 종목, 최소 단위, 최소 금액은 이용하고 계신 증권사에 문의 바람.

배당만 받고 재투자하지 않는 경우

투자 시작:	05/01/2000
투자 종료:	04/28/2023
시작 당시 주가:	$23.13
종료 당시 주가:	$64.15
총 배당금 (재투자 없이 모으는 전략):	$23.48
총 수익률 (Total Return):	278.84%
연평균 수익률:	5.96%
시작 당시 투자금:	$10,000.00
종료 당시 투자금:	$37,879.36

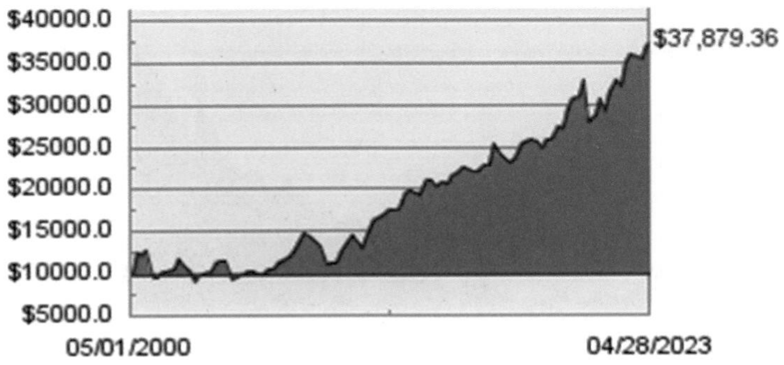

출처: Tickertech. 2023.5.6

분기마다 들어오는 배당금을 매번 재투자하는 경우

투자 시작:	05/01/2000
투자 종료:	04/28/2023
시작 당시 주식수량(Starting shares):	432.34
종료 당시 주식수량(Ending shares):	814.39
총 배당금(재투자 없이 모으는 전략):	$23.48
총 수익률(Total Return):	422.43%
연평균 수익률:	7.45%
시작 당시 투자금:	$10,000.00
종료 당시 투자금:	$52,229.83

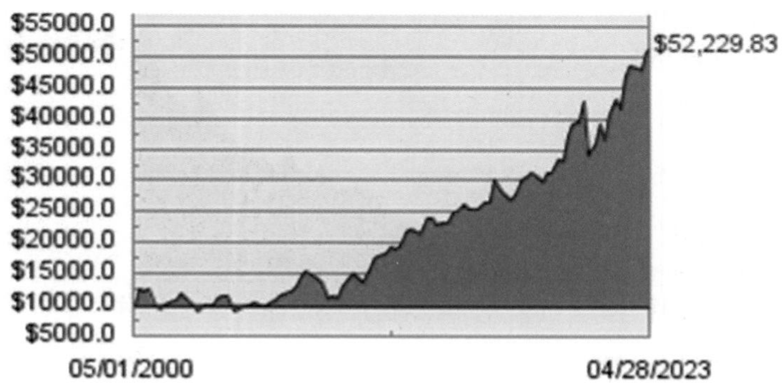

출처: Tickertech, 2023.5.6

결과를 보면 수익률의 차이가 엄청나게 커진다. 코카콜라에 23년간 투자한 결과 배당 재투자가 없는 경우 총 수익률은 278.84%, 최종 투자금은 $37,879.36였고, 배당 재투자가 있는 경우 총 수익률은 422.34%, 최종 투자금은 $52,229.83로 집계되었다. 이런 결과는 결국 배당 재투자가 가져온 보유 주식수의 증가로 보유 주식수가 최초 432.34에서 814.39로 크게 늘었다. 같은 금액과 동일한 투자 기간으로 누구는 자녀를 대학까지 보내고, 누구는 자녀를 대학원까지 보낸다는 말이 이해가 갈 것이다. 자, 이쯤 되면 배당투자에 점점 관심이 생기기 시작한다. 여기서 재미난 결과를 하나 더 보여주겠다.

두 번째, 거북이 유틸리티 업종이 토끼 기술 업종을 이긴다?

유틸리티 업종을 거북이에 비유하고, 기술 업종을 토끼에 비유한 이유는 주가의 퍼포먼스 차이 때문이다. 보통 유틸리티 업종은 한국전력과 같이 주가의 등락이 미미하고 성장성도 느려서 거북이에 비유했고 기술 업종은 주가의 등락이 상당히 심하고 성장성은 빨라서 토끼에 비유했다.

그럼 진짜 그런지 근거자료와 함께 살펴보자. 참고로 투자 기간과 투자 금액을 앞의 사례와 동일하게 설정했다. 그리고 각 업종을 대표하는 ETF인 XLU(유틸리티 업종 ETF)와 XLK(기술 업종 ETF)로 비교했다.

배당만 받고 재투자하지 않는 경우(유틸리티 업종)

투자 시작:	05/01/2000
투자 종료:	04/28/2023
시작 당시 주가:	$28.48
종료 당시 주가:	$68.98
총 배당금 (재투자 없이 모으는 전략):	$31.27
총 수익률 (Total Return):	**251.96%**
연평균 수익률:	**5.62%**
시작 당시 투자금:	$10,000.00
종료 당시 투자금:	$35,179.68

배당만 받고 재투자하지 않는 경우(기술 업종)

투자 시작:	05/01/2000
투자 종료:	04/28/2023
시작 당시 주가:	$55.78
종료 당시 주가:	$150.83
총 배당금 (재투자 없이 모으는 전략):	$12.38
총 수익률 (Total Return):	**192.58%**
연평균 수익률:	**4.78%**
시작 당시 투자금:	$10,000.00
종료 당시 투자금:	$29,276.16

확인해 보니 배당 재투자가 없다면 총 수익률이 251.96% 대 192.58%로 기술 업종이 약간 부족했다. 하지만 거의 비슷했음을 알 것이다. 이젠 중요한 포인트, 배당 재투자의 경우이다.

분기마다 들어오는 배당금을 매번 재투자하는 경우(유틸리티 업종)

투자 시작:	05/01/2000
투자 종료:	04/28/2023
시작 당시 주가:	$28.48
종료 당시 주가:	$68.98
Starting shares:	351.07
Ending shares:	763.70
총 배당금 (재투자 없이 모으는 전략):	$31.27
총 수익률 (Total Return):	**426.80%**
연평균 수익률:	**7.49%**
시작 당시 투자금:	$10,000.00
종료 당시 투자금:	$52,678.98

분기마다 들어오는 배당금을 매번 재투자하는 경우(기술 업종)

투자 시작:	05/01/2000
투자 종료:	04/28/2023
시작 당시 주가:	$55.78
종료 당시 주가:	$150.83
Starting shares:	179.27
Ending shares:	232.70
총 배당금 (재투자 없이 모으는 전략):	$12.38
총 수익률 (Total Return):	**250.98%**
연평균 수익률:	**5.61%**
시작 당시 투자금:	$10,000.00
종료 당시 투자금:	$35,103.13

배당 재투자는 그야말로 우리의 선입견을 완벽하게 벗어난다. 23년간의 투자 결과 유틸리티 업종은 총 수익률 426.80%로 연평균 7.49%를 기록했고, 반면 기술 업종은 총 수익률 250.98%로 연평균 5.61%를 기록했다. 쉽게 이야기하면 지루한 업종으로 유명한 유틸리티 업종이지만 배당 재투자만으로 기술 업종을 이긴다는 것이다.

이유는 간단하다. 주된 이유는 바로 주가의 흐름인데, 기술 업종의 경우 주가의 흐름이 일정하지 않다. 이 중에는 애플, 마이크로소프트, 엔비디아 등 여러분이 좋아하는 종목들이 다 모여 있다. 이런 종목들은 2000년 초반의 닷컴 버블과 금융위기 때 주가하락이 심했고 거기에 성장주로 분류가 되면서 배당도 없거나 적었다. 아래가 23년간의 차트(배당 재투자 포함)다.

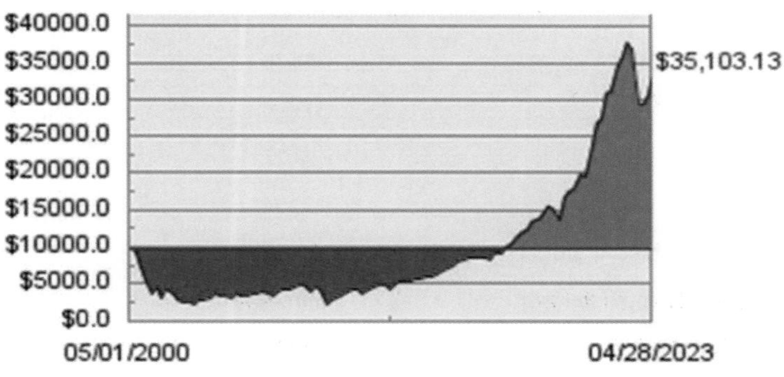

출처: Tickertech. 2023.5.6

반면 방어적인 섹터인 유틸리티 업종은 주가 등락이 적고, 성장이 멈추다 보니 배당을 많이 지급하는 업종이다. 아래 차트가 23년간의 차트(배당 재투자 포함)다.

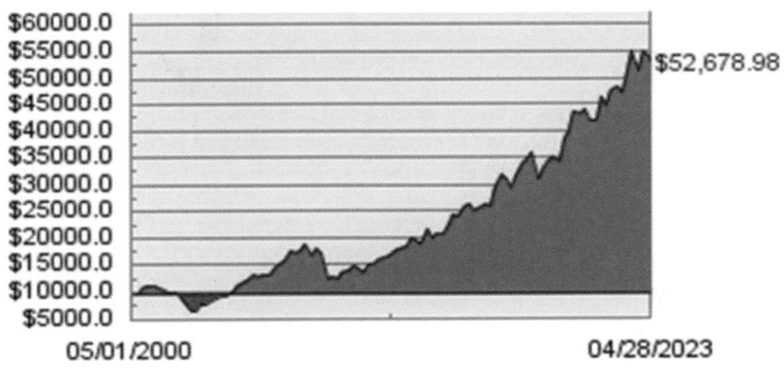

출처: Tickertech. 2023.5.6

세 번째, 고배당 ETF인 QYLD는 돈 버는 월 배당 ETF이다.

고배당 ETF로 익히 알려진 QYLD가 있다. 참고로 2013년 12월 상장되었다. Global X NASDAQ 100 커버드콜 ETF인 QYLD는 옵션 거래가 포함되어 있어 초보 투자자들이 이해하기가 쉽지는 않지만 연평균 배당수익률이 10% 이상으로 배당투자를 선호하는 분들의 사랑을 받아 왔다. 현재 연배당 수익률은 11% 후반대이다(2024년 2월 기준). 단점은 주가가 시간이 지날수록 우하향하는 것인데, 월간차트를 같이 보자.

출처: Finviz. 2023. 5.6

고점이 25달러에서 최근 17달러대까지 꾸준하게 하락했고 수익률로 보면 32% 마이너스이다. 그럼 전과 동일하게 월마다 들어오는 배당금을 매번 재투자하는 경우를 살펴보면 다음과 같다.

분기마다 들어오는 배당금을 매번 재투자하는 경우

투자 시작:	12/13/2013
투자 종료:	04/28/2023
시작 당시 주가:	$25.02
종료 당시 주가:	$17.29
Starting shares:	399.68
Ending shares:	1,016.87
총 배당금:	$20.76
총 수익률 (Total Return):	75.82%
연평균 수익률:	6.20%

시작 당시 투자금:	$10,000.00
종료 당시 투자금:	$17,576.25

약 9년 3개월 동안 총 수익률 75.82%에 연평균 수익률이 6.20%로 나쁘지 않다. 팬데믹 시기를 지나온 것을 감안하면 오히려 선방한 결과다. 받은 월배당을 지속적으로 재투자 하면 시간이 지나면서 수익률이 훨씬 커질 것으로 예상된다.

다소 지루할 수 있는 배당투자 이야기를 세 가지의 경우를 들어서 최대한 재미있게 설명 드렸다.

배당투자는 한마디로 시간과의 싸움이다. 여기서 시간은 '타이밍'이 아니라 '타임'이라는 뜻이다. 사고 팔 타이밍을 맞춘다는 것은 거의 불가능하다. 하지만 적어도 여유자금으로 투자해서 받은 배당금으로 재투자하는 것은 초등학생도 배우면 할 것이다. 배당 세미나를 할 때면 필자는 말미에 이런 이야기를 하곤 한다.

"미국 배당투자를 엄청난 건물을 보유한 건물주의 투자라고 생각하세요. 건물은 내가 부수지 않으면 없어지지 않죠. 배당투자도 내가 종목을 매도하지만 않으면 시장에 위기가 오거나, 혹여 물려도 상관없습니다. 심지어 경기침체가 와도 종목만 잘 고르고 투자하면 배당금은 항상 들어옵니다. 제 투자 전략은 영원합니다. 이게 배당투자의 묘미이자 매력입니다."

정리하는 의미에서 한 가지 제일 중요한 정보를 드리고 싶다. 재미있는 배당 이야기와 총 수익률(Total Return)의 개념을 듣다 보면 이런 생각이 들 수 있다. '아니 개인이 배당투자를 하면서 받은 배당금을 입금될 때마다 매번 주수를 계산해서 재투자를 해야 한다고?'

맞다. 쉽지 않은 일이다. 이런 어려운 일을 도와주기 위해서 미국 현지에서는 '배당금 재투자 계획(DRIP)'이라는 서비스가 활성화되어 있다. DRIP는 'Dividend Reinvestment Plan'의 약자로 투자자는 배당금을 현금으로 직접 받지 않고, 이는 대신 보유주식 매수에 쓰인다. 설정에 의해서 자동으로 이뤄지는 일종의 증권사 서비스이다. 결국 투자자는 편하게 기다리기만 하면 된다. 아마도 시간이 지나면서 엄청난 복리의 수익률이 발생할 것이다. 최근 국내 증권사에서도 이러한 서비스가 도입될 가능성이 있다고 하니 지켜보는 것도 좋겠다.

하지만 아직 투자를 시작한지 얼마 안되었거나, 배당주가 처음이라면 매주 들어오는 배당금을 확인하고, 재투자하는 경험을 해보는 것도 추천한다. 돈을 버는 재미가 세상에서 제일이지 않겠는가? 소액으로 시작한 돈이 눈덩이처럼 커가는 것을 직접 지켜보는 재미가 쏠쏠할 것이다.

이제 조금 더 구체적으로 배당투자의 방법과 초보자도 어렵지 않게 월급만큼 수익을 얻을 수 있는 포트폴리오 구성법에 대해 설명하려 한다. 배당주에 대한 기초지식 쌓기부터 매주 달러 배당금을 받기 위해 알아두어야 할 기업 213개에 대한 아낌없는 정보를 담았으니 길을 잃지 말고 하나씩 따라가 보자.

장우석

| 차례 |

◆ 1부 ◆

왜 배당주인가?

◆ 2부 ◆

배당주 투자의 핵심 요소

◆ 3부 ◆

실전! 매주 배당 받는 포트폴리오 만들기

◆ 4부 ◆

매주 배당금 들어오는 기업 리스트 213

$

Stock Dividend Portfolio

1부

왜 배당주인가?

배당주 투자에 관심을 가졌던 이유

필자는 배당금 자체가 아닌 배당투자가 주는 장기투자에 대한 믿음을 가졌다. 많은 분들이 배당투자를 떠올릴 때 일년에 어느 정도의 수익률이 발생하는지에 대해서만 관심을 갖는다. 필자도 물론 수익률을 중요하게 여기지만 그것보다 배당주는 투자한 종목을 지루하지 않게, 재미를 느끼면서 장기투자를 하기 위한 것에 목적이 있다고 생각한다.

사실 배당투자는 별로 재미가 없다. 맞다. 상당히 지루하다. 어차피 배당을 주는 기업들은 성장이 멈추고 주가의 상승이 둔화되는 특징을 보이는데 그래서 발생한 이익의 일부를 주주에게 돌려주는, 일종의 보상을 하는 것이다. 그리고 그 보상을 분기별, 월별 혹은 반기별, 연별로 각기 다른 주기로 지급을 한다. 이를 이른바 주주환원정책이라고 한다. 즉, 주주에게 이익을 돌려주는 것이다. 많은 투자자들은 투자한 기업이 꾸준하게 성장하고 거대한 이익을 내면서 주가가 크게 상승하여 주가차익이 생기길 원하겠지만 모든 기업이 성장주도 아니고, 통신주처럼 이미 가입자가 포화 상태에 이른 경우, 이익은 나지만 성장을 못하는 기업들이 분명히 있다. 이런 경우는 좋든 싫든 기업은 이익의 일부를 주주에게 배당으로 돌려준다. 배당 외에도 또 다른 환원의 방법인 자사주매입이 있다. 이 또한 주가의 하락을 저지하는 방법이지만 좀 전에 말한 성장주와 같은 큰 주가상승은 기대하기 어려울 것이다.

그렇다면 여기서 생각을 잠시 바꿔보자. 지금처럼 갑작스러운 글로벌 전쟁으로 에너지 가격과 곡물 가격이 급등하고, 그동안 경제가 호황을 누리면서 시장에 풀린 통화로 인해 물가가 천정부지로 치솟는 경우에는 어떨까?

토막 상식

- **주주환원정책:** 배당 확대, 자사주매입 등 주주가치를 제고할 수 있는 정책을 합쳐 부르는 말. 배당을 늘리면 주주에게 돌아가는 돈이 많아지고, 자사주를 매입하면 시중에 유통하는 주식수가 줄어 주가가 올라가는 효과가 있다.
- **자사주매입:** 일반적으로 자기 회사 주식가격이 지나치게 낮게 평가됐을 때 적대적 M&A에 대비해 경영권을 보호하고 주가를 안정시키기 위해 기업이 자기자금으로 자기회사 주식을 사들이는 것을 말한다.

한때 전 세계를 뒤덮은 코로나19로 모든 국가가 국경을 폐쇄하고 자영업자들이 도산하는 일이 생겼다. 이에 엄청난 양적 완화로 긴급처방을 했던 통화정책이 지금은 긴축정책으로 크게 선회했다. 연준은 금리를 급하게 올렸고 2024년 초반에 5%대의 금리에 다다랐다. 금리가 올라가자 성장을 하던 기업들이 이제는 부채에 따른 차입비용을 걱정하고 직원들을 감원하며 각종 비용을 줄이는 데 최선을 다하고 있다. 그런 조치를 하면서 주식시장은 어떻게 변했을까?

처음 금리가 오르자 소비자들은 소비를 줄였고, 이에 기업들의 물건이 안 팔리면서 재고가 쌓였다. 매출과 이익이 감소하자 기업은 모든 비용을 줄였다. 40년 만에 빠르게 올라간 금리에 주식시장의 주요 지수가 20~30% 하락했다. 우리가 좋아했던 빅테크 기업들의 경우 작게는 20%에서 많게는 50% 이상 하락 종목이 즐비했고, 수익성이 없는 성장주들은 많게는 90%까지 하락을 했다. 사실 하락의 체감은 훨씬 깊었고, 2020~2021년에 어떤 종목이든 매수하면 올랐던 천국에서 극도의 공포를 맞보는 지옥으로 전락했다. 이런 경우 S&P500지수 내의 어느 정도 검증한 종목을 보유한 투자자라면 대처 방법은 둘 중에 하나다. 팔던지 아니면 그냥 보유하는 것이다.

여기서 참고 버티는 주식 보유자에게는 많은 인내심과 확신, 그리고 약간의 희망이 필요하다. 다른 건 모르겠고, 필자가 23년 가까이 미국주식을 경험한 결과 인내심에 가장 좋은 방법은 배당을 받는 것이라고 믿고 있다. 아니 확신한다.

배당금의 규모는 중요하지 않다. 크게 물린 분들은 이제는 큰 수익이 아니라 본전만 와도 좋다고 생각을 겸손하게 바꾸는 게 주식판이다. 다들 주가가 빠져서 괴로워하는데 내 계좌에 정기적으로 배당금이 들어온다? 얼마나 반가운 소식인가!

그럼 더욱 확장해서 분기별로 꾸준하게 배당금이 입금되도록 포트폴리오를 구축하면 어떨까? 더 세심하게 연구해서 매월 배당금이 입금되도록 포트폴리오를 구축하면? 아니면 매주 배당금이 들어오는 포트폴리오를 구축하면 어떨까? 사실 이런 포트폴리오를 만드는 게 힘들어서 그렇지 만들 수만 있다면 여기에 투자를 하지 않을 사람은 없을 것이다. 그래서 필자가 만들게 된 것이다.

주가가 하락하면 매도의 고민이 여러분의 머릿속을 떠나지 않을 것이다. 그럴 때마다 매주 증권사로부터 배당금 연락이 오는 것이다. 매도하려고 했는데, 문자가 온다. 다음 주에 다시 매도 생각이 나는데 또 배당 문자가 온다. 이런 식의 일들이 1년, 52주 동안 반복되면 어느덧 본인이 장기투자자가 되어 있음을 인지하게 될 것이다.

이를 보여주는 표가 다음 장에 있으니 참고하기 바란다. 보유기간별 수익을 낼 확률을 표기한 것인데, 하루 보유하면 수익

확률 56%, 손실 확률 44%로 거의 반반이지만, 20년을 보유하면 수익 확률이 100%다. 투자금이 크던 작던 무조건 수익을 본다는 뜻이다. 물론 이때 조건은 S&P500지수 내 상장 종목에 투자하는 것임을 꼭 기억하기 바란다. 어차피 이 책에서 다루게 될 배당 포트폴리오 역시 모든 종목이 S&P500지수 내 종목이다. 이 책에서 지수 밖의 다른 종목들은 언급하지 않겠다.

1926년부터 2020년까지 S&P500 보유기간별 수익&손실 확률

보유기간	수익 확률	손실 확률
하루	56%	44%
1년	75%	25%
5년	88%	12%
10년	95%	5%
20년	100%	0%

출처: Dimensional Fund Adivisors

그리고 보유기간 동안의 수익률을 보여주는 것이 다음 장의 표다. 이처럼 주식을 꾸준하게 장기 보유하면 연평균 10~11%의 수익을 올릴 수 있다.

1926년부터 2020년까지 S&500 보유기간별 구체적 수익률

	5년	10년	20년	30년
최고 수익률	36.1%	21.4%	18.3%	14.8%
최저 손실률	-17.4%	-4.9%	1.9%	7.8%
평균 수익률	10.1%	10.4%	10.9%	11.2%

출처: Dimensional Fund Adivisors

굳이 이런 표와 설명이 아니더라도 부동산이든 주식이든 장기투자가 답이라는 것을 모르는 투자자가 이제는 없을 듯하다. 하지만 이 답을 알면서도 사람들이 지키지 못하는 이유가 무엇일까? 사람이기 때문에 그렇다. 장이 빠지면 자신도 모르게 공포심이 든다. 모든 투자금을 잃을 위기에 처할지도 모른다는 두려움에 급하게 투자금을 손절하고 시장을 빠져나온다. 이때 배당주는 두려움에 쌓인 투자자들에게 등불이 되어줄 수 있다. 공포를 이기고, 두려움을 잊게 만들어 장기투자로 가는 발판을 마련해 준다. 매주 들어오는 배당금은 주가 아니고 덤이라는 생각의 전환이 있으면 좋겠다.

배당의 순기능

배당은 주주들의 사기를 높이고 안정적인 수익을 만든다

배당금은 안정적인 수입을 제공하고 주주들의 사기를 높일 수 있다. 기업은 때때로 특별 배당금(Special Dividend)이라고 하는 배당금을 언제든지 선언할 수 있다. 많은 투자자들에게 배당금은 투자수익에 상당한 영향을 미칠 수 있기 때문에 현금 배당금을 지급하는 회사를 선호한다. 또 스탠다드앤푸어스(Standard & Poor's)에 따르면 1926년 이후 배당금은 미국주식 총 수익에 거의 40%를 기여했다.

다음 장의 그래프는 S&P500지수를 기준으로 연도별 투자 수익률에서 배당금이 차지하는 비중을 보여준다. 파란색이 배당금의 기여도인데 보면 10년마다 비중이 얼마나 달라졌는지 알 수 있다.

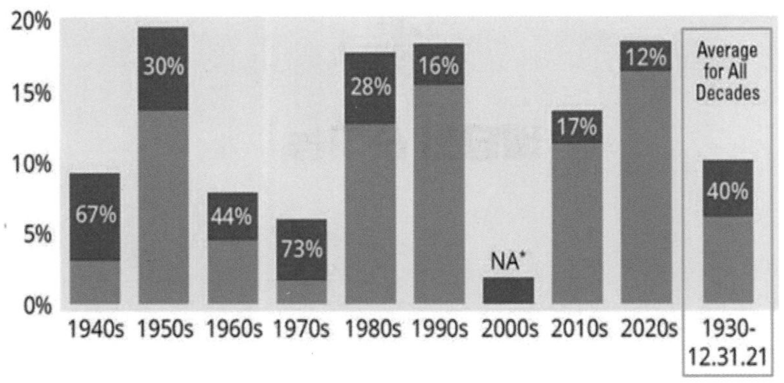

출처: hartfordfunds.com

1940년대부터 2020년대까지 연도별 투자 수익률 중 배당금 차지 비중

1940년대는 무려 67%, 50년대는 30%, 60년대는 44% 그리고 70년대는 73%, 80년대 28%, 90년대는 16% 심지어 2000년대는 시장의 하락이 길어지면서 시세차익은 없고 오로지 배당수익이 전부였다.

특히 2000년대의 수치는 놀라울 따름이다. 당시 닷컴 버블과 글로벌 경제위기로 인해 지금과 같은 경제침체가 전 세계에서 발생했는데 이때 배당만 유일하게 수익을 냈다. 이처럼 배당은 시장이 침체되어 수익을 내기 어려운 상황에도 수익을 만드는 알짜 투자다.

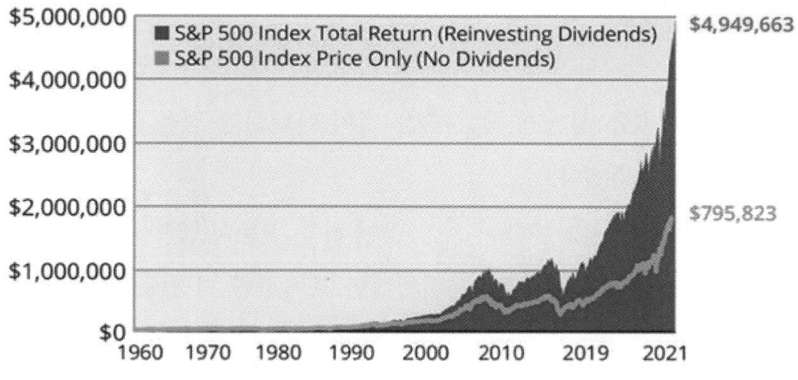

출처: hartfordfunds.com

1960년부터 2021년까지의 배당금 재투자 여부에 따른 수익률 차이

장기투자, 재투자에서 배당은 특히 빛을 발한다

앞에서도 했던 이야기지만 배당투자의 이점은 위의 그림으로 설명할 수 있다. 위 그림에서 파란색은 배당금을 재투자했을 때, 회색선은 배당금 없이 현금만 투자했을 때의 비교를 보여준다.

1960년부터 2021년까지의 배당금을 재투자 했을 때 따른 최종 수익금($4,949,663)과 그렇지 않은 경우의 수익금($795,823)은 차이가 크다. 대략 6~7배 차이가 나기 때문에 장기투자자라면 배당주를 반드시 포트폴리오에 편입해야 한다.

배당률이 크다고 다가 아니다

이 책에서 여러 번 언급을 하겠지만 무조건 배당금이 큰 종목의 최종 성과가 제일 좋은 것이 아니라는 점을 독자들이 기억하면 좋겠다.

배당금 초보자들이 가장 많이 하는 질문이 '인터넷에 고배당주 검색했을 때 나오는 기업에만 투자하면 되겠네요?'다. 하지만 배당금을 많이 지급한다는 이유만으로 투자를 결정하기에는 다소 무리가 있다.

아래 그림이 설명하는 것이 바로 그것인데 배당금을 크기에 따라 5개 분위로 구분했고, 제일 배당금이 큰 종목들을 1분위, 다음 크기의 종목을 2분위 그리고 제일 작은 종목들을 5분위에 배치했다. 그리고 약 80년 동안의 수익 통계를 구했더니 결과는 아래와 같았다. 아래의 퍼센티지는 S&P500지수와 비교했을 때의 초과 성과를 보여주는 것이다. 가장 큰 성과는 2분위

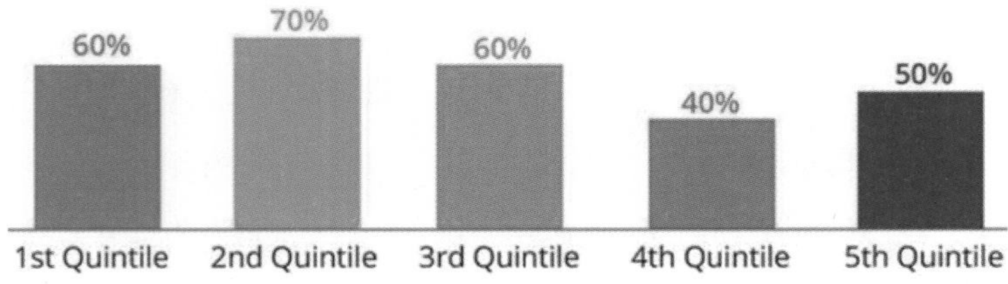

출처: hartfordfunds.com

배당금 크기에 따른 투자 성과 그래프

에서 기록했다. 이 결과를 보면 배당이 무조건 크다고 성과가 좋은 것이 아니며 적절한 배당이 성과 면에서 뛰어나다는 것을 알 수 있다.

이를 더 자세하게 10년 단위로 끊어서 보자. 대부분의 영역에서 S&P500지수의 수익을 초과하는 초과 성과를 보여주는데, 그래도 역시 2분위 성과가 눈에 띈다. 특히 2000~2009년에는 4.15%의 수익률을 기록하면서 S&P500지수의 수익률 -0.44%보다 월등하게 나은 모습을 보였다.

Compound Annual Growth Rate (%) for US Stocks by Dividend Yield Quintile by Decade (1929-2021)

	S&P 500	1st Quintile	2nd Quintile	3rd Quintile	4th Quintile	5th Quintile
Jan-1930 to Dec-1939	**-0.20**	-2.36	**0.61**	-2.34	-0.38	2.07
Jan-1940 to Dec-1949	**9.51**	13.92	**13.06**	10.26	8.63	6.83
Jan-1950 to Dec-1959	**18.33**	18.52	**20.31**	18.47	16.57	19.81
Jan-1960 to Dec-1969	**8.26**	8.82	**8.90**	6.46	7.97	9.30
Jan-1970 to Dec-1979	**6.05**	9.67	**10.22**	7.00	7.57	3.94
Jan-1980 to Dec-1989	**16.80**	20.23	**19.62**	17.20	16.19	14.65
Jan-1990 to Dec-1999	**17.96**	12.37	**15.54**	15.06	18.10	18.93
Jan-2000 to Dec-2009	**-0.44**	5.57	**4.15**	4.21	1.99	-1.75
Jan-2010 to Dec-2019	**13.56**	12.98	**13.25**	14.15	13.68	10.85
Jan-2020 to Dec-2021	**23.45**	12.44	**16.98**	15.04	31.83	29.47

출처: hartfordfunds.com

10년 단위별 배당금 크기에 따른 투자 성과표

앞의 표를 보신 분들은 한결같이 이런 질문을 한다. 왜 배당금이 제일 큰 1분위보다 더 낮은 2분위 성과가 나은지 말이다.

굳이 말하자면 배당성향(Payout Ratio) 때문이다. 뒤에서 자세하게 설명하겠지만 배당성향은 연간 주당 배당금을 주당 순이익으로 나누어 계산한 것으로 배당성향이 높다는 것은 회사가 수익의 상당 부분을 배당금으로 사용하고 있어 미래의 비즈니스 성장에 투자할 자금이 적다는 것을 의미한다.

아래 그림은 1979년 이후 Russell1000지수 내 배당금 지급의 처음 두 분위 수에 대한 평균 배당금 지급 비율을 보여주는 것으로 1분위 주식의 평균 배당성향은 74%, 2분위 주식의 평균 배당성향은 41%였다. 74%의 지급 비율은 수익대비 너무 많은 배당 지급으로 회사가 수익 감소를 경험할 경우 배당을

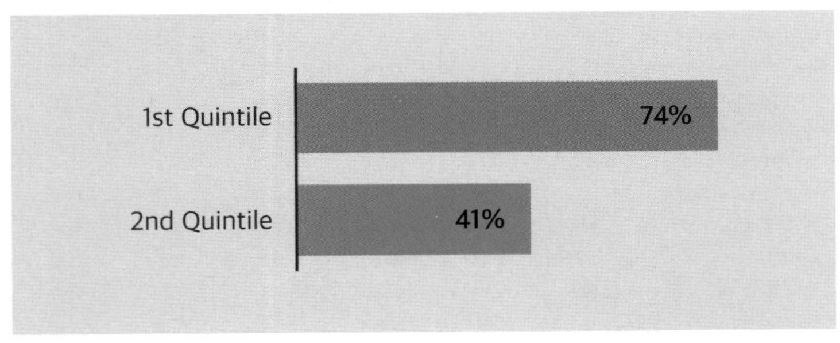

출처: hartfordfunds.com

1979년 이후 Russell1000 지수 내 배당금 크기로 나눈 기업 분위별 배당금 지급 비율

유지하기 어려울 수 있다. 이런 일이 발생하면 회사는 배당금을 삭감할 수 있는데, 배당금 삭감은 금융시장에서 약세의 신호로 간주되며 종종 회사 주식 가격의 하락을 초래한다.

배당투자를 단순히 배당률로 결정하는 것이 아니라 해당 종목의 시장성, 미래 가치 등을 따진 후 배당금은 물론 시세차익까지 노리는 것이 좋겠다.

시작은 미약해도 끝은 창대한 배당주에 투자하자!

왜 배당주인지, 이 그래프로 결론짓겠다. 더 큰 수익을 원한다면 무조건 배당주를 공략해야 한다. 시작은 작아 보일지 모르나 끝의 수익은 창대하기 때문이다. 아래 그래프는 1973년

출처: hartfordfunds.com

1973년부터 2021년까지 배당 유무에 따른 100달러 투자금의 총 수익 그래프

100달러의 투자금에서 시작해서 배당지급 유/무에 따른 2021년까지의 총 수익금을 보여주는 그림이다. 당신은 14,405달러를 버는 투자자가 될 것인가, 아니면 단순히 989달러를 버는 투자자가 될 것인가?

왜 미국주식 배당주에 주목해야 할까?

배당이란? 기업의 수익을 투자자들과 나누는 것

배당은 기업이 주주에게 기업의 이익을 분배하는 것을 의미한다. 법인은 이익이나 잉여금을 벌어들였을 때 그 이익의 일부를 주주들에게 배당금으로 지급할 수 있다. 보통 배당을 현금이라고 생각하는데, 현금이 다가 아니다. 투자의 대가는 주식이 될 수도 있고, 부동산 등의 자산이 될 수도 있다.

배당의 유형

현금	회사에서 주주에게 직접 현금을 지급하는 것으로 가장 일반적인 지급 유형이다.
주식	회사의 신주를 발행하여 주주에게 지급되는 것으로 이들은 투자자가 이미 소유하고 있는 주식수에 따라 비례하여 지급한다.

자산	현금이나 주식의 형태로 주주에게 배당금을 지불하는 것으로 제한되지 않는다. 일반적인 관행은 아니지만 회사는 투자 유가증권, 물리적 자산 및 부동산과 같은 다른 자산을 지불할 수도 있다. 국내에서는 아직까지 사례가 없다.
특별	회사의 정책(즉, 분기별, 연간 등)외에 지급되는 배당금으로 일반적으로 어떤 이유로든 초과 현금을 손에 들고 있을 때, 지급한다.
기타	옵션, 신주인수권, 새로운 분할 회사의 주식 등과 같이 덜 일반적인 기타 유형의 금융 자산을 배당금으로 지급할 수 있다.

배당 지급은 이사회의 승인을 받아야 한다. 그리고 모든 회사가 배당을 지급하는 것은 아니다. 특히 한국은 기업의 배당률이 낮은 것으로 알려져 있는데 분기별로 정해진 금액을 지급하는 회사가 있는가 하면 아예 없는 곳도 있고, 어쩌다가 한 번 주는 곳도 있다. 보통 배당은 5단계를 통해 지급 여부가 결정되고, 집행된다.

배당 지급의 단계

1단계	회사는 이익을 창출하고 이익을 유보한다.
2단계	경영진은 재투자 대신 일부 초과 이익을 주주들에게 지불할 것을 결정했다.
3단계	이사회는 계획된 배당금을 승인한다.
4단계	회사는 배당금(배당금, 지급일, 기준일 등)을 공시한다.
5단계	배당금은 주주에게 지급된다.

분배되지 않은 금액은 사업에 재투자되는데 이를 이익잉여금이라고 한다. 올해 이익과 전년도 이익잉여금을 분배할 수 있는데 다만 기업은 일반적으로 자본에서 배당금을 지급하는 것이 금지되어 있다. 주주에 대한 분배는 현금(일반적으로 은행 계좌 입금)이거나 주식 발행 또는 자사주매입을 통해 금액을 지불할 수 있다. 배당금은 주당 고정 금액으로 할당되며 주주는 보유 주식수에 비례하여 배당금을 받는다. 많은 사람들에게 친숙한 기업 코카콜라의 사례를 들어보자.

- 1단계, 코카콜라는 이익을 창출하고 23억 8,000만 달러의 이익을 유보한다.
- 2단계, 코카콜라는 이사회에서 첫 번째 분기 배당지급을 결정한다.
- 3단계, 이사회는 이익의 83%를 배당한다고 승인한다.
  (19억 8,900만 달러 규모, 총 주식수 43억 2,500만 주 × 현재 분기 배당금 46센트)
- 4단계, 2023년 2월 16일에 배당공시
  (배당금 46센트, 지급일 2023년 4월 3일, 배당락일 2023년 3월 16일)
- 5단계, 2023년 4월 3일에 배당금을 지급

왜 하필 미국주식 배당주인가?

국내에도 물론 배당주가 있다. 하지만 우리는 왜 미국주식 배당주에 주목해야 하는 것일까?

첫째, 국내 배당주는 보통 연말에 하는 경우가 많은 반면 미국 배당주는 분기 혹은 월에 지급하는 경우가 많다. 이렇게 잦은 배당주기는 배당락일의 영향이 적은 것으로 알려져 있는데, 실제 67년간 배당을 인상한 P&G(프록터앤갬블)는 배당락일에 주가가 하락하고 회복하는데 평균 6.3일밖에 소요되지 않는다. 또 61년간 배당을 인상 지급한 코카콜라도 배당락일 이후 주가가 회복하는데 평균 11.2일이 소요되고, 12년간 배당을 인상 지급한 워런 버핏의 최애 종목인 애플의 경우는 고작 1.1일만

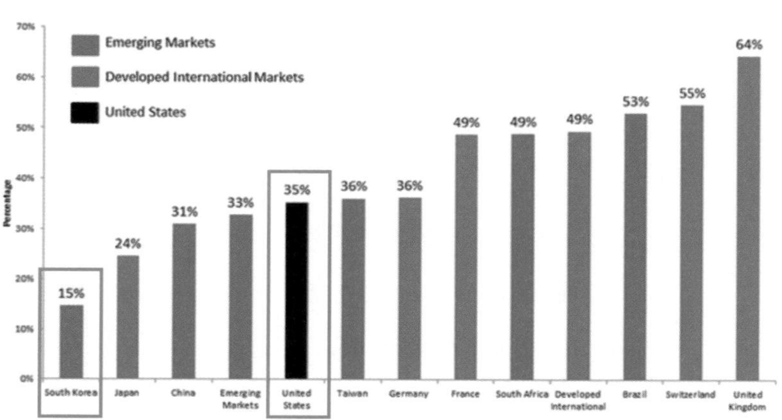

국가별 배당성향 차이 그래프 (출처: static.seekingalpha.com)

에 배당락일의 주가하락을 회복한다.

둘째, 배당성향 측면에서 미국과 국내 배당주의 차이가 크다. 기업이 벌어들인 이익에서 배당을 지급하는 정도를 나타내는 배당성향을 보면 차이가 매우 크다. 미국은 35%이고 우리나라는 15%로 가장 낮다.

미국 배당주의 특징

미국 배당주의 특징에 대해 간략하게 정리해 보겠다.

첫째, 미국의 배당주는 365일 깨어 있다. 반면 국내주식은 주로 연말에 몰려 있다.

둘째, 배당 주기가 월, 분기, 반기, 일년, 특별배당 등으로 다양하게 정해져 있다. 하지만 보통의 경우 분기(일 년에 4번)배당이 일반적이다. 예를 들어 애플은 매년 2, 5, 8, 11월에 배당금을 지급되고, 리얼티인컴은 매월 중순에 배당금이 지급된다.

셋째, 미국의 배당금 입금은 빠르다. 국내는 최소 3개월 이상 걸린다. 배당금 지급은 보통 1개월 내에 지급을 하되, 빠른 경우는 10일 안에 지급하고 늦어도 2개월 내에 모두 지급한다. 예를 들어 애플은 배당락일이 지나고 3일 만에 배당금이 입금되고, 리얼티인컴은 배당락일이 지나고 보름 만에 배당금이 입금된다.

넷째, 우리나라의 경우 미국과 시차로 인해 현지 지급일에서 받기까지는 일주일 정도의 시간이 더 소요된다.

다섯째, 주식 배당의 경우, 예수금이 없다면 15%의 배당세를 원천징수 할 때, 거래증권사에서 소액의 예수금을 입금하라는 전화가 올 수 있다. 참고로 알아두자.

배당주 기초 용어 완전정복

월스트리트젠 홈페이지(www.wallstreetzen.com)에서 원하는 기업명을 검색한 후 'Dividend(배당)' 메뉴를 누르면 해당 기업의 배당 정보를 확인할 수 있다. 예시로 프록터앤갬블의 티커인

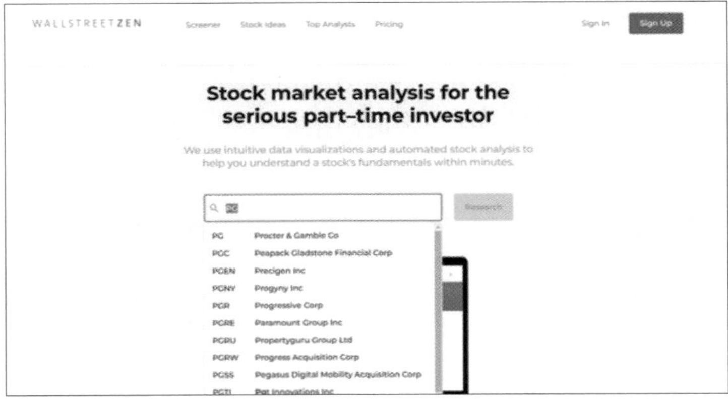

월스트리트젠 홈페이지의 티커 검색 화면

'PG'를 입력해서 해당 기업의 배당 정보를 살펴보겠다.

1) Ex-Dividend Date: 배당락일

'Dividend' 메뉴를 누르고 스크롤을 내려보면 이렇게 해당 기업의 배당락일을 안내하는 메뉴를 볼 수 있다. 배당락일은 배당을 받을 주주를 가르는 기준일을 말한다. 이 배당락일 하루 전에 주식을 매수하면 누구나 배당을 받을 수 있다

예를 들어 2024년 1월 18일 목요일이 배당락일이면 배당을 받기 위해서는 배당락일 하루전인 1월 17일 수요일까지 주식을 매수해야 배당 대상자가 된다. 물론 미국의 휴일 혹은 공휴일이 중간에 있다면 그 날짜만큼 뒤로 밀린다는 것도 기억하자. 단, 한국 공휴일은 영향을 주지 않는다. 헷갈릴 때는 그냥 안전

PG dividend dates

Last dividend payment date	Feb 15, 2024
Last ex-dividend date	Jan 18, 2024

월스트리트젠 배당락일 안내 메뉴

하게 배당락일 3일 전에 매수하자.

배당락일은 현금배당을 하는 경우 일반적으로 나타난다. 배당락은 배당기준일이 지나 배당금을 받을 권리가 없어지는 것을 말한다. 따라서 실제 배당락 당일에는 형평성을 위해서 배당금액만큼 주가가 하락을 하며 시작한다. 만약 배당락이 없다면 배당을 받을 자격이 없는 투자자는 해당 주식의 매수를 꺼릴 것이니, 배당만큼 주가를 강제로 떨어뜨려서 배당을 받는 투자자와 받지 못하는 투자자의 동등한 투자 상황을 만들었다고 생각하면 된다.

다음 장의 그림을 보면 이해가 될 것이다. 배당금이 1달러일 때, 현재 주가가 10달러이면 배당락일에 매수해서 배당을 받을 자격이 안 되는 투자자는 9달러에 주식을 매수할 수 있어야 동등하다는 뜻이다.

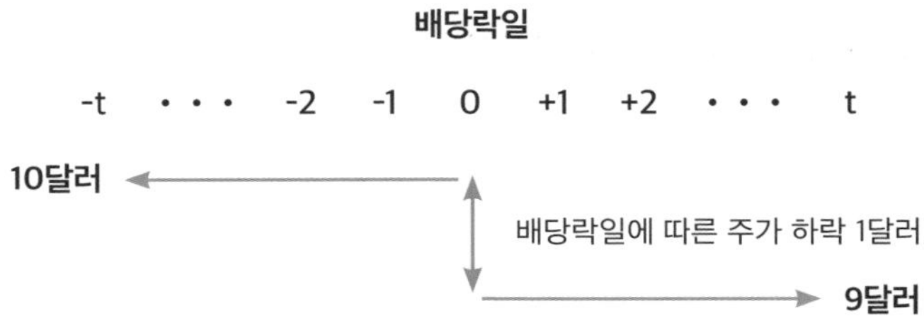

• 배당락일 전일	배당 = 0달러	주가 = 10달러
• 배당락일	배당 = 1달러	주가 = 9달러

AAPL > AAPL DIVIDEND HISTORY

AAPL Dividend History

EX-DIVIDEND DATE
02/09/2024

DIVIDEND YIELD
0.53%

ANNUAL DIVIDEND
$0.96

P/E RATIO
28.72

Ex/EFF Date	Type	Cash Amount	Declaration Date	Record Date	Payment Date
02/09/2024	Cash	$0.24	02/01/2024	02/12/2024	02/15/2024
11/10/2023	Cash	$0.24	11/02/2023	11/13/2023	11/16/2023
08/11/2023	Cash	$0.24	08/03/2023	08/14/2023	08/17/2023
05/12/2023	Cash	$0.24	05/04/2023	05/15/2023	05/18/2023
02/10/2023	Cash	$0.23	02/02/2023	02/13/2023	02/16/2023
11/04/2022	Cash	$0.23	10/27/2022	11/07/2022	11/10/2022
08/05/2022	Cash	$0.23	07/28/2022	08/08/2022	08/11/2022
05/06/2022	Cash	$0.23	04/28/2022	05/09/2022	05/12/2022
02/04/2022	Cash	$0.22	01/27/2022	02/07/2022	02/10/2022
11/05/2021	Cash	$0.22	10/28/2021	11/08/2021	11/11/2021
08/06/2021	Cash	$0.22	07/27/2021	08/09/2021	08/12/2021
05/07/2021	Cash	$0.22	04/28/2021	05/10/2021	05/13/2021
02/05/2021	Cash	$0.205	01/27/2021	02/08/2021	02/11/2021
11/06/2020	Cash	$0.205	10/29/2020	11/09/2020	11/12/2020

애플 배당기준일 리스트(출처: nasdaq.com)

2) Record Date: 주주 등록일

주주 등록일은 어떤 주주가 배당금을 받을 자격이 있는지 결정하기 위해 회사가 정한 마감일이다. 나스닥닷컴(www.nasdaq.com) 홈페이지에서 확인할 수 있는데 다음 장의 그림을 보면 언제까지 주식을 매수하면 배당을 받을 수 있는지 알 수 있다. 보면 배당을 받기 위해서는 주주 등록일과 배당락일 전인 5일까지 매수해야 한다는 점을 알 수 있다.

배당락일　　주주 등록일
↓　　　↓

월요일	화요일	수요일	목요일	금요일
5일	6일	7일	8일	9일

출처: Investopedia.com

배당락일과 주주 등록일이 헷갈린다면 이것만 기억하자. 우리는 배당락일 하루 전, 주주 등록일 이틀 전에 주식을 매수하면 된다.

3) Payment Date: 배당 지급일

배당 지급일은 실제로 배당금이 들어오는 날짜를 의미한다. 하지만 주의할 것은 현지 배당일과 한국에서 받는 배당일에는 차이가 있다는 것이다. 다이렉트로 들어오는 것이 아니라 중간에 국내 증권사를 한 번 더 거치기에 자칫 일주일 정도가 밀릴 수도 있다. 증권사마다 차이가 있는데 보통은 1~2일 정도가 걸리고 일주일을 넘는 경우는 거의 없긴 하다. 이 책에서의 배당 지급일은 모두 미국 기준이다. 현지 배당과 실제로 내가 받는 배당일에는 차이가 있다는 점을 포트폴리오 구성에 참고하자.

4) Total return: 총 수익

주가 상승(자본이득 혹은 시세차익)에 지급된 배당금을 더한 것으로 예를 들어 가치가 1달러 상승하고 0.50달러의 배당금을 지급하는 주식에 대해 10달러를 지불했다면 1.50달러의 수익은 총 수익률 15%에 해당한다.

많은 분들이 당장의 시세차익을 추구하며 투자하지만 장기적으로는 배당을 추가해서 계산했을 때 수익률의 차이는 엄청나게 커진다. 아래 그래프는 시세차익과 시세차익에 배당을 더한 총 수익을 비교해서 보여주는데, 투자기간이 32년일 때, 0달러에서 출발한 수익금이 시세차익만으로는 10,000달러이

(출처: www.schwab.com)

1990년부터 2022년까지 시세차익과 시세차익에 배당을 더한 총 수익 그래프

고 배당을 더한 총 수익은 20,000달러이다. 정확하게 두 배 차이가 발생했다. 배당의 힘을 보여주는 대목이다.

총 수익은 디비던드채널 홈페이지에서 확인이 가능하다. 아래 예시 화면은 모바일 버전인데, 굳이 모바일 버전으로 조회하는 이유는 무료로 이용이 가능하기 때문이다. 홈페이지 왼쪽 상단 메뉴에서 'DRIP Returns Calculator'를 클릭하고 알고 싶은 상품과 투자기간을 입력한 후 엔터키를 누르면 된다. 예시로 빈칸에 SPY를 입력한 후 투자기간을 입력하고 실행키를 누르면 다음 장과 같은 이미지가 보인다.

결국 총 수익도 종류가 두 가지다. 받은 배당금을 재투자하는 경우와 하지 않는 경우인데 당연히 재투자하는 경우가 수익률에서 뛰어나다.

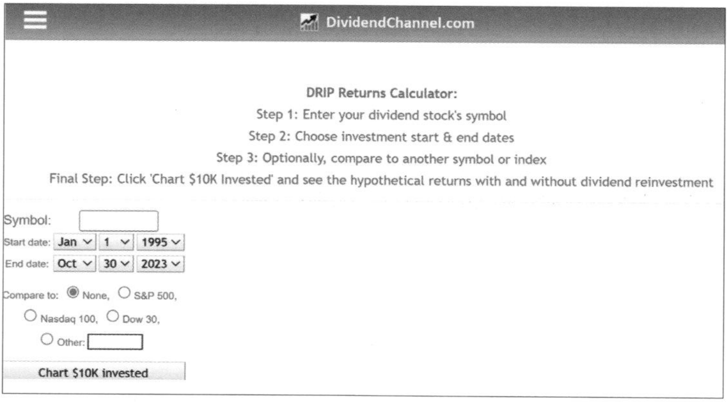

총 수익 계산 화면(출처: www.dividendchannel.com)

	SPY
Start date:	08/01/1995
End date:	05/05/2023
Start price/share:	$56.06
End price/share:	$412.63
Starting shares:	178.37
Ending shares:	285.27
Dividends reinvested/share:	$82.45
Total return:	1,077.10%
Average Annual Total Return:	9.28%
Starting investment:	$10,000.00
Ending investment:	$117,648.49
Years:	27.78

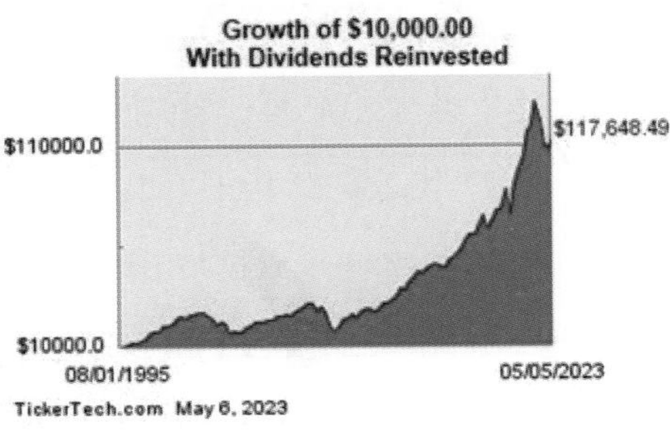

	SPY
Start date:	08/01/1995
End date:	05/05/2023
Start price/share:	$56.06
End price/share:	$412.63
Dividends collected/share:	$82.45
Total return:	783.08%
Average Annual Total Return:	8.16%
Starting investment:	$10,000.00
Ending investment:	$88,370.44
Years:	27.78

Growth of $10,000.00
Without Dividends Reinvested
$100000.0
$90000.0
$80000.0
$70000.0
$60000.0
$50000.0
$40000.0
$30000.0
$20000.0
$10000.0
$88,370.44
08/01/1995
05/05/2023
TickerTech.com May 6, 2023

SPY에 대한 기간별 총 수익 그래프(출처: www.dividendchannel.com)

5) Dividend payout ratio: 배당성향

기업의 수입에서 차지하는 배당금의 비율이다. 회사가 순이익으로 주당 1달러를 벌고 주당 0.50달러의 배당금을 지급한다면 배당성향은 50%인데, 일반적으로 배당성향이 낮을수록 배당이 지속 가능하고, 인상을 할 수 있는 여력이 크다. 미국시

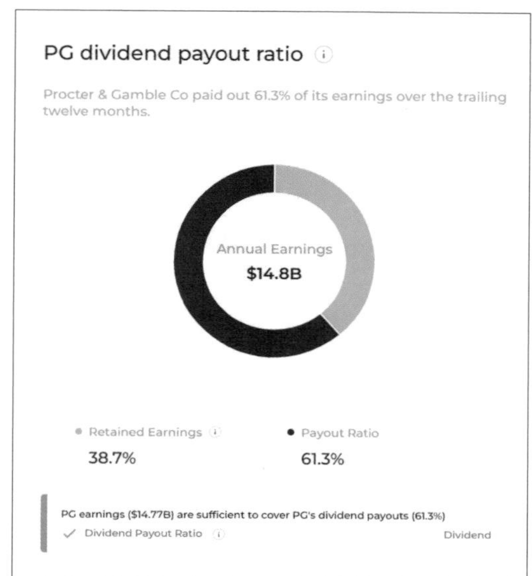

PG의 배당성향 표 (출처: www.wallstreetzen.com)

장의 평균 배당성향은 30~40%으로 자세한 식은 다음과 같다.

위 이미지는 월스트리트젠 홈페이지에서 확인할 수 있는 P&G(프록터앤갬블)의 배당성향 표이다. 위의 표를 보면 P&G의 총 이익은 147.7억 달러이고, 그 중에서 배당을 61.3%로 지급하고 나머지 38.7%는 유보한다는 것을 알 수 있다.

$$\textbf{배당성향(Dividend Payout Ratio)} = \frac{\text{배당(Dividends)}}{\text{당기순이익(Net Income)}} = \frac{\text{주당 배당금(Dividend Per Share, DPS)}}{\text{주당 순이익(Earnings Per Share, EPS)}}$$

다음 종목들은 S&P500지수 내 배당성향이 30% 이하로 이후 지속적인 배당 인상이 기대되는 곳들이다. 투자에 참고하도록 하자.

S&P500지수 내 배당성향 30% 이하 종목들 (2024.2.25 기준)

애플 (AAPL)	14.82%
마이크로소프트 (MSFT)	25.75%
비자 (V)	22.24%
제이피모건체이스 (JPM)	24.90%
코스트코 (COST)	27.76%
T모바일 (TMUS)	18.52%
다나허 (DHR)	10.63%
캐퍼필라 (CAT)	25.20%
엘레반스헬스 (ELV)	23.92%
디어 (DE)	15.30%

6) Dividend Yield: 연배당 수익률

연간 배당금을 주가의 백분율로 표시하는 것이다. 예를 들어 회사가 연간 배당금으로 1달러를 지불하고 주식 가격이 주당 20달러인 경우 배당 수익률은 5%가 된다. 수익률은 주식의 현재 수익률을 과거 수준과 비교할 때 가치평가 지표로 유용하다.

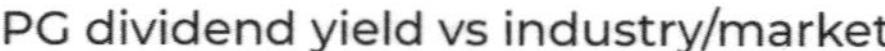

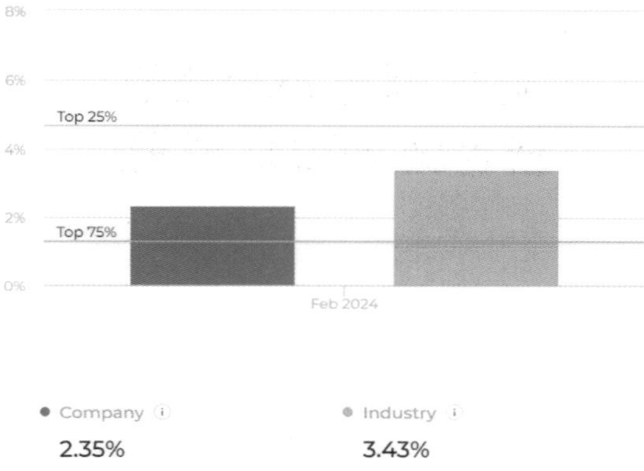

P&G와 P&G가 속한 산업군과의 연배당 수익률 비교표(출처: www.wallstreetzen.com)

다른 모든 조건이 동일하다면 더 높은 배당 수익률이 더 좋지만 배당금 지급을 유지하고 장기적으로 인상하는 기업의 능력이 훨씬 더 중요하다.

위 그림은 배당금을 지급하는 기업의 연배당수익률과 해당 종목이 속한 산업의 연배당수익률을 비교하는 화면으로 P&G(프록터앤갬블)처럼 비슷하거나 산업보다 연배당수익률이 높은 기업에 투자하는 것이 바람직하다.

높은 배당 수익률의 함정에 빠지지 말자!

필자가 배당투자를 설명할 때, 가장 많이 언급하는 부분이 바로 배당수익률이 높은 종목에 대한 함정인데, 이 장에서는 이를 잘 피하는 팁을 상세히 설명하려 한다. 많은 분들이 높은 배당수익률만 추구하는 투자성향이 있는데 이번 기회에 생각을 다시 정립하기 바란다.

법적으로 배당을 많이 준다, 리츠와 마스터 합자회사

배당금 지급은 회사의 이익에서 이루어지기 때문에 투자자에게 다시 보내지는 돈은 회사에 재투자되지 않는 돈이다. 예를 들어, 성장에 중점을 둔 신생 기업은 일반적으로 배당금을 지급하지 않는다. 그 돈을 회사 성장에 사용하기를 원하기 때문이다. 반면 더 오래되고 수익이 확고한 회사는 성장 잠재력이 높지 않을 때마다 투자자에게 인센티브를 제공하는 방법으로 배당금을 지불한다. 경영진이 이익을 회사에 재투자하지 않고 주주들에게 너무 많이 준다면 성장 잠재력을 앗아가는 것이기 때문에 우려할 만한데 부동산 투자 신탁(REITs) 및 마스터 합자회사(MLP)와 같은 일부 예외가 있다.

부동산 투자 신탁은 리츠라고도 불린다. 리츠는 구조적으로 높은 배당 수익률을 가지고 있으며 대부분의 이익(90% 정도)을 배당금으로 지불해야 하므로 다른 회사처럼 사업을 성장시키기 위해 많은 자본을 사용할 것을 기대해서는 안 된다. 배당을 주고 싶어서 주거나 주기 싫다고 안 주는 자율에 맡기는 기업이 아니라는 말이다. 따라서 이런 기업들의 배당금이나 배당수익률을 분석하는 것은 의미 없는 일이다. 이에 증권거래위원회(SEC)는 리츠의 90% 규칙에 대한 지침을 아래와 같이 제시했다.

> "부동산 투자 신탁(리츠)의 자격을 갖추려면 회사는 부동산 투자와 관련된 자산 및 소득의 대부분을 보유하고 있어야 하며 매년 과세 소득의 90% 이상을 배당금 형태로 주주에게 분배해야 한다."

소유자, 파트너 또는 주주를 위해 부동산을 소유하거나 운영하여 수익을 창출하는 회사로 정의할 수 있다. 부동산 투자 신탁이 소유하거나 운영할 수 있는 부동산에는 오피스 빌딩, 아파트, 호텔, 병원, 쇼핑 센터, 창고 건물 등이 있다.

일부 투자자는 투자 수익을 위해 기존 배당주에 비해 높은 배당금을 지급하는 리츠를 선택하는 반면, 또 다른 투자자는 포트폴리오 다각화를 위해 리츠를 선택한다. 일반적으로 리츠가 소득 투자로 간주되는 이유는 신탁 과세 소득의 90%를 주주에게 배당금으로 지급해야 하기 때문이다. 간단히 말해, 리츠는 투자자가 부동산을 직접 보유하지 않고도 소극적인 부동산 소득을 얻는 데 참여할 수 있게 해 준다.

리츠는 소극적 부동산 소득을 위해 설계되었다. 미국 내 국세법은 리츠의 설립과 과세에 관한 규칙을 정하고 있다. 예를 들어, 이 법에 따르면 리츠는 자산의 75%를 부동산, 국채 또는 부동산으로 보유해야 하며, 매년 과세 대상 소득의 90%를 주주에게 배당금으로 지급해야 한다. 리츠에 대한 규칙과 요건은 다음과 같다.

토막 상식

- **리츠(REITs):** 부동산 투자 신탁의 약자로, 영어로는 'Real Estate Investment Trusts(REITs)'로 쓰인다.

- 자산의 75% 이상을 부동산에 투자해야 한다.
- 매년 과세 소득의 90% 이상을 주주에게 배당금으로 지급해야 한다.
- 총 소득의 75%가 임대료, 부동산 판매 또는 부동산에 자금을 조달하는 모기지 이자에서 발생해야 한다.
- 법인으로 과세 대상이 되는 법인이어야 한다.
- 신탁 또는 이사회가 관리해야 한다.
- 최소 100명의 주주가 있어야 한다.
- 5명 이하의 개인이 리츠 주식의 50%를 초과하여 보유할 수 없다.

리츠의 종류에는 크게 5가지가 있다. 하나씩 살펴보자.

1. 오피스 리츠

오피스 리츠는 오피스 부동산을 소유 및 운영하며 해당 부동산의 임차인에게 공간을 임대하거나 재임대 하여 수익을 창출한다. 오피스 리츠는 도심 고층 오피스 빌딩이나 교외 오피스 파크와 같이 시장마다 다를 수 있으며, 기술 기업이나 정부기관과 같은 임차인 유형에 초점을 맞출 수도 있다.

투자자는 투자 전 경제 상황과 위치 등 오피스 리츠에 영향을 미칠 수 있는 요소를 고려할 수 있다. 예를 들어, 실업률이 낮고 대도시 지역이 성장하는 탄탄한 경제는 사양산업이 있는 도시의 경제에 비해 높은 임대료를 받을 수 있다.

2. 주거용 리츠

주거용 리츠는 아파트, 제조 주택, 학생 주택, 단독 주택, 콘도 등 주거용 건물을 소유하거나 운영하는 부동산 투자 신탁이다. 주거용 리츠는 주택이 필수품이기 때문에 경기침체기에도 어느 정도 안정적인 수요를 유지할 수 있다는 점에서 방어적인 성격을 띠는 경향이 있다.

주거용 리츠를 고려할 때 고려해야 할 몇 가지 요소에는 인구, 일자리 증가, 임대 부동산에서 사용 가능한 유닛의 비율인 공실률이 포함될 수 있습니다. 예를 들어, 일자리 증가율이 높아지고 공실률이 감소하는 추세는 일부 주거용 리츠에 긍정적인 환경이 될 수 있다.

3. 리테일(소매) 리츠

리테일 리츠는 쇼핑몰, 아울렛 센터, 대형 박스 소매업체 등 소매용 부동산을 소유하는 부동산 투자 신탁이다. 리테일 리츠의 주요 수입원은 임대료와 임차인(주로 대형 소매업체)으로부터의 임대료 수입이다.

4. 모기지 리츠

모기지 리츠는 모기지 또는 모기지 담보 증권과 같은 자산을 소유하고 이자를 통해 수익을 창출하는 부동산 투자 신탁이다. 이는 건물이나 토지와 같은 실물자산을 주로 보유하는 리츠와는 다르다.

모기지 리츠의 중요한 측면은 이자율에 민감하다는 점인데, 예를 들어 금리가 상승하면 모기지 리츠의 장부 가치는 하락 압력을 받는 경향이 있다. 요즘처럼 고금리 상황에서 가장 어려운 리츠라고 보면 된다.

5. 하이브리드 리츠

하이브리드 리츠는 주식과 모기지 자산을 함께 보유한다. 두 가지 주요 유형의 리츠를 혼합하여 보유하면 오피스 리츠나 리테일 리츠와 같이 틈새 부동산 영역에 집중하는 리츠에 비해 투자자에게 더 많은 다양성을 제공할 수 있다.

마스터 합자회사(MLP)는 'Master Limited Partnership'의 줄임말로 공개적으로 거래되는 유한 파트너십 형태의 비즈니스 벤처로 합자회사의 세금 혜택과 상장회사의 유동성을 결합한 형태이다.

마스터 합자회사는 미국 거래소에서 거래되고 MLP는 일반적으로 현금 흐름이 안정적이며 파트너십 계약에 따라 투자자에게 일정 금액의 현금을 분배해야 한다. 또한 이러한 구조는 에너지 부문과 같이 자본 집약적인 비즈니스에서 자본 비용을 줄이는 데 도움이 될 수 있다.

최초의 MLP는 1981년에 조직되었지만, 1987년에 의회는 사실상 부동산 및 천연자원 부문으로 사용을 제한했는데, 이러한 제한은 법인세 수입 손실이 너무 많다는 우려에서 비롯된 것으로 MLP는 연방 소득세를 납부하지 않는다.

현재 대부분의 MLP는 에너지 산업에서 운영되고 있다. 에너지 마스터 합자회사(EMLP)는 일반적으로 다른 에너지 기반 비즈니스에 자원을 제공하고 관리한다. 예를 들어 석유회사에 파이프라인 운송, 정유 서비스, 공급 및 물류 지원 서비스를 제공하는 회사가 여기에 해당할 수 있다.

많은 석유 및 가스 회사들이 주식을 발행하는 대신 MLP를 조직하는데, MLP 구조를 사용하면 투자자로부터 자본을 조달하고 운영에 대한 지분을 유지할 수 있다. 일부 기업은 MLP에 상당한 규모의 지분을 소유할 수 있다. 또한 기업의 MLP 지분을 소유하는 역할을 하는 별도의 주식 발행 회사를 설립할 수도 있는데, 이러한 구조를 통해 법인을 통해 소극적 소득을 정기배당으로 재분배할 수 있다.

배당을 지급하는 것이 수익인지 부채인지 파악하자

일반적으로 부채 비율이 높을수록 회사가 더 많은 위험을 감수하고 있다. 회사의 부채가 많은데도 배당금을 지급한다면 경기가 어려울 때 배당금을 줄일 가능성이 높아질 수 있다. 일부 고배당주들이 주주들을 안심시키기 위해서 무리해서 배당금을 지급하는 경우가 종종 있는데, 투자하는 기업의 부채비율을 반드시 챙겨라. 재정적으로 건전한 회사는 주주를 기쁘게 하고 투자를 유지하기 위해 부채를 지는 것이 아니라 이익에서 배당금을 지불할 수 있어야 한다.

주가 하락이 배당수익률에 미치는 영향을 알자

최근 주가가 하락하면서 배당수익률이 높아지는 기업들이 많은데 투자에 주의가 필요하다. 이를 위해 배당수익률을 이해해야 한다. 여기 ABCD라는 회사의 배당수익률을 예시로 설명하겠다.

ABCD 회사

연간 배당금 = $1/주

주가 = $20

연간 배당금/주가 = $1/$20 = 0.05 = 5%

위 예시를 보면 배당수익률이 5%임을 알 수 있다. 5%는 무엇을 의미할까? 5%는 해당 주식을 보유하고 있는 동안의 투자 수익이다. 예를 들어 ABCD 회사에 10,000달러를 투자했다면 주당 20달러에 500주를 살 수 있다. 배당금은 1달러/1주이고 귀하는 500주를 소유하고 있으므로 해당 주식을 소유하고 회사가 계속해서 1달러 배당금을 지불하는 한 매년 500달러의 배당금을 받게 된다는 의미다. 배당수익률은 매년 배당금으로 받을 수 있는 금액을 계산하는 빠른 방법으로 많은 분들이 배당 투자에 있어 중요한 기준으로 삼고 있다. 예를 들어 투자 금액 10,000달러의 5%를 배당금으로 받는다면 식은 다음과 같다.

$10,000의 5% = 0.05 × $10,000 = $500

다시 말하지만, ABCD 회사의 자체 주식에서 매년 500달러의 배당금을 받게 된다는 것을 알 수 있다. 배당금은 트레이딩 계좌에 현금으로 바로 입금되며, 원하는 경우 배당금을 사용하

토막 상식

• **배당수익률:** 배당 수익률은 '연간 배당금'을 '주가'로 나눈 값이며 백분율로 표시된다.

거나 재투자할 수 있다. 여기서 만약에 배당금은 그대로인데, 주가가 하락하면 어떻게 될까? 다음 예를 참고해 보자.

연간 배당금/주가 = $1/$4.50 = 0.22 = 22%

연간 배당금/주가 = $1/$10 = 0.10 = 10%

연간 배당금/주가 = $1/$20 = 0.05 = 5%

연간 배당금/주가 = $1/$30 = 0.03 = 3%

위의 예에서 볼 수 있듯이 주가가 상승하기 시작하면 배당수익률이 떨어지기 시작하고 다음 장의 예처럼 반대로 주가가 하락하기 시작하면 배당수익률이 올라간다. 물론 배당금은 여전히 1달러이다.

연간 배당금/주가 = $1/$25 = 0.04 = 4%

연간 배당금/주가 = $1/$10 = 0.10 = 10%

연간 배당금/주가 = $1/$5= 0.20 = 20%

연간 배당금/주가 = $1/$2= 0.50 = 50%

위의 예에서 봤듯이 50%의 배당수익률은 매우 매력적으로 보이지만 왜 높은 것일까? 주가가 너무 낮기 때문에 수익률이 높은 것이다. 주가가 왜 이렇게 낮을까? 아무도 이 주식을 매수하고 싶어하지 않기 때문에 가격이 낮은 것이다. 50%의 수익률에 혹할 필요가 없다는 결론이 난다.

예를 들어, 제너럴 일렉트릭(General Electric Company, GE)의 제조 및 에너지 사업부는 2015년부터 2018년까지 실적이 저조하기 시작했고 수익이 감소하면서 주가가 하락했다. 가격이 하락하면서 배당수익률은 3%에서 5% 이상으로 뛰었다. 아래 차트에서 볼 수 있듯이 주가가 하락하면서 배당수익률이 커진 경우, 결국 총 수익 측면에서는 오히려 손해를 볼 수도 있다. 결국 GE는 배당을 삭감하면서 손해가 더욱 커지고 말았다.

GE의 주가와 배당금 추이 비교표 (출처: www.investopedia.com)

높은 배당 수익률에 현혹되지 말자. 결국 배당보다 중요한 것은 회사의 이익과 배당금 그 자체이다. 조금만 뒤져보면 미국 주식의 경우 실적을 검색할 데가 많다.

배당주에도
귀족, 왕이 있다?

배당귀족주와 배당왕

배당귀족주(Dividend Aristocrats)라고 불리는 종목들은 25년 연속 배당을 인상한 회사를 의미한다. 이때 주식은 S&P500지수에 편입이 되어 있어야 하며 시가총액이 최소 30억 달러 이상이어야 배당귀족주로 분류될 수 있다.

배당왕(Dividend King)이라 불리는 종목들도 있다. 이들은 배당을 50년 이상 인상한 기업으로 배당귀족주와 가장 큰 차이점은 S&P500 편입 종목이라는 제한이 없다는 것이다.

배당왕에 투자하면 무조건 수익 난다? 꼭 그런 것도 아니다

배당왕이 모든 투자자에게 반드시 적합한 것은 아니다. 이러한 주식 중 다수는 상대적으로 낮은 성장을 보이는 경우가 많다. 예를 들어, 배당금 인상 기록이 긴 기업일수록 지난 10년 동안 S&P500보다 성과가 저조하지만 은퇴예정 포트폴리오에는 훌륭한 구성 요소가 될 수 있으며 안정적인 소득을 찾는 투자자에게 적합하다.

다음은 2024년 1월 기준 미국주식 배당왕 53개 종목이다. 여기서 켄뷰는 존슨앤존슨에서 분사한 회사로 배당금 인상 연수가 동일하다는 점을 참고로 알아두자.

미국주식 배당왕 기업들 (2024년 1월 기준)

기업명	주식시장과 티커	업종(섹터)	연속 배당금 인상 연수
아메리칸 스테이트 워터 American States Water	NYSE, AWR	유틸리티 Utilities	69
도버 코퍼레이션 Dover Corporation	NYSE, DOV	산업재 Industrials	68
노스웨스트 내추럴 홀딩스 Northwest Natural Holding	NYSE, NWN	유틸리티 Utilities	68
제뉴인 파츠 Genuine Parts	NYSE, GPC	소비재 Consumer Goods	67
프록터앤갬블 Procter&Gamble	NYSE, PG	소비재 Consumer Goods	67
파커 하니핀 Parker Hannifin	NYSE, PH	산업재 Industrials	67
에머슨 일렉트릭 Emerson Electric	NYSE, EMR	산업재 Industrials	67
3M	NYSE, MMM	산업재 Industrials	65
신시내티 파이낸셜 Cincinnati Financial	NASDAQ, CINF	금융 Financials	62

기업명	주식시장과 티커	업종(섹터)	연속 배당금 인상 연수
존슨앤존슨 Johnson&Johnson	NYSE, JNJ	헬스케어 Healthcare	61
켄뷰 Kenvue	NYSE, KVUE	소비재 Consumer Goods	61
코카콜라 Coca-Cola	NYSE, KO	소비재 Consumer Goods	61
랭커스터 콜로니 Lancaster Colony	NASDAQ, LANC	소비재 Consumer Goods	61
콜게이트 팜올리브 Colgate-Palmolive	NYSE, CL	소비재 Consumer Goods	60
노드슨 Nordson	NASDAQ, NDSN	산업재 Industrials	60
파머스 앤 머천츠 뱅커스 Farmers & Merchants Bancorp	OTH, FMCB	금융 Financials	58
호멜 푸드 Hormel Foods	NYSE, HRL	소비재 Consumer Goods	57
ABM 인더스트리즈 ABM Industries	NYSE, ABM	산업재 Industrials	57
캘리포니아 워터 서비스 그룹 California Water Service Group	NYSE, CWT	유틸리티 Utilities	56
스탠리 블랙 앤 데커 Stanley Black&Decker	NYSE, SWK	산업재 Industrials	56
패더럴 리얼티 인베스트먼트 트러스트 Federal Realty Investment Trust	NYSE, FRT	부동산 Real Estate	56
스태판 컴퍼니 Stepan Company	NYSE, SCL	산업재 Industrials	55
커머스 뱅크셰어스 Commerce Bancshares	NASDAQ, CBSH	금융 Financials	55
SJW 그룹 SJW Group	NYSE, SJW	유틸리티 Utilities	55
시스코 Sysco	NYSE, SYY	소비재 Consumer Goods	54
에이치비플러 H.B. Fuller	NYSE, FUL	소재 Materials	54
알트리아 그룹 Altria Group	NYSE, MO	소비재 Consumer Goods	54

기업명	주식시장과 티커	업종(섹터)	연속 배당금 인상 연수
내셔널 푸얼 가스 National Fuel Gas	NYSE, NFG	에너지 Energy	53
MSA 세이프티 MSA Safety	NYSE, MSA	산업재 Industrials	53
유니버설 코퍼레이션 Universal Corporation	NYSE, UVV	소비재 Consumer Goods	53
일리노이 툴 웍스 Illinois Tool Works	NYSE, ITW	산업재 Industrials	53
블랙 힐스 코퍼레이션 Black Hills Corp.	NYSE, BKH	유틸리티 Utilities	52
W.W 그레인져 W.W. Grainger	NYSE, GWW	산업재 Industrials	52
타겟 Target	NYSE, TGT	소비재 Consumer Goods	52
레겟 앤드 플랫 Leggett&Platt	NYSE, LEG	산업재 Industrials	52
PPG 인더스트리즈 PPG Industries	NYSE, PPG	산업재 Industrials	52
벡톤디킨슨 Becton, Dickinson & Co.	NYSE., BDX	헬스케어 Healthcare	52
애비브 AbbVie	NYSE, ABBV	헬스케어 Healthcare	52
애보트랩스 Abbott Labs	NYSE, ABT	헬스케어 Healthcare	52
테넌트 Tennant	NYSE, TNC	산업재 Industrials	52
킴벌리 클락 Kimberly Clark	NYSE, KMB	소비재 Consumer Goods	51
펩시코 PepsiCo	NASDAQ, PEP	필수소비재 Consumer staples	51
로우스 컴퍼니스 Lowe's companies Inc	NYSE, LOW	소비재 Consumer Goods	51
S&P 글로벌 S&P Global	NYSE, SPGI	금융 Financials	50
누코 Nucor	NYSE, NUE	산업재 Industrials	51

기업명	주식시장과 티커	업종(섹터)	연속 배당금 인상 연수
고만 러프 컴퍼니 THE GORMAN-RUPP COMPANY	NYSE, GRC	산업재 Industrials	51
투시롤 인더스트리얼즈 TOOTSIE ROLL INDUSTRIES	NYSE, TR	소비재 Consumer Goods	50
월마트 Walmart INC	NYWE, WMT	소비재 Consumer Goods	50
미들섹스 워터 MIDDLESEX WATER	NASDAQ, MSEX	유틸리티 Utilities	50
에이디엠 ADM	NYSE. ADM	산업재 Industrials	50
포르티스 Fortis inc	NYSE, RPM	산업재 Industrials	50
유나이티드 뱅크셰어스 United Bankshares	NASDAQ, UBSI	금융 Financials	50
콘솔레이티드 에디슨 Consolidated Edison	NYSE, ED	유틸리티 Utilities	50

참고로 NYSE는 뉴욕증권거래소, NASDAQ은 나스닥 거래소를 뜻하며, OTH 혹은 OTV는 OTCBB(Over-the-Counter Bulletin Board)의 약자로 상장 요건을 충족할 수 없는 소규모 회사를 위해 만들어진 일종의 장외거래소라고 알면 된다. 다만 두 가지 주요 위험이 있는데 첫 번째는 거래량이 적기 때문에 유동성이 좋지 않다는 것과 두 번째는 회사에 대한 신뢰할 수 있는 정보의 부족이다.

세금은 양도소득세랑 배당세만 알면 된다

양도소득세

양도소득세는 주식을 사고 팔아서 생기는 차익에 대해 부과되는 세금이다. 미국은 양도소득세가 22%이다. 예를 들어 주식을 100만 원에 사서 200만 원에 팔았다면 양도차익은 100만 원이 되고, 여기에 22%가 세금으로 부과된다. 100만 원을 벌면 22만 원의 세금을 제하고 78만 원만 받게 되는 것인데 생각보다 세금이 차지하는 비중이 크다.

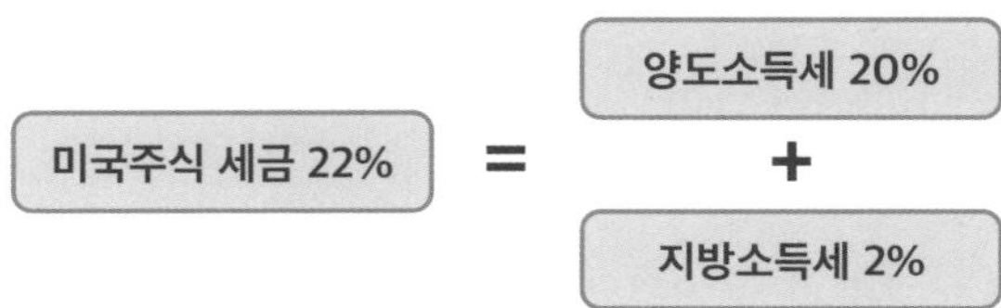

* 연간 250만 원까지는 기본 공제

이때 250만 원까지는 기본 공제된다. 다시 말해 매년 1월 1일부터 12월 31일까지의 미국주식 거래를 통해 실현된 수익과 손실을 계산하여 그 수익이 250만 원을 초과하면 그 초과수익의 22%를 이듬해 5월 종합소득세 신고하여 자진 납부하면 된다.

이때 많은 투자자들이 헷갈려 하는 것이 바로 일자 계산이다. 미국주식의 결제일은 T+3일이기에 매년 1월 1일부터 12월 31일까지가 아니라 12월 26일까지로 계산을 해야 한다. (2024년의 경우)

이러한 양도소득세의 경우 분류과세로 금융소득종합과세와 달리 기존의 다른 소득과 합산하지 않고, 독립적으로 세액이 결정된다. 쉽게 말하면 얼마를 벌더라도 기본공제 250만 원을 초과한 수익의 22%만 납부하면 되는 것이다. 또 대부분의 증권사가 양도소득세 대행신고 서비스를 시행 중이므로 더욱 편하게 세금 납부가 가능하다. 만약 1년 동안의 거래를 통해 1,000만 원의 수익이 났다면 양도소득세는 이렇게 계산된다.

예) (1,000만 원 – 기본공제 250만 원) × (양도세 20% + 지방소득세 2%) =165만 원

참고로 신고하지 않거나, 미납 시 아래와 같이 가산세가 붙는다.

- 양도소득세 무신고가산세: 산출세액 × 20% or 40%
- 무납부가산세: 미납부세액 × 미납일수 × 0.03% (연 환산 시 약 10.95%)

이러한 세금을 아깝게 여기는 투자자들이 많다. 22%라는 높은 세율에 놀라기도 한다. 하지만 실제 수익이 난 부분에 대해서 세금을 납부하는 것은 너무도 당연한 일이다. 둘 중 무엇이 좋은지 생각해 보자. 수익을 내서 세금을 내는 게 나을까, 세금도 못 내는 손실이 나을까 말이다.

배당세

해외주식투자에서 배당세는 원천징수로 배당세를 제외한 나머지 금액이 투자자의 계좌로 입금된다.

배당세 15% = 15% 원천징수

* LP(Limited Partner, 유한책임사원)은 39.6%의 배당세 징수 (36% + 3.6%)로 세금이 높다.

LP는 법인세에 있어서 상당한 특혜를 받는 기업으로 고배당이 가능한 경우가 많다. 이에 형평성 차원에서 높은 배당세를 적용 받는다.

예) Genesis Energy, L.P.(GEL) 제네시스 에너지 Holly Energy Partners, L.P. (HEP) 홀리 에너지 등

LP는 법인세를 내지 않는 경우가 있어 배당세에서 높은 세율을 적용한다.

양도소득세 꿀팁이 있다?

보통 세미나를 하면 많이 들어오는 질문 중 하나가 세금 관련 꿀팁을 알려달라는 것이다. 그런데 미국주식을 오랫동안 경험해 본 필자의 입장에서 솔직히 말하자면 세금에 꿀팁은 없는 것 같다. 아니 더 솔직하게 말하면 매수, 매도를 동반한 꿀팁을 필자는 선호하지 않는다.

그럼에도 굳이 팁을 이야기하자면 연말쯤, 해당연도에 수익이 발생한 종목과 손실이 발생한 종목이 있다면 매수, 매도를 통해서 수익과 손실을 확정 짓는 것이다. 여기서 중요한 것은 '손실을 본 종목이 있다면'이다. 양도소득세는 1년 단위로 끊어서 계산하기 때문에 1년마다 주어지는 기본공제 250만 원을 활용하기 위해서는 해당연도에 손실 부분을 확정해서 이를 반

영한 소급 적용이 필요하다. 이 정도가 꿀팁이라면 꿀팁이다.

하지만 앞서 말했듯이 이런 방법은 매수, 매도를 동반하기에 선호하지 않는다. 필자가 보기에 양도소득세로 머리 아픈 투자자가 많은 이유는 수익을 낸 해와 세금을 내는 해가 다르기 때문이라고 생각한다. 즉 돈을 벌어서 다 쓰고, 다음 해 5월에 세금을 내라고 하니 수익을 낸 것은 맞지만, 세금 낼 돈을 다 쓰고 없어 마치 쌩 돈을 내는 기분인 것이다.

그래서 필자의 결론은 일단 주식을 팔아서 수익이 확정되면 여기서 대략 20%가량을 따로 떼서 MMF든 무엇이든 은행 통장에 보관을 했으면 한다. 그러면 이듬해 5월 종합소득세 신고 때 부담 없이 세금 납부가 가능할 것이다. 스트레스도 없을 듯하다. 한마디로 정리하면 이렇다.

> "미국주식을 매도해서 수익이 발생하면 수익 금액의 20%가량을 따로 보관해라."

배당주에 대한 오해와 진실

배당투자는 지루하다? NO!

당연히 고배당주라고 하면 대부분 유틸리티 기업과 저성장 기업을 생각한다. 투자자들이 수익률이 가장 높은 주식에 너무 자주 집중하기 때문에 이러한 비즈니스가 가장 먼저 떠오른다.

기업은 주주이익의 극대화가 기본 이념이고, 주주이익이라 함은 주가상승이 대표적이다. 문제는 주주이익은 어디서 나오냐는 것이다. 주가의 상승은 성장하는 기업만이 누리는 특혜로 기업의 크게 성장하면 할수록 주주들의 이익은 극대화된다.

유틸리티 업종의 한 예로 전력회사의 경우를 보자. 전기를 쓰는 소비자가 갑자기 늘거나 줄지 않을 것이다. 하지만 경기가 좋거나 나쁘거나 일정한 소비자가 늘 존재한다는 장점도 있다. 이럴 경우 주가는 거의 제 자리일 가능성이 크다. 기복이 없을 것이니 말이다. 과연 이런 전력회사는 무엇으로 주주에게 이익을 줄 것인가? 바로 배당이다.

또 필수소비재 업종의 대표기업인 P&G(프록터앤갬블)의 경우를 보자. 경기가 좋아서 급여가 오르면 치약을 두 배로 소비하고, 경기가 악화되서 급여가 줄면 소비를 반으로 줄이겠냐는 것이다. 그냥 쓰던 대로 쓴다고 보면 앞서 설명한 전력회사와 크게 다르지 않을 것이다. 성장보다는 꾸준하게 이익이 나오는 기업임을 감안하면 역시 주가상승보다는 배당을 지급하는 것이 주주이익의 극대화에 전념한다고 볼 수 있을 것이다.

배당주의 가장 좋은 특성 중 일부는 새로운 배당금 발표, 최근 몇 년간 높은 배당 성장 지표 또는 더 많이 배당금을 올릴 가능성(현재 수익률이 낮더라도)이다. 이러한 발표는 주가를 흔들고 더 큰 총 수익을 가져올 수 있는 매우 흥미로운 이벤트가 될 수도 있다. 물론 경영진의 배당금과 향후 배당주가 상승할지의 여

토막 상식

- **재정적 유연성:** 주식의 배당성향은 낮지만 잉여현금흐름 수준이 높다면 분명히 배당금을 늘릴 여지가 있다.
- **유기적 성장:** 수익 성장은 하나의 지표이지만 현금 흐름과 수익도 주시해야 한다. 회사가 유기적으로 성장하고 있다면(예: 매장 방문, 판매, 마진 증가) 배당금이 증가하는 것은 시간 문제일 수 있다.

부를 예측하는 것은 쉽지 않지만 몇 가지 예시로 볼 수 있는 사례가 있다.

2003년 마이크로소프트에서 목격한 변화는 회사의 성장이 정체될 때 배당에서 발생할 수 있는 일을 완벽하게 보여준다. 2003년 1월, 마이크로소프트가 마침내 배당금을 지급하겠다고 발표한 것이다. 마이크로소프트는 현금이 너무 많은데도 불구하고 지출할 만한 충분한 가치가 있는 프로젝트를 찾을 수 없었다. 그래서 회사의 수익을 주주들과 좀더 나누는 길을 선택한 것이다.

어떠한 주식도 영원히 성장할 수는 없다. 언젠가 모든 기업은 성장을 멈추거나 둔화된다. 마이크로소프트가 배당금을 지급하기 시작했다는 사실이 회사의 종말을 의미하는 것은 아니다. 대신 마이크로소프트가 거대한 회사가 되었고 수명 주기가 길어진 새로운 단계에 진입했음을 나타낸 것이다. 이전 속도로 두 배, 세 배로 성장할 수 없다는 판단을 내린 것이다. 2018년 9월, 마이크로소프트는 배당금을 주당 46센트로 9.5% 인상한다고 발표했고 2023년 지금 제2의 전성기를 보내고 있다. 필자 역시 배당 포트폴리오에 마이크로소프트를 당연히 편입시켰다. 이는 마이크로소프트의 재정적 유연성의 예시로 볼 수 있다. 최근 구독 서비스가 성장하면서 성장주의 면모를 한번 더 보이기도 했다.

이와 동일한 이야기가 애플에서도 전개되었다. 애플은 성장을 멈추거나 둔화되면서 배당을 지급한 게 아니라 주주친화 정책으로 일환으로 지속적인 성장 속에서도 배당을 지급했다. 2012년 애플은 배당금을 지급하기 시작했고 2017년에는 배당주로 유명한 엑손모빌을 제치고 세계 최대 배당금을 지급했다. 2023년 현재 애플은 주주들에게 주당 23센트의 배당금을 지급하고 있다. 둔화하고 있지만 꾸준히 성장을 하는 유기적 성장의 예로 볼 수 있다. 필자도 처음부터 배당주가 지루했다면 절대 애플과 마이크로소프트를 포트폴리오에 편입하지 않았을 것이다. 투자가 지루하지 않다면 배당주도 지루하지 않다는 점을 꼭 기억하기 바란다.

배당주는 항상 안전하다? NO!

배당주는 안전하고 신뢰할 수 있는 투자로 알려져 있다. 그들 중 다수는 가치 회사다. 배당귀족주(지난 25년 동안 매년 배당금을 늘린 기업) 역시 안전한 기업으로 간주된다. 미국에서 가장 크고 가장 확고한 회사 목록을 제공하는 S&P100지수를 보면 안전하면서도 성장하는 배당회사가 많다는 것을 알게 될 것이다.

그러나 배당금을 지급하는 회사라고 해서 항상 안전한 투자

처는 아니다. 주가가 움직이지 않을 때 좌절하는 투자자들을 달래기 위해 경영진이 배당금을 사용할 수 있기 때문이다. (실제로 많은 회사들이 이렇게 하는 것으로 알려져 있다.) 따라서 배당 함정을 피하려면 경영진이 기업 전략에서 배당금을 어떻게 사용하고 있는지 고려하는 것이 항상 중요하다. 성장 부족에 대해 투자자들에게 위로가 되는 배당금은 거의 나쁜 생각에서 나온다.

2008년에는 주가하락으로 많은 주식의 배당수익률이 인위적으로 높아졌다. 잠시 그 배당수익률은 매력적으로 보일지 모르나 금융위기가 심화되고 이익이 급감하면서 많았던 배당이 완전히 삭감되었다. 갑작스러운 배당 삭감은 종종 주식을 폭락하게 한다. 아래는 2008년 당시 월스트리트 저널의 기사다.

THE WALL STREET JOURNAL.

English Edition ▾ | Print Edition | Video | Podcasts | Latest Headlines | More ▾

Home World U.S. Politics Economy Business Tech Markets Opinion Books & Arts Real Estate Life & V

Another Dividend Cut in 2008

By David Gaffen
Feb. 26, 2008 1:19 pm ET

PRINT TEXT

MBIA's announcement that it was cutting its dividend brings the total number of S&P 500 companies that have reduced their dividend payouts in 2008 to six, which may not seem like a lot, but it equals the total number of dividend decreases for the first two months of the year from 2004 to 2007.

Taking Action on Dividends

'2008년의 또 다른 배당 삭감' (출처: www.wsj.com)

2008년 2월 금융위기 당시 월스트리트 저널에서 게재한 기사로 실적이 부진한 기업들이 회사의 재정이 악화되자 최후의 조치로 배당을 삭감했다는 내용을 담고 있다. 이런 기업에 투자해 후회하는 일을 막기 위해서는 배당을 지급하는 기업의 실적과 배당금 인상 추이를 꾸준히 살펴보는 것이 필요하다.

세상에 쉬운 투자는 없다. 배당투자가 일반적인 주식투자에 비해 마음 편하다고 느껴질 수도 있지만, 그럼에도 공부 없는 투자에 수익은 없는 법이다.

복리의 힘을 200% 경험하는 배당주 포트폴리오의 마법

필자가 이 책을 통해 소개할 '매주 배당금이 들어오는 포트폴리오'의 연간 배당수익률은 2.01%다(2024년 2월 기준).

이 포트폴리오는 SPY ETF를 포함하여 17개 종목으로 구성되어 있는데 생각보다 배당금이 크지 않다. 그래서 아마 배당금에만 초점을 맞춘 개인투자자들은 실망할 수도 있다. 다만 매주 배당을 받으면서 정말로 장기투자를 이어간다면, 그리고 적지만 기업이 매년 꾸준하게 배당금을 인상한다면, 또 매주 받은 배당금 재투자를 실행에 옮긴다면 어떨까? 'Compound', 즉 복리의 마법을 경험할 수 있을 것이다.

복리의 경험을 체험하려면 몇 가지 조건이 있어야 하는데 하나씩 자세하게 짚어보겠다. 가장 중요한 부분은 포트폴리오를 구성하는 개별종목들의 이익 성장이다. 이익이 성장을 해야 배당금을 인상해 주기 때문이다. 현재 구성된 17개 종목 각각 성장률은 다르지만 모두 배당성장이 예측된다.

일단 간단하게 SPY ETF를 제외한 16개 종목 각각의 배당성장 예측치를 확인해 보자.

1. 킴벌리 클락(KMB. Kimberly-Clark Corporation)

회계연도 Fiscal Period Ending	예상 배당금 Consensus Rate	예상 연배당수익률 Consensus Yield
2023년 12월	$4.71	3.87%
2024년 12월	$4.90	4.03%
2025년 12월	$5.11	4.20%

2. 머크(MRK. Merck & Co., Inc.)

회계연도 Fiscal Period Ending	예상 배당금 Consensus Rate	예상 연배당수익률 Consensus Yield
2023년 12월	$2.97	2.58%
2024년 12월	$3.20	2.79%
2025년 12월	$3.57	3.11%

3. FMC 코퍼레이션(FMC. FMC Corporation)

회계연도 Fiscal Period Ending	예상 배당금 Consensus Rate	예상 연배당수익률 Consensus Yield
2023년 12월	$2.31	4.31%
2024년 12월	$2.39	4.45%
2025년 12월	$2.57	4.78%

4. 시스코(CSCO. Cisco Systems, Inc.)

회계연도 Fiscal Period Ending	예상 배당금 Consensus Rate	예상 연배당수익률 Consensus Yield
2024년 7월	$1.58	3.32%
2025년 7월	$1.63	3.42%
2026년 7월	$1.71	3.38%

5. 다든 레스토랑(DRI. Darden Restaurants, Inc.)

회계연도 Fiscal Period Ending	예상 배당금 Consensus Rate	예상 연배당수익률 Consensus Yield
2023년 5월	$4.89	3.30%
2024년 5월	$5.33	3.60%
2025년 5월	$5.77	3.89%

6. 로우스 컴퍼니스(LOW. Low's Companies, Inc.)

회계연도 Fiscal Period Ending	예상 배당금 Consensus Rate	예상 연배당수익률 Consensus Yield
2023년 1월	$3.82	1.91%
2024년 1월	$4.29	2.15%
2025년 1월	$2.29	2.29%

7. 애플(AAPL. Apple Inc.)

회계연도 Fiscal Period Ending	예상 배당금 Consensus Rate	예상연배당 수익률 Consensus Yield
2023년 9월	$0.95	0.50%
2024년 9월	$1.01	0.53%
2025년 9월	$1.12	0.59%

8. 프록터앤갬블(PG. The Procter & Gamble Company)

회계연도 Fiscal Period Ending	예상 배당금 Consensus Rate	예상 연배당수익률 Consensus Yield
2023년 6월	$3.80	2.52%
2024년 6월	$3.98	2.63%
2025년 6월	$4.16	2.76%

9. 스타벅스(SBUX. Starbucks Corporation)

회계연도 Fiscal Period Ending	예상 배당금 Consensus Rate	예상 연배당수익률 Consensus Yield
2023년 12월	$2.30	2.18%
2024년 12월	$2.46	2.33%
2025년 12월	$2.94	2.78%

10. KLA 코퍼레이션(KLAC, KLA Corp.)

회계연도 Fiscal Period Ending	예상 배당금 Consensus Rate	예상 연배당수익률 Consensus Yield
2023년 6월	$5.69	1.04%
2024년 6월	$6.22	1.14%
2025년 6월	$6.62	1.22%

11. 존슨앤존슨(JNJ. Johnson & Johnson)

회계연도 Fiscal Period Ending	예상 배당금 Consensus Rate	예상 연배당수익률 Consensus Yield
2023년 12월	$4.73	3.16%
2024년 12월	$4.89	3.27%
2025년 12월	$5.14	3.43%

12. 마이크로소프트(MSFT. Microsoft Corporation)

회계연도 Fiscal Period Ending	예상 배당금 Consensus Rate	예상 연배당수익률 Consensus Yield
2023년 6월	$2.96	0.80%
2024년 6월	$3.22	0.87%
2025년 6월	$3.55	0.96%

13. 어플라이드 머티리얼스(AMAT. Applide Materials, Inc.)

회계연도 Fiscal Period Ending	예상 배당금 Consensus Rate	예상 연배당수익률 Consensus Yield
2023년 8월	$1.25	0.84%
2024년 8월	$1.39	0.93%
2025년 8월	$1.55	1.04%

14. 에이버리 데니슨(AVY. Avery Dennison Corporation)

회계연도 Fiscal Period Ending	예상 배당금 Consensus Rate	예상 연배당수익률 Consensus Yield
2023년 12월	$3.11	1.63%
2024년 12월	$3.18	1.67%
2025년 12월	$3.39	1.78%

15. 록히드마틴(LMT. Lockheed Martin Corporation)

회계연도 Fiscal Period Ending	예상 배당금 Consensus Rate	예상 연배당수익률 Consensus Yield
2023년 12월	$12.16	2.73%
2024년 12월	$12.87	2.89%
2025년 12월	$13.66	3.07%

16. 골드만삭스(GS. The Goldman Sachs Group, Inc.)

회계연도 Fiscal Period Ending	예상 배당금 Consensus Rate	예상 연배당수익률 Consensus Yield
2023년 12월	$10.51	3.10%
2024년 12월	$11.39	3.36%
2025년 12월	$11.99	3.54%

17. SPY - SPDR S&P 500 ETF Trust

앞서 설명했듯 배당금이 작던 크던 꼬박꼬박 재투자를 해야 한다. 이렇게 말을 하면 거의 모든 분들이 이런 질문을 하는데 킴벌리 클락(Kimberly-Clark)의 경우 분기 배당금이 1.16달러인데 이걸로 어떻게 한 주를 매수하냐는 것이다. 맞다. 킴벌리 클락의 한 주는 120달러 중반에서 거래가 되기 때문에 1.16달러로는 한 주를 매수할 수 없다. 하지만 최근 거의 모든 증권사가 소수점매매 서비스를 시행하면서 이런 불편이 해소되었다. 받은 배당금만큼 소수점으로 매수를 하면 된다. 킴벌리 클락의 경우 주당 137달러라고 가정하고 아까 말했던 분기 배당금 1.16달러로 재투자를 진행하면 약 0.008주를 매수할 수 있다.

물론 투자금액이 커 배당금도 큰 분들에게는 해당하지 않는 얘기다. 지금 언급하는 이야기는 소액을 보유한 소액투자자를 위한 것이다. 사실 지금 배당 포트폴리오를 이야기할 수 있는 것도 국내 증권사에서 최근에 시행한 소수점매매 서비스 때문이다. 혹시 이 제도에 대한 자세한 내용을 듣고 싶으면 거래 중인 증권사에 문의하라고 당부하고 싶다.

다시 복리 이야기로 돌아와서 매주 배당금이 들어온다는 이야기는 매년 52번의 배당금이 입금되는 것이고, 이를 모두 재투자에 적용을 하면 52번의 재투자, 즉 복리투자가 가능하다는 것이다. 실제 배당투자에 관심이 없던 분들도 이 대목에서는 상당히 흥미를 느끼는데, 과장하지 않고 사실에 근거해서 복리 결과를 먼저 알려드리겠다. 주별로 재투자의 결과를 게재하면 내용이 너무 많기에 연도별로 끊어서 결과를 보여드리겠다.

매주 배당금이 들어오는 포트폴리오 연간 재투자를 통한 수익률 변화

연도	수익률
2023년	2.46%
2024년	5.26%
2025년	8.47%
2026년	12.18%
2027년	16.50%
2028년	21.57%
2029년	27.62%
2030년	34.93%

2035년 2분기에 104.66%로 12년 뒤에 수익이 두 배를 넘어선다.
2040년 1분기에 드디어 1,215.84%로 1,000%를 넘기고,
그 뒤로 정확하게 2분기 뒤인 2040년 3분기에는 2,114.34%가 된다.

이를 금액으로 표현하면 2023년 1월 초기 투자 금액이 330만 원(2,528달러)에서 17년 뒤인 2040년 4분기에는 1억 원(73,506.33달러)으로 늘어난다. 다시 말해서 17년 동안 받은 배당금을 통한 재투자로 복리를 경험했더니 원금의 29배로 불어났다는 말이다. 주가는 그대로 멈춰 있다고 가정하여 배당금만으로 계산을 했고, 월가에서 예측하는 배당성장 예측을 감안했다.

너무 놀라지만 말고 금액을 더 늘려보거나, 부모라면 어린 자녀의 계좌라고 가정하여 17년이 아닌 27년, 37년 뒤를 상상해 보라. 아마도 입가에 웃음이 번지리라.

$

Stock Dividend Portfolio

2부

배당주 투자의 핵심 요소

투자 전 즐겨찾기 해야 할 홈페이지들

배당투자가 일반적인 주식투자보다 어려울 것이라는 생각 역시 오해이다. 딱 2개만 하면 된다. 첫째는 원하는 종목의 배당락일을 아는 것이고, 두 번째는 배당락일 하루 전에 매수한다는 것이다.

배당락일 하루 전에 매수한다는 심플한 원리만 알면 매주 달러가 들어오는 포트폴리오를 구성할 수 있다. 아주 간단하다. 먼저 종목의 배당락일은 어디서 알 수 있을까? 이 장에서는 독자 분들에게 유용할 웹페이지를 몇 개 소개하겠다. 모두 영어로 되어 있다는 문제가 있지만 같은 단어가, 같은 위치에 반복되어서 나오니 책을 읽고 조금씩 따라 오면 얼마든지 혼자서도 검색할 수 있을 것이다.

1. 나스닥닷컴(www.nasdaq.com)

해당 홈페이지에 접속하여 우측 상단의 돋보기 표시 공란에 찾고자 하는 종목의 티커를 입력한다. 예를 들어 애플의 티커 'AAPL'을 눌러서 접속한 후 좌측 메뉴에서 'Dividend History'를 클릭하면 여기서 해당 종목의 최신 배당락일, 배당 지급일을 확인할 수 있고 이전 기록도 같이 볼 수 있다.

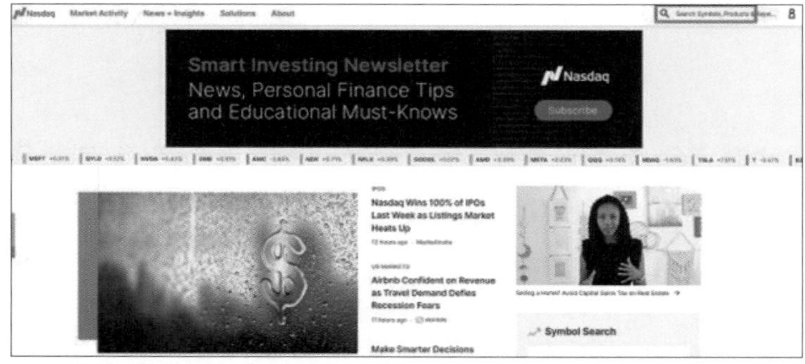

Ex/EFF DATE	TYPE	CASH AMOUNT	DECLARATION DATE	RECORD DATE	PAYMENT DATE
02/10/2023	CASH	$0.23	02/02/2023	02/13/2023	02/16/2023
11/04/2022	CASH	$0.23	10/27/2022	11/07/2022	11/10/2022
08/05/2022	CASH	$0.23	07/28/2022	08/08/2022	08/11/2022
05/06/2022	CASH	$0.23	04/28/2022	05/09/2022	05/12/2022
02/04/2022	CASH	$0.22	01/27/2022	02/07/2022	02/10/2022

2. 팁랭크스(www.tipranks.com)

해당 홈페이지에 접속하여 상단 메뉴에서 'Research Tools'을 클릭, 그리고 'Dividend Calendar'를 선택하면 배당락일이 임박한 종목들을 확인할 수 있다.

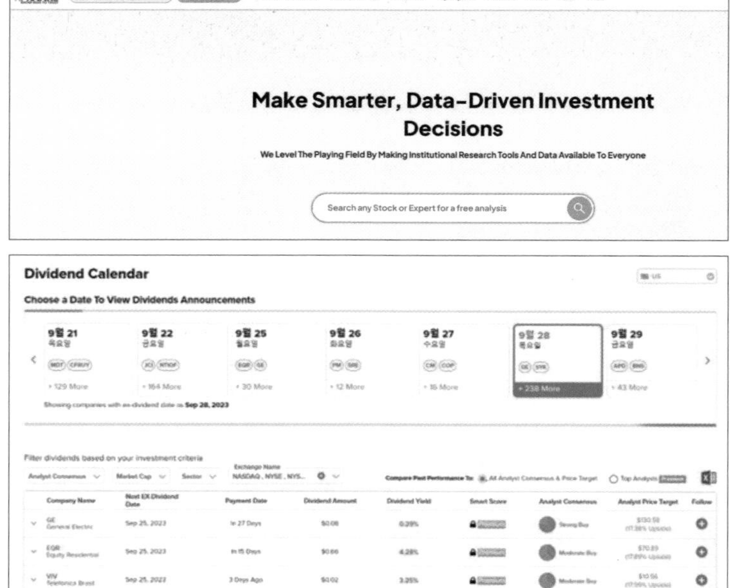

3. 디비던드닷컴(www.dividend.com)

해당 홈페이지에 접속한 후 상단 메뉴의 'Dates'에서 커서를 대면 나오는 화면에서 'This Week's Ex-dates' 또는 'This Month's Ex-dates'를 선택하면 그 주, 그 달의 배당 일정을 확인할 수 있다.

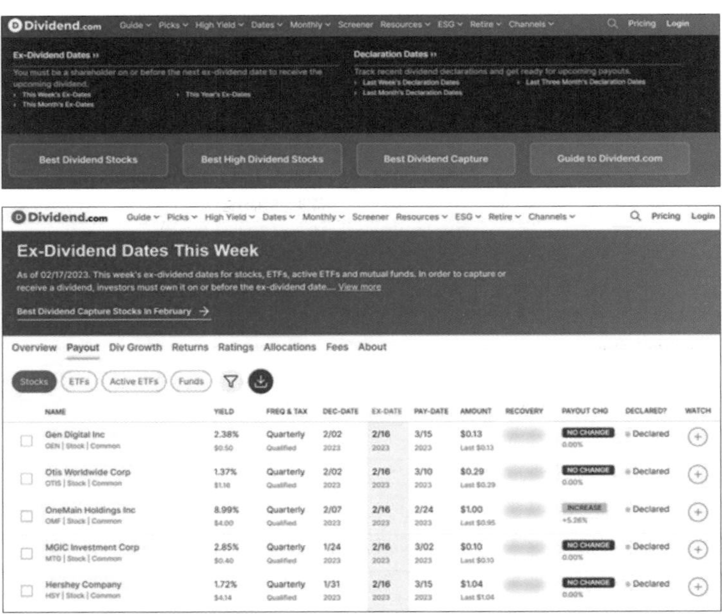

실적이 나오는 업종에만 투자하라

좋은 집을 지으려면 좋은 자재를 쓰면 된다. 이처럼 좋은 포트폴리오는 좋은 업종을 정하는 데서 출발한다. 그렇다면 좋은 업종은 무엇인가? 실적이 좋은 업종이 투자하기 좋은 업종이다.

필자는 이러한 업종을 발굴하기 위해 야드니 리서치(Yardeni Research)에서 정기적으로 발간하는 〈S&P500 업종 미래와 현재 지표(S&P500 Sectors Forward & Actual Metrics)〉를 참고하곤 한다. 구글에서 조회해 보자. 다음 장의 표지가 나오면 잘 찾은 것이다.

여기서 〈S&P500 Sectors Quarterly Earnings Per Share〉와 〈S&P500 Sectors Quarterly Revenues Per Share〉을 보고 꾸준하게 우상향하는 업종을 찾아보자.

아마도 객관적으로 눈에 띄는 업종은 단연 IT와 헬스케어, 산업재, 임의소비재, 필수소비재 등일 것이다.

S&P 500 Sectors Quarterly Earnings Per Share

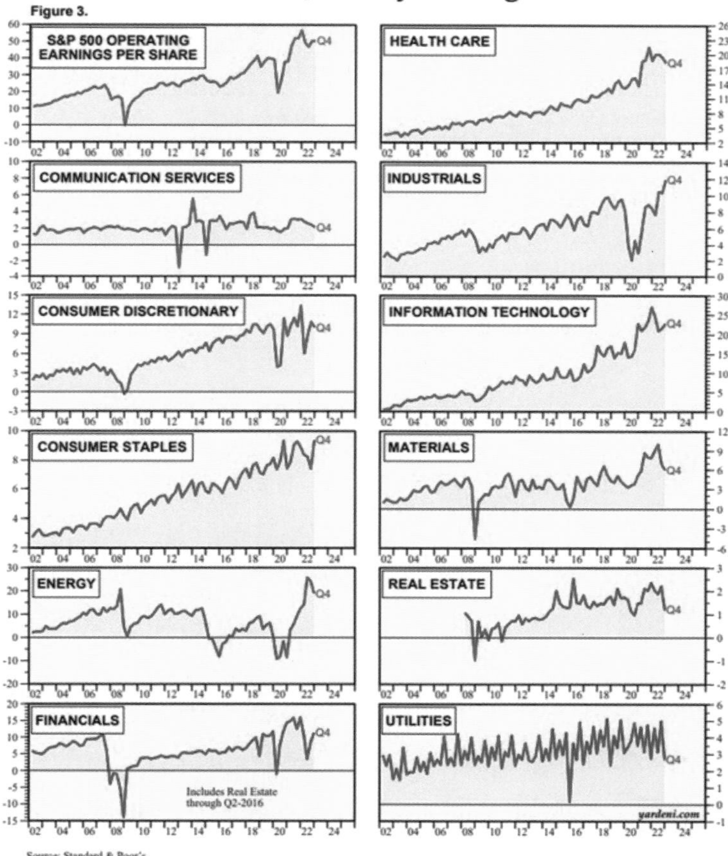

업종별 수익률 추이표(출처: S&P500 Sectors Forward & Actual Metrics)

필자는 이 데이터를 기반으로 업종과 비중을 다음과 같이 구분했다.

업종별 종목수, 시가총액 대비 비중 비교표

업종	종목수 대비 비중	시가총액 대비 비중
Technology (기술)	31.3%	78%
Consumer Cyclical (임의소비재)	25.0%	4%
Consumer Defensive (필수소비재)	12.5%	5%
Healthcare (건강관리)	12.5%	9%
Industrials (산업재)	6.2%	1%
Financial (금융)	6.3%	2%
Basic Materials (소재)	6.2%	1%

앞서 필자가 선택한 포트폴리오에서 SPY를 뺀 16개의 개별 종목 중 가장 많은 5개 종목이 기술 업종에 해당된다. 바로 애플, 마이크로소프트, KLA 코퍼레이션, 어플라이드 머티리얼스, 시스코이다.

필자는 헬스케어 업종으로 머크, P&G, 존슨앤존슨을 편입했고 여기에 산업재 업종으로 에이버리 데니슨과 록히드마틴을 추가했다. 필수소비재 업종으로 킴벌리 클락을, 임의소비재 업종으로 스타벅스와 다든 레스토랑과 로우스 컴퍼니스를 편입했다. 여기에 포트폴리오 분산 차원으로 소재 업종에서 FMC 코퍼레이션, 금융 업종에서는 골드만삭스를 포트폴리오에 담았다. 또 추가로 개인적으로 좋아하는 ETF인 SPY를 추가해서 17개 종목의 매주 배당금이 들어오는 포트폴리오가 세계 최초로 만들어진 것이다.

여기서 세계 최초라는 말은 내가 만든 말이 아니라 2022년 가을에 운용사인 디렉시온(Direxion)과의 컨퍼런스 콜 당시, 그 쪽 담당자가 나에게 한 말이었다.

실적 안에 업종이 있다고 해서 초보자가 기업의 속사정을 속속들이 알아야 할 필요는 없다. 세상에 수많은 전문가들이 업종과 기업의 실적을 분석해서 우리에게 보여주기 때문이다. 사람의 의견은 주관적이지만 데이터는 거짓말을 하지 않는다. 섹터(업종)별 실적을 보여주는 데이터를 검토하고 나만의 포트폴리오를 만들기 위한 좋은 재료로 삼아보자.

매주 배당금이 들어오는 포트폴리오의 핵심 3요소

1) 종목은 크게 크게

앞서 필자가 소개한 17개 종목들의 또 다른 공통점은 모두 대형주(라지캡) 이상이라는 점이다. 보통 미국에서는 100억 달러 이상의 종목들을 대형주라고 한다. 초대형주(메가캡)는 보통 2,000억 달러 이상의 종목들로 분류하는데, 필자의 포트폴리

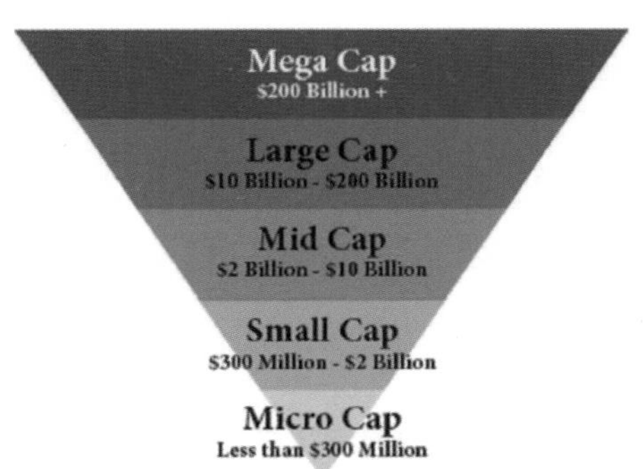

오에서 애플과 마이크로소프트가 이에 해당된다. 필자는 투자 종목을 선정할 때 무조건 '라지캡' 이상의 종목을 포함시키는 것을 추천한다. 그 이유는 높은 수익률과 함께 꾸준한 배당 수익률 상승이 있기 때문이다.

아래 그래프를 보면 미들캡을 대표하는 S&P400(파랑), 라지캡을 대표하는 S&P500(빨강), 스몰캡을 대표하는 S&P600(초록) 지수 중 미들캡 종목이 속해 있는 S&P400(파랑)의 수익률이 가장 높은 것을 확인할 수 있다. 하지만 수익률이 전부일까? 각각의 수익률 추이를 좀 더 자세히 살펴보자.

미들캡, 라지캡, 스몰캡에 따른 수익률 비교표(출처: www.indexologyblog.com)

S&P400으로 알려진 S&P MidCap 400 지수는 S&P Dow Jones Indices의 주식시장 지수다. 이 지수는 미국 중형주 부문의 지표 역할을 하며 가장 널리 사용되는 중형주 지수이기도 하다.

S&P500은 미국 신용평가사 S&P Global이 미국에 상장된 시가총액 상위 대형주 500개 기업의 주식들을 모아 지수로 묶어 주기적으로 수정하고 발표하는 미국의 3대 증권시장 지수 중에 하나이다.

S&P600으로 알려진 S&P SmallCap 600 지수는 스탠더드 앤푸어스(Standard & Poor's)가 설립한 주식시장 지수로 시가 가중 지수를 사용하여 미국주식의 소형주 범위를 대략적으로 다룬다. 이 지수에 포함되려면 주식의 총 시가총액이 7억 5,000만 달러에서 46억 달러 사이여야 한다.

라지캡을 대표하는 S&P500을 추종하는 SPY ETF 그래프를 살펴보자. 연배당 수익률은 1.57%로 나타난다. 하지만 최근 추이를 살펴보면 꾸준히 배당 수익률(=파란색 막대 그래프)을 올리고 있는 것도 확인된다.

Dividend & Yield

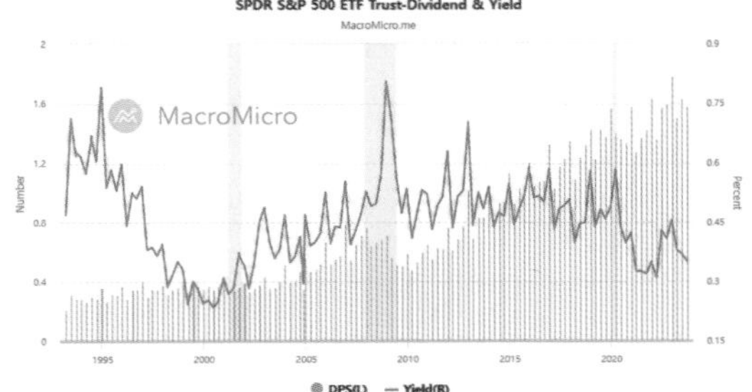

Ⓟ Annual dividend yield: 1.57%

SPY	DPS	Yield Ⓟ
2023-09-15	$1.58	0.35%
2023-06-16	$1.64	0.37%
2023-03-17	$1.51	0.38%
2022-12-16	$1.78	0.46%
2022-09-16	$1.60	0.41%
2022-06-17	$1.58	0.43%
2022-03-18	$1.37	0.31%
2021-12-17	$1.64	0.35%

SPY(S&P500) **배당추이, 연배당 수익률 1.57%**(출처: en.macromicro.me)

미들캡을 대표하는 S&P400을 추종하는 SPMD ETF도 살펴보자. 배당 수익률은 1.61%로 뒤에 나올 스몰캡 추종 ETF의 1.70%보다는 낮은 편이다. 수익률 상승 지표도 낮고, 배당 수익률의 추이도 낮은 편이다. 투자에 있어 패스하는 것을 추천한다.

Dividend & Yield

SPDR Portfolio S&P 400 Mid Cap ETF-Dividend & Yield
MacroMicro.me

DPS(L) — Yield(R)

Ⓟ Annual dividend yield: 1.61%

SPMD	DPS	Yield Ⓟ
2023-09-18	$0.18	0.39%
2023-06-20	$0.19	0.43%
2023-03-20	$0.16	0.39%
2022-12-19	$0.17	0.40%
2022-09-19	$0.20	0.47%
2022-06-21	$0.19	0.48%
2022-03-21	$0.14	0.31%
2021-12-20	$0.11	0.22%

SPMD(S&P400) **배당 추이, 연배당 수익률 1.61%**(출처: en.macromicro.me)

스몰캡을 대표하는 S&P600을 추종하는 SLY ETF를 살펴보자. 배당 수익률은 1.70%로 가장 높지만 수익률의 굴곡이 심하고 상승 지표도 낮다. 그리고 배당 수익률의 성장 지표도 미미하여 투자에 있어 망설임을 들게 한다.

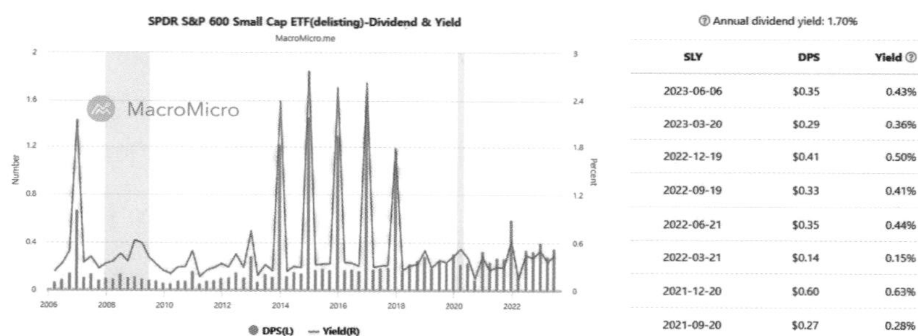

SLY	DPS	Yield
2023-06-06	$0.35	0.43%
2023-03-20	$0.29	0.36%
2022-12-19	$0.41	0.50%
2022-09-19	$0.33	0.41%
2022-06-21	$0.35	0.44%
2022-03-21	$0.14	0.15%
2021-12-20	$0.60	0.63%
2021-09-20	$0.27	0.28%

SlY(S&P600) **배당추이, 연배당 수익률 1.70%**(출처: en.macromicro.me)

이 지표들로 확인할 수 있는 것이 무엇일까? 단순히 수익률이 높은 지표를 선택하기보다 그 안에 숨겨진 의미를 찾아야 한다는 것이다. 대형주 이상을 추종하는 S&P500은 수익률이 가장 높지는 않았지만 꾸준한 배당 수익률 상승을 보여준다. 필자는 그런 이유로 라지캡 이상의 기업으로 포트폴리오를 구성하고 앞서 말한 것처럼 IT기술, 헬스케어 업종의 비중을 높일 것을 추천하는 바이다.

2) 변동성은 작게 작게

필자의 포트폴리오 속 17개 종목들의 또 다른 공통점은 BETA(변동성)가 작다는 것이다.

흔히 지루한 투자가 진짜 투자라고 말한다. 너무 지루해서 하품이 나올 정도로 적은 변동성을 가진 기업에 우리는 주목해야 한다. 이는 장기투자의 핵심 원동력이 된다. 주가의 출렁임 없이, 어찌 보면 지루한 포트폴리오지만 세상에서 가장 안정적인 포트폴리오기도 하다.

보통 베타가 1이면 시장과 같은 변동성을 보이는 것이고, 1 이하면 시장보다도 변동성이 작은 것으로 분류가 되는데, SPY를 제외한 16개 종목의 평균 베타 값은 1.05이다. 16개 종목의 변동성은 다음과 같다.

	이름	티커	베타
1	애플	AAPL	1.24
2	에이버리 데니슨	AVY	0.98
3	시스코	CSCO	0.96
4	다든 레스토랑	DRI	1.25
5	어플라이드 머티리얼스	AMAT	1.59
6	FMC 코퍼레이션	FMC	0.85
7	골드만삭스	GS	1.39
8	존슨앤존슨	JNJ	0.58
9	킴벌리 클락	KMB	0.32

10	록히드마틴	LMT	0.68
11	머크	MRK	0.33
12	마이크로소프트	MSFT	0.92
13	KLA 코퍼레이션	KLAC	3.4
14	프록터앤갬블	PG	0.35
15	스타벅스	SBUX	0.95
16	로우스 컴퍼니스	LOW	1.1

3) 실적은 좋게 좋게

당연한 말이지만 실적이 꾸준히 상승하는 기업에 투자하는 것이 가장 좋다. 필자는 이러한 기업을 찾을 때 월스트리트젠(www.wallstreetzen.com)에서 제공하는 실적 예상치 데이터를 활용하곤 한다. 회원가입 후 무료로 이용할 수 있다. 유료 멤버십 서비스도 있지만 굳이 가입할 필요는 없으니 참고해두자.

홈페이지에 접속 후 기업명 혹은 티커를 검색하면 영어로 된 복잡한 자료를 볼 수 있는데 우리가 찾는 자료는 상단의 '예상(Forecast)' 메뉴에서 확인할 수 있다.

다음 장의 그래프는 월스트리트젠 홈페이지에서 애플(티커: AAPL)을 검색한 결과이다. 예상(Forecast)메뉴 중간을 보면 이렇게 예상 실적치(Earnings)와 예상 매출액(Revenue)을 확인할 수 있다.

애플의 그래프는 우상향 수치가 높으며 놀라울 정도로 미래 성장세가 밝다. 그런 이유로 필자는 포트폴리오를 구성할 때 애플을 가장 중심 폴대로 세우고, 그 주변에 종목을 배치했다.

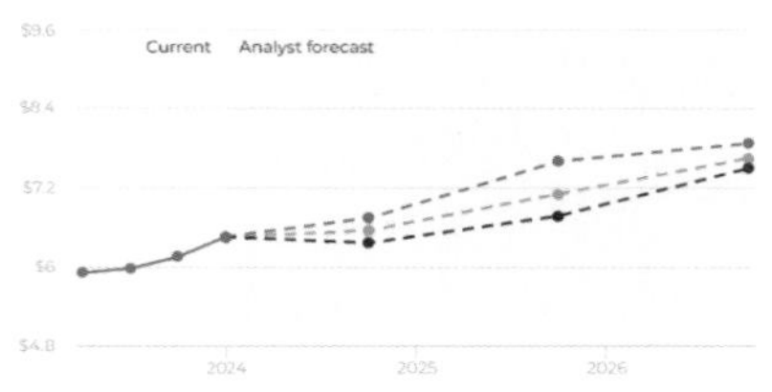

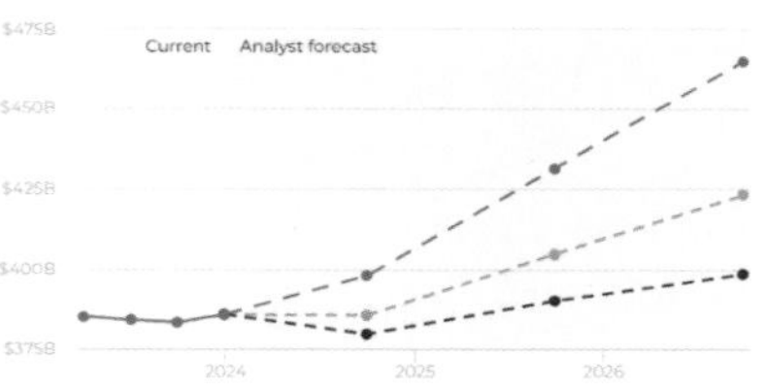

애플의 예상 실적치와 매출액 추이

P&G(프록터앤갬블)은 필자의 두 번째 폴대다. 누가 봐도 탐낼 만한 안정적인 성장세를 보여주고 있다.

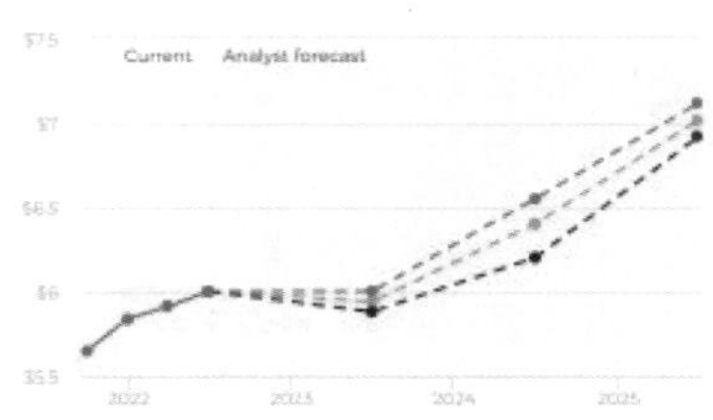

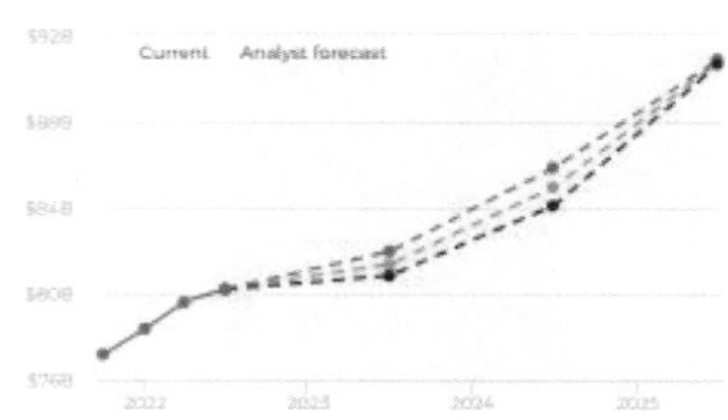

P&G의 예상 실적치와 매출액 추이

$

Stock Dividend Portfolio

3부

실전! 매주 배당 받는 포트폴리오 만들기

매주 배당을 위한 꿀팁들

1) 배당락일이 아니라 배당 지급일에 주목!

배당락일(Ex-dividend date)과 배당 지급일(dividend payment date)은 미국주식 관련 홈페이지에서 쉽게 찾을 수 있다. 앞서 언급한 월스트리트젠 홈페이지에서 기업명을 검색하고 상단 메뉴 중 'dividend'를 클릭하면 아래와 같이 기업의 최근 배당락일과 배당 지급일을 확인할 수 있다.

PG dividend dates

Last dividend payment date	Feb 15, 2024
Last ex-dividend date	Jan 18, 2024

이때 주식을 매수하는 즉시 배당 받을 자격이 생기는 것이 아니라 배당락일(Ex-Dividend Date) 하루 전에 주식을 보유해야 정해진 배당 지급일에 배당을 받을 수 있다. 또 주주 등록일이라고 하는 'Record Date' 이틀 전에 주식을 매수해도 배당을 받을 수 있다.

예를 들면 2024년 1월 17일 전에 주식을 매수하면 2024년 2월 15일에 배당을 받을 수 있다. 휴일이 끼었을 경우 +2일 전에 매수해야 하는데, 헷갈릴 때는 안전하게 배당락일 3일 전에 매수하는 것을 추천한다.

배당락일을 아는 것은 쉽다. 앞서 소개한 나스닥닷컴(www.Nasdaq.com)이나 디비던드닷컴(www.dividend.com) 또는 팁랭크스(www.tipranks.com) 홈페이지에 기업들의 배당락일이 바로 공표되어 있기 때문이다. 하지만 배당 지급일을 맞추는 것은 까다롭다. 현지 배당일과 한국으로 들어오는 배당일에 차이가 있기에 자칫 한 주가 밀릴 수도 있기 때문이다. 증권사마다 차이가 있는데 보통 1~2일 정도 걸리고 일주일을 넘지는 않는다.

참고로 이 책에서는 미국 배당 지급일을 기준으로 포트폴리오를 구성했다. 국내 계좌로의 지급은 정확한 일정을 예측할 수 없기에 하게 된 조치지만, 매주 달러 받는 포트폴리오의 목적은 해치지 않는다. 사실 입금일에 큰 차이도 없지만 참고로 알아두자.

2) 가장 대표적인 기업을 선정하자

너무 지루해서 장기적으로 투자할 수밖에 없는 대표 기업을 선정하자. 이때 대표기업은 시가총액 상위 기업이 될 수도 있고, 배당금 연속 인상 기간이 긴 종목이 될 수도 있다. 앞서 말한 라지캡 이상 기업 중 섹터 수익률 1위의 기업을 찾는 것도 이에 속한다. 간단하게 순서로 설명하겠다.

1. 먼저 www.sectorspdrs.com에 접속한다.

2. 섹터별 수익률(퍼포먼스)을 기간별로 설정한다.

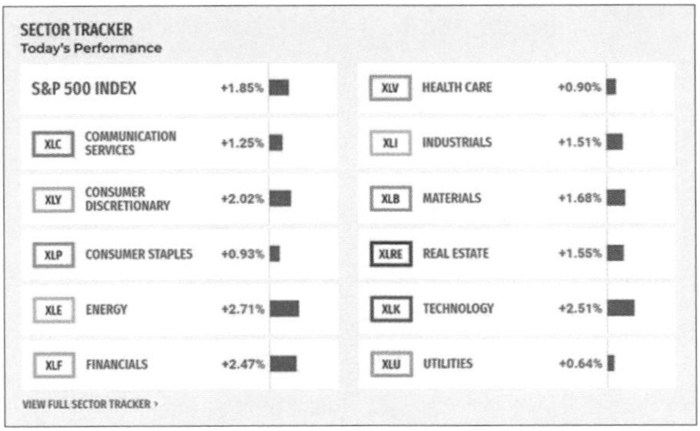

SECTOR TRACKER
Today's Performance

S&P 500 INDEX	+1.85%	XLV	HEALTH CARE	+0.90%
XLC COMMUNICATION SERVICES	+1.25%	XLI	INDUSTRIALS	+1.51%
XLY CONSUMER DISCRETIONARY	+2.02%	XLB	MATERIALS	+1.68%
XLP CONSUMER STAPLES	+0.93%	XLRE	REAL ESTATE	+1.55%
XLE ENERGY	+2.71%	XLK	TECHNOLOGY	+2.51%
XLF FINANCIALS	+2.47%	XLU	UTILITIES	+0.64%

VIEW FULL SECTOR TRACKER ›

3. 기술(Technology) 업종을 클릭한다.

XLK TECHNOLOGY +2.51%

Technology Holdings

Number of Holdings 64 · Total % Change +2.51%

Symbol	Company Name	Index Weight	Last	Change	%Change
FTNT	Fortinet Inc	0.57%	61.18	+3.41	+5.57%
AAPL	Apple Inc.	24.29%	165.79	+7.78	+4.69%
ON	On Semiconductor Corp	0.47%	77.83	+3.39	+4.36%
SEDG	SolarEdge Technologies Inc	0.22%	281.22	+12.17	+4.33%
GEN	Gen Digital Inc.	0.13%	16.45	+0.70	+4.26%
FSLR	First Solar Inc	0.24%	171.59	+7.01	+4.09%
NVDA	Nvidia Corp	4.66%	275.62	+11.18	+4.06%
ADBE	Adobe Inc.	2.16%	335.83	+12.57	+3.74%
AMD	Advanced Micro Devices	1.95%	86.61	+3.23	+3.73%
LRCX	Lam Research Corp	0.96%	512.24	+17.53	+3.42%

4. 수익률(퍼포먼스) 순으로도 리스트업 가능

Technology Holdings

Number of Holdings 64 · Total % Change +21.54%

Symbol	Company Name	Index Weight	Last	Change	%Change
NVDA	Nvidia Corp	4.66%	146.14	+140.66	+96.25%
CRM	Salesforce, Inc.	2.67%	132.59	+65.00	+49.02%
AMD	Advanced Micro Devices	1.95%	64.77	+25.07	+38.71%
AAPL	Apple Inc.	24.29%	129.93	+43.64	+33.59%
FTNT	Fortinet Inc	0.57%	48.89	+15.70	+32.11%
ON	On Semiconductor Corp	0.47%	62.37	+18.85	+30.22%
MSFT	Microsoft Corp	24.85%	239.82	+70.83	+29.53%
CDNS	Cadence Design Systems Inc	0.76%	160.64	+44.60	+27.76%
LRCX	Lam Research Corp	0.96%	420.30	+109.46	+26.04%
ANSS	ANSYS Inc	0.35%	241.59	+60.09	+24.87%

3) 실적이 좋은 배당주를 확인하자

실적이 좋은 배당주란 다른 말로 배당률이 높은 기업이라고 할 수 있겠다. 디비던드닷컴(dividend.com) 홈페이지에서 기업을

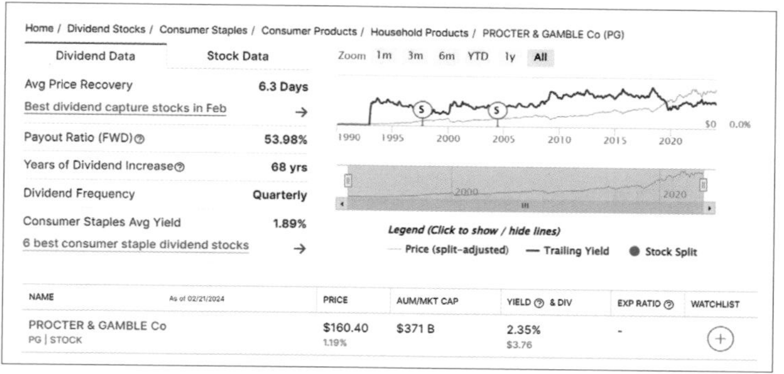

P&G의 배당률과 연속 배당 기간(출처: www.dividend.com)

검색하면 현재 배당률과 연속 배당 기간을 확인할 수 있다.

위는 P&G(프록터드앤갬블)를 검색한 결과이다. 살펴보면 연속해서 배당률을 상승한 기간(Years of Dividend Increase)이 68년이라고 나와 있다. 어마어마한 신뢰를 보여주는 기간이다. 배당률 역시 확인할 수 있는데 2.35%로 나타난다(2024년 2월 기준).

하지만 필자는 배당수익률만을 보고 투자 종목을 선택하는 것은 추천하지 않는다. 차트의 등락, 기업의 성장가치 등 여러 가지 요소를 조합하여 종목을 선택해야 함을 잊지 말자.

4) 3개월만 확실하게 구성하자

1년 52주, 매주 배당을 받기 위해서는 52개의 종목이 필요할까? 절대 그렇지 않다. 기업마다 차이는 있지만 보통 분기별로 배당이 지급된다. 1, 3, 6, 9월 그리고 2, 5, 8, 11월 그리고 분기에 상관없이 지급되는 기업들이 그러하다. 보통 1, 2, 3월의 종목을 선정하면 그대로 반복되기에 3개월만 확실히 만들면 된다. 예를 들어 필자는 2024년 2월의 포트폴리오를 이렇게 구성했는데, 먼저 중심이 될 일명 폴대 기업을 선정한다. 필자의 경우 앞서 말한 것처럼 애플이었다.

2024 FEBRUARY

SUNDAY	MONDAY	TUESDAY	WEDNESDAY	THURSDAY	FRIDAY	SATURDAY
				1 다든 레스토랑	2	3
4	5	6	7 로우스 컴퍼니스	8	9	10
11	12	13	14	15 애플, P&G	16	17
18	19	20	21	22	23 스타벅스	24
25	26	27	28	29		

© BlankCalendarPages.com

애플의 배당 지급일은 2월 15일이기에 달력에 적어 놓고, 스타벅스를 그 다음 주에 위치시켰다. 이렇게 1~3월 달력을 펴서 하나하나 기업을 넣어 보자. 지웠다 썼다 하면서 기업을 찾다 보면 시장을 바라보는 넓은 시야도 가질 수 있을 것이다.

매주 배당금 들어오는 포트폴리오 샘플

필자가 만든 매주 배당금이 들어오는 포트폴리오로 총 16개의 개별종목과 1개의 ETF로 구성이 되어있다. 표로 보면 다음 장과 같은데, 1월~12월까지 모두 나열했다. 포트폴리오를 보면 1~3월까지의 배당 일정이 4~12월까지 계속 반복된다. 대부분의 미국주식은 보통 분기별 배당을 지급하기에 포트폴리오를 구성할 때, 1월, 2월, 3월만 정해 놓으면 나머지 9개월치도 정해 놓은 것이나 다름없다는 점을 기억하면 좋겠다.

주의할 사항은 본 배당 종목의 구성 기준은 모두 미 현지 배당 지급일로 간혹 해당 종목의 사정으로 배당 지급이 지연되거나 국내 증권사 내부에서의 사정으로 실제 돈이 입금되는 일정이 달라질 수 있다. 하지만 필자의 경험에서 봤을 때 차이가 크지 않으니 크게 신경 쓰지 않아도 된다.

	1주차	2주차	3주차	4주차	마지막 주 초반	마지막 주 후반
1월	킴벌리 클락	머크	FMC	시스코		SPY
2월	다든 레스토랑	로우스 컴퍼니스	애플 P&G	스타벅스		
3월	KLA 코퍼레이션	존슨앤존슨	마이크로소프트 어플라이드 머티리얼즈	에이버리 데니슨	록히드 마틴 골드만 삭스	
4월	킴벌리 클락	머크	FMC	시스코		SPY
5월	다든 레스토랑	로우스 컴퍼니스	애플 P&G	스타벅스		
6월	KLA 코퍼레이션	존슨앤존슨	마이크로소프트 어플라이드 머티리얼즈	에이버리 데니슨	록히드 마틴 골드만 삭스	
7월	킴벌리 클락	머크	FMC	시스코		SPY
8월	다든 레스토랑	로우스 컴퍼니스	애플 P&G	스타벅스		
9월	KLA 코퍼레이션	존슨앤존슨	마이크로소프트 어플라이드 머티리얼즈	에이버리 데니슨	록히드 마틴 골드만 삭스	
10월	킴벌리 클락	머크	FMC	시스코		SPY
11월	다든 레스토랑	로우스 컴퍼니스	애플 P&G	스타벅스		
12월	KLA 코퍼레이션	존슨앤존슨	마이크로소프트 어플라이드 머티리얼즈	에이버리 데니슨	록히드 마틴 골드만 삭스	

이어질 4부에서는 필자가 구성한 편입종목과 종목 외에 다른 선호종목을 모두 후보로 정리했다. 예시로 1월 1주차에는 필자가 정한 킴벌리 클락(KMB)외에 같은 주에 배당금을 지급하는 후보군 21개 종목을 추가로 나열했다. 혹시 이미 킴벌리 클락을 보유했다면 다른 21개 종목에서 하나를 골라 필자와는 다

른 포트폴리오를 구성하는 것이 가능하다.

모든 종목마다 배당개요, 기업개요, 배당평가 그리고 가장 중요한 향후 배당 예상치를 정리했다. 배당평가는 신뢰도 높은 미국의 주식 평가업체 씨킹알파(seekingalpha.com) 홈페이지를 참고했으며 그들의 평가에 기준이 된 요소는 다음과 같다. 의미만 간략하게 정리해 보겠다.

- 배당 안정성: 현재의 배당금을 계속 지급할 수 있는 회사의 능력
- 배당 성장성: 경쟁사 대비 배당성장률의 매력도(향후 배당 인상에 대한 전망)
- 배당 수익률: 경쟁사 대비 배당수익률의 매력도(현재 배당수익률의 정도)
- 배당 지속성: 일관된 배당금 지급에 대한 회사의 실적

참고로 투자의 안전성을 위해서 모두 S&P500지수 내 종목으로 범위를 좁혔으며 1, 4, 7, 10월 마지막 주에는 개별종목이 아닌 대표 ETF인 SPY를 포트폴리오에 편입했다. SPY는 상세 설명이 없는 점을 양해 바란다. 어쩔 때는 후보 종목들이 너무 많아서 선정이 어렵고, 어떤 주에는 종목이 너무 없어서 어려웠다. 하지만 지금까지 필자가 직접 언급한 기준으로 4부의 후보

군 종목을 참고하며 나만의 포트폴리오를 만들어보자.

앞서 17개의 종목으로 구성된 필자의 포트폴리오를 소개했지만 스스로 만들고 구성한 여러분의 포트폴리오가 배당금이나 시세차익면에서 필자보다 더 나을 수 있다. 중요한 것은 스스로 해보는 것이다. 꼼꼼하게 살펴보고 여러분들도 나만의 포트폴리오를 만들고 수익을 얻는 기쁨을 누리길 바란다.

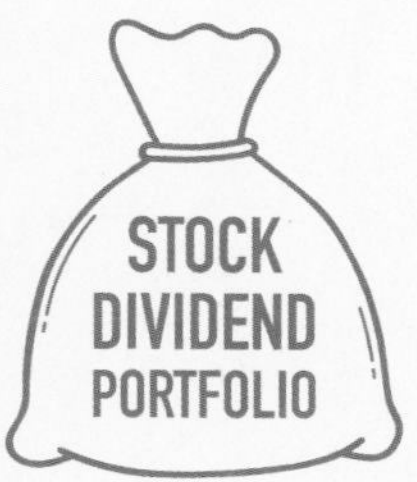
STOCK
DIVIDEND
PORTFOLIO

$

Stock Dividend Portfolio

4부

매주 배당금이 들어오는 기업 리스트 213

4부에 소개되는 기업의 배당 평가와 예상치는 디비던드닷컴(www.dividend.com)과 씨킹알파(seekingalpha.com)에서 가져왔으며 데이터 기준일은 2024년 2월 20일입니다.

4부를 읽는 법

배당 개요

❶ 심볼	KMB	❷ 배당 성향	66.63%	❸ 배당 주기	분기
❹ 연간 배당금	$4.88	❺ 연배당수익률	4.10%	❻ 연속배당인상	53년
❼ 동종업계 배당수익률	1.89%	❽ 최근 배당지급일	24.01.03	❾ Avg Price Recovery	10.7일

❶ **심볼**: 종목코드
❷ **배당 성향**: 당기 순이익에서 차지하는 배당금의 비중
❸ **배당 주기**: 배당금을 지급하는 주기로 보통 분기별로 배당금을 지급
❹ **연간 배당금**: 1년간 총 배당금
❺ **연배당수익률**: 1년간 총 배당금/주가
❻ **연속배당인상**: 매년 배당금 인상 내역
❼ **동종업계 배당수익률**: 동종업계와 비교한 배당수익률
❽ **최근 배당지급일**: 최근에 지급한 배당지급일
❾ **Avg Price Recovery**: 배당락일 기준 주가 회복에 소요되는 평균 일수

기업 개요

킴벌리 클락은 미국의 개인용품 제조 관련 기업으로 펄프 제품, 여성 위생용품, 일회용 기저귀 상품군이 대표적이다. 크리넥스(Kleenex), 코토넬(Cottonelle), 스캇(Scott), 와이팔(Wypall), 하기스(Huggies) 등의 상표명과 제품을 가지고 있다.

기업 개요에서는 기업의 연혁과 대표 상품,
특이사항을 간략하게 소개합니다.

배당 예상치

❶ 회계연도 Fiscal Period Ending	❷ 예상 배당금 Consensus Rate	❸ 예상연배당 수익률 Consensus Yield	❹ 낮은 전망치 Low	❺ 높은 전망치 High
2023년 12월	$4.71	3.87%	$4.68	$4.74
2024년 12월	$4.90	4.03%	$4.72	$5.57
2025년 12월	$5.11	4.20%	$4.72	$6.12

❶ **회계연도**: 회계연도는 1년 또는 12개월의 회계기간을 의미합니다. 회사의 회계연도 시작이 1월 1일이라고 하면 해당 회계연도가 12월 31일에 끝난다는 의미이며, 기업은 회사의 요구사항을 염두에 두고 최적의 회계연도를 스스로 선택할 수 있습니다. 회계연도는 회사마다 다릅니다.

❷ **예상 배당금**: 월가에서 추정하는 예상 배당금

❸ **예상 연배당수익률**: 연간 배당금을 주가로 나눈 수치로 동일한 배당금일 때도 주가가 하락하면 수익률이 커집니다. 반대로 주가가 상승하면 배당수익률은 작아집니다. 따라서 주가에 변동하는 배당수익률은 단순 참고하시고, 배당금 자체에 집중하시기 바랍니다.

❹ **낮은 전망치**: 월가에서 추정하는 가장 낮은 예상배당금

❺ **높은 전망치**: 월가에서 추정하는 가장 높은 예상배당금

❶ **배당 안정성** B+ ❷ **배당 성장성** A+ ❸ **배당 수익률** B ❹ **배당 지속성** A+

❶ **배당 안정성**: 현재의 배당금을 계속 지급할 수 있는 회사의 능력

❷ **배당 성장성**: 동종업체 대비 배당성장률의 매력도

❸ **배당 수익률**: 동종업체 대비 배당수익률의 매력도

❹ **배당 지속성**: 일관된 배당금을 지급하는 회사의 배당 지급 지속성

◆◆◆

4부에 이 책의 핵심 내용을 열거했다. 바로 매주 배당금이 들어오는 기업 리스트인데 모두 213개 종목으로 월별, 주별로 자세하게 소개했다. 혹시 기업들이 생소하고 어려울 독자들을 위해 미국 기업에 대한 코멘트를 담은 '장우석의 말말말' 코너를 추가해 이해를 도우려 한다.

필자는 앞서 설명한대로 SPY ETF를 포함해서 모두 17개 종목으로 매주 배당금이 들어오는 포트폴리오를 구성했다. 그런데 투자자마다 선호하는 종목이 다르고 이미 해당 종목을 보유 중이면, 다른 종목으로 교체해서 포트폴리오를 구성하라는 의미로 월별, 그리고 주별로 후보 종목을 나열한 것이다. 아니면 우리 책을 보신 독자 중에 필자보다 더 훌륭한 포트폴리오를 구성하는 분이 있을 거라는 기대도 한편으로 가지고 있다.

해당 주에 배당을 지급하는 종목을 살펴보고, 마음에 드는 종목으로 나만의 매주 달러가 들어오는 포트폴리오를 구성해 보자. 재료는 제가 드렸으니, 마음껏 요리를 해보면 어떨까?

※ 단, 리스크를 낮추기 위해서 모든 종목은 S&P500지수 내 종목으로 한정했다.

[1월] 1주차

001 킴벌리 클락(KMB)
002 오토매틱 데이터 프로세싱(ADP)
003 노던 트러스트(NTRS)
004 텍스트론(TXT)
005 코메리카(CMA)
006 맥케슨 코퍼레이션(MCK)
007 올스테이트 코퍼레이션(ALL)
008 앨버말 코퍼레이션(ALB)
009 박스터 인터내셔널(BAX)
010 제뉴인 파츠(GPC)
011 PPL 코퍼레이션(PPL)
012 리전스 파이낸셜(RF)
013 헌팅턴 뱅크셰어스(HBAN)
014 파라마운트 글로벌(PARA)
015 CH 로빈슨(CHRW)
016 휴렛 팩커드(HPQ)
017 브로드리지 파이낸셜 솔루션스(BR)
018 레스토랑 브랜드 인터내셔널(QSR)
019 NXP 반도체(NXPI)
020 비치 프라퍼티스(VICI)
021 이스트만 케미칼(EMN)

001 킴벌리 클락 *Kimberly-Clark Corporation*

배당 개요

심볼	KMB	배당 성향	66.63%	배당 주기	분기
연간 배당금	$4.88	연배당수익률	4.10%	연속배당인상	53년
동종업계 배당수익률	1.89%	최근 배당지급일	24.01.03	Avg Price Recovery	10.7일

기업 개요

킴벌리 클락은 미국의 개인용품 제조 기업으로 펄프 제품, 여성 위생용품, 일회용 기저귀 상품군이 대표적이다. 크리넥스(Kleenex), 코토넬(Cottonelle), 스캇(Scott), 와이팔(Wypall), 하기스(Huggies) 등의 브랜드와 제품을 가지고 있다.

배당 예상치

회계연도 Fiscal Period Ending	예상 배당금 Consensus Rate	예상 연배당수익률 Consensus Yield	낮은 전망치 Low	높은 전망치 High
2023년 12월	$4.71	3.87%	$4.68	$4.74
2024년 12월	$4.90	4.03%	$4.72	$5.57
2025년 12월	$5.11	4.20%	$4.72	$6.12

배당 안정성 B+ | **배당 성장성** A+ | **배당 수익률** B | **배당 지속성** A+

하기스 기저귀로 유명한 킴벌리 클락이다.
기저귀는 경기 활황이라고 두 배가 팔리는 것도 아니고, 또 경기가 불황이라고 안 팔리지도 않는다. 대표적인 경기 방어적인 종목으로 경기 상황에 상관없이 꾸준한 수익을 기대할 수 있는 기업이다.

002 오토매틱 데이터 프로세싱 *Automatic Data Processing, Inc*

배당 개요

심볼	ADP	배당 성향	56.00%	배당 주기	분기
연간 배당금	$5.60	연배당수익률	2.21%	연속배당인상	48년
동종업계 배당수익률	1.37%	최근 배당지급일	24.01.01	Avg Price Recovery	7.5일

기업 개요

오토매틱 데이터 프로세싱은 전 세계에 클라우드 기반 인적자본관리 솔루션을 제공한다. 고용주 서비스와 전문 고용주 조직(PEO)의 두 부문으로 운영하며 고용주 서비스 부문은 전략적인 클라우드 기반 플랫폼과 인적자원(HR) 아웃소싱 솔루션을 제공한다. PEO 서비스 부문은 공동 고용 모델을 통해 중소기업에 HR 아웃소싱 솔루션을 제공한다. 1949년에 설립되었으며 뉴저지주 로즈랜드에 본사가 있다.

배당 예상치

회계연도 Fiscal Period Ending	예상 배당금 Consensus Rate	예상 연배당수익률 Consensus Yield	낮은 전망치 Low	높은 전망치 High
2024년 6월	$5.45	2.38%	$5.45	$5.45
2025년 6월	$5.63	2.45%	$5.18	$6.05
2026년 6월	$6.11	2.66%	$5.20	$6.62

배당 안정성 A+ | **배당 성장성** A- | **배당 수익률** B- | **배당 지속성** A+

오토매틱 데이터 프로세싱은 인재 관리를 위한 다양한 클라우드 기반 솔루션을 제공한다. 기업의 급여, 세금, 복리후생 등 기업 내부에서 일하는 사람들과 관련된 모든 것의 처리를 돕는 회사로 오랜 기간 회사를 운영하는 데 있어서는 필수 불가결한 기업이다. 이를 증명하듯 48년간 배당을 인상, 지급한 기업으로 유명하다. 여기서 2년만 더 배당하면 배당왕(Dividend King) 리스트에 이름을 올릴 듯하다. (50년 이상 배당을 인상 지급하면 배당왕의 명예를 얻는다.)

003 노던 트러스트 *Northern Trust Corp.*

배당 개요

심볼	NTRS	배당 성향	44.69%	배당 주기	분기
연간 배당금	$3.00	연배당수익률	3.77%	연속배당인상	0년
동종업계 배당수익률	3.18%	최근 배당지급일	24.01.01	Avg Price Recovery	6.8일

기업 개요

금융 지주회사인 노던 트러스트는 전 세계 기업, 기관, 가족 및 개인에게 자산관리, 자산 서비스 및 은행 솔루션을 제공한다. 기업 및 기관 서비스(C&IS)와 자산관리 두 부문으로 운영되고 있다. 1889년에 설립되었으며 일리노이주 시카고에 본사가 있다.

배당 예상치

회계연도 Fiscal Period Ending	예상 배당금 Consensus Rate	예상 연배당수익률 Consensus Yield	낮은 전망치 Low	높은 전망치 High
2023년 12월	$3.01	4.00%	$3.00	$3.10
2024년 12월	$3.13	4.15%	$3.00	$3.70
2025년 12월	$3.27	4.34%	$3.00	$4.00

배당 안정성 B+ | **배당 성장성** D+ | **배당 수익률** C+ | **배당 지속성** A-

금융 지주회사이다. 실리콘밸리 은행의 파산 이후 순이자 수입이 감소하면서 아직 은행주에 대한 우려가 남아있지만 아직 무디스나 S&P 글로벌에서는 신용등급 강등을 하지 않은 상태이다. 그나마 실적이 양호하기 때문인데, 더 나빠지지 않고 이 상태로 2024년을 버티는 게 중요하다.

004 텍스트론 *Textron Inc.*

배당 개요

심볼	TXT	배당 성향	1.15%	배당 주기	분기
연간 배당금	$0.08	연배당수익률	0.09%	연속배당인상	0년
동종업계 배당수익률	2.36%	최근 배당지급일	24.01.01	Avg Price Recovery	8.6일

기업 개요

1923년에 설립되었으며 항공기, 국방, 산업 및 금융사업을 영위하고 있다. 자회사로는 악틱 캣(Arctic Cat), 벨 텍스트론(Bell Textron), 텍스트론 에비에이션(Textron Aviation), 라이커밍 엔진(Lycoming Engines) 등이 있다. 이 중 텍스트론 에비에이션은 비즈니스 제트기, 터보프롭 및 피스톤 엔진 항공기, 군사 훈련기 및 방어용 항공기를 제조, 판매 및 서비스하며 텍스트론 시스템즈(Textron Systems)는 무인 항공기 시스템, 전자 시스템 및 솔루션, 첨단 해양 공예, 피스톤 항공기 엔진, 무기 및 관련 구성요소 등을 제공한다.

배당 예상치

회계연도 Fiscal Period Ending	예상 배당금 Consensus Rate	예상 연배당수익률 Consensus Yield	낮은 전망치 Low	높은 전망치 High
2023년 12월	$0.08	0.10%	$0.08	$0.08
2024년 12월	$0.08	0.11%	$0.08	$0.10
2025년 12월	$0.10	0.13%	$0.08	$0.16

배당 안정성 A+ | **배당 성장성** B | **배당 수익률** D- | **배당 지속성** C+

텍스트론은 비즈니스 제트기부터 헬기, 스노모빌까지 다양한 탈 것을 생산하는 제조업체로 코로나19가 끝나면서 관련 수요가 몰려 실적이 강세를 보이는 종목이다. 앞으로 글로벌 비즈니스 환경에서는 개인 제트기가 필수인 시대가 오지 않을까?

005 코메리카 Comerica Incorporated

배당 개요

심볼	CMA	배당 성향	45.73%	배당 주기	분기
연간 배당금	$2.84	연배당수익률	5.63%	연속배당인상	1년
동종업계 배당수익률	7.5%	최근 배당지급일	24.01.01	Avg Price Recovery	7.5일

기업 개요

금융 지주회사이며, 상업대출 및 신용한도, 예금, 현금관리, 자본시장상품, 국제무역금융, 신용장, 외환 등 다양한 상품과 서비스를 중소기업과 다국적기업 및 정부기관에 제공한다. 또한, 소비자 대출, 소비자 예금 수집 및 모기지 대출 개시로 구성된 다양한 개인금융 서비스, 신탁서비스, 프라이빗 뱅킹, 퇴직 서비스, 투자관리 및 자문 서비스, 투자은행 및 중개 서비스를 제공한다. 1849년에 설립되었으며 과거 사명은 디트로이트 뱅크(DETROITBANK Corporation)였으나 1982년 7월 코메리카로 변경했다.

배당 예상치

회계연도 Fiscal Period Ending	예상 배당금 Consensus Rate	예상 연배당수익률 Consensus Yield	낮은 전망치 Low	높은 전망치 High
2023년 12월	$2.84	6.28%	$2.82	$2.89
2024년 12월	$2.90	6.42%	$2.83	$3.12
2025년 12월	$2.94	6.50%	$2.83	$3.31

배당 안정성 A- | **배당 성장성** D- | **배당 수익률** A- | **배당 지속성** C+

댈러스에 본사를 둔 지역은행으로 S&P 글로벌이 2023년 8월 신용등급을 강등한 이력이 있다. 실리콘밸리 은행 파산 이후 은행주의 대한 우려는 현재도 진행 중이다. 부실비율이 1% 미만의, 비교적 운영이 잘되는 지역은행으로 현재 분류되지만 지금처럼 고금리 여건하에서는 항상 긴장이 필요하다.

006 맥케슨 코퍼레이션 *McKesson Corporation*

배당 개요

심볼	MCK	배당 성향	7.05%	배당 주기	분기
연간 배당금	$2.48	연배당수익률	0.49%	연속배당인상	16년
동종업계 배당수익률	1.58%	최근 배당지급일	24.01.02	Avg Price Recovery	7.6일

기업 개요

텍사스주 어빙에 본사를 두고 있으며, 의약품을 유통하고 건강정보기술, 의료용품 및 치료관리 도구를 제공한다. 이 회사는 북미에서 사용되는 모든 의약품의 1/3을 제공하고 있으며 7만 8,000명 이상의 직원을 고용하고 있다. 또한 의료산업을 위한 광범위한 네트워크 인프라를 제공한다. 2021년 포춘지 선정 500대 기업 순위 7위에 올랐으며 매출 규모는 2,382억 달러이다.

배당 예상치

회계연도 Fiscal Period Ending	예상 배당금 Consensus Rate	예상 연배당수익률 Consensus Yield	낮은 전망치 Low	높은 전망치 High
2024년 3월	$2.41	0.54%	$2.22	$2.71
2025년 3월	$2.20	0.57%	$1.56	$2.71
2026년 3월	$2.42	0.63%	$2.16	$2.64

배당 안정성 A+ | **배당 성장성** A | **배당 수익률** D+ | **배당 지속성** A

미국의 대표적인 의약품 도매업체로 기본적으로 실적이 뛰어난 기업인데, 최근 체중감량 약품의 판매 증가로 실적이 더욱 더 좋아지는 상황이다. 이 회사의 체중감량 약품이 전체 도매약 판매 비중의 20%를 차지한다.

007 올스테이트 코퍼레이션 *Allstate Corporation*

배당 개요

심볼	ALL	배당 성향	22.26%	배당 주기	분기
연간 배당금	$3.56	연배당수익률	2.23%	연속배당인상	13년
동종업계 배당수익률	3.18%	최근 배당지급일	24.01.02	Avg Price Recovery	2.0일

기업 개요

1967년부터 일리노이주 노스필드 타운쉽(Northfield Township)에 본사를 두고 있는 미국 보험회사이다. 1995년 6월 완전히 독립된 회사가 될 때까지 시어스(Sears)에 의해 운영되었으며, 캐나다에서 개인보험 사업을 운영하고 있다. 2018년 기준 매출은 398억 달러로 2019년 포춘지 선정 500대 미국 기업 중 총 매출 기준 79위에 올랐다.

배당 예상치

회계연도 Fiscal Period Ending	예상 배당금 Consensus Rate	예상 연배당수익률 Consensus Yield	낮은 전망치 Low	높은 전망치 High
2023년 12월	$3.71	2.76%	$3.56	$4.00
2024년 12월	$3.76	2.80%	$3.51	$4.00
2025년 12월	$3.94	2.94%	$3.65	$4.20

배당 안정성 A- | **배당 성장성** D | **배당 수익률** D+ | **배당 지속성** A

미국의 대표적인 보험회사로 최근 자동차 보험료의 인상(차량의 고급화)이 매출에 큰 기여를 하고 있다. 자동차를 타면서 보험료가 인상하니 이제 차를 안 타야겠다고 생각하는 분은 손을 들어보라. 그만큼 가격에 따른 소비자의 저항선이 낮아 가격 결정력의 끝판왕으로 분류되는 회사다.

008 앨버말 코퍼레이션 *Albemarle Corporation*

배당 개요

심볼	ALB	배당 성향	19.08%	배당 주기	분기
연간 배당금	$1.60	연배당수익률	1.39%	연속배당인상	29년
동종업계 배당수익률	2.82%	최근 배당지급일	24.01.02	Avg Price Recovery	14.5일

기업 개요

노스캐롤라이나주 샬롯에 본사를 둔 특수화학제품 제조사이다. 리튬(2021년 매출의 41.0%), 브롬특수제품(2021년 매출의 33.9%), 촉매(2021년 매출의 22.9%) 등 3개 사업부를 운영하고 있으며 2020년 기준 전기자동차 배터리용 리튬의 최대 공급업체다. 전 세계 리튬 및 리튬저장 제품의 절반 이상을 생산하는 반면 중국은 절반 미만을 생산한다. 또한 미국, 중국, 네덜란드, 벨기에, 독일, 프랑스, 오스트리아, 영국에 생산 공장을 두고 있는 대규모 난연성 화학기술 개발업체이기도 하다.

배당 예상치

회계연도 Fiscal Period Ending	예상 배당금 Consensus Rate	예상 연배당수익률 Consensus Yield	낮은 전망치 Low	높은 전망치 High
2023년 12월	$1.60	1.26%	$1.58	$1.65
2024년 12월	$1.65	1.29%	$1.59	$1.70
2025년 12월	$1.71	1.34%	$1.62	$1.84

배당 안정성 B+ | **배당 성장성** A- | **배당 수익률** C | **배당 지속성** A+

전기차 보급 확대로 인해 리튬 수요는 전 세계에서 계속 증가할 것으로 예상된다. 다만 전기차의 보급이 대중적으로 확대되기까지는 시간이 걸리니, 최소 5년 이상의 장기 투자자에게 맞는 종목이라고 생각된다.

009 박스터 인터내셔널 *Baxter International*

배당 개요

심볼	BAX	배당 성향	36.08%	배당 주기	분기
연간 배당금	$1.16	연배당수익률	2.78%	연속배당인상	0년
동종업계 배당수익률	1.58%	최근 배당지급일	24.01.02	Avg Price Recovery	3.6일

기업 개요

일리노이주 디어필드에 본사를 두고 있는 미국의 다국적 의료회사로 신장질환 및 기타 만성 및 급성질환을 치료하는 제품을 주력으로 한다. 또한 혈우병 및 기타 출혈 장애를 치료하기 위해 재조합 및 혈장 단백질을 생산하고, 환자에게 수액과 약물을 전달하는 데 사용되는 정맥주사 제품 등을 생산한다.

배당 예상치

회계연도 Fiscal Period Ending	예상 배당금 Consensus Rate	예상 연배당수익률 Consensus Yield	낮은 전망치 Low	높은 전망치 High
2023년 12월	$1.16	3.28%	$1.00	$1.27
2024년 12월	$1.23	3.46%	$1.13	$1.35
2025년 12월	$1.29	3.63%	$1.13	$1.48

배당 안정성 - | **배당 성장성** - | **배당 수익률** B+ | **배당 지속성** -

박스터 인터내셔널은 신장 투석 제품 등 다양한 의료기기를 제조하는 회사다. 코로나19 때는 병원에 환자가 못 가서 실적이 부진했고, 2022년에는 인플레이션에 의한 비용 증가로 실적이 부진, 최근에는 몸에 수액을 전달하는 자사 주입 펌프의 오류로 고생하면서 좀처럼 주가가 상승하지 못하는 안타까운 종목이다.

010 제뉴인 파츠 Genuine Parts Company

배당 개요

심볼	GPC	배당 성향	37.46%	배당 주기	분기
연간 배당금	$4.00	연배당수익률	2.77%	연속배당인상	69년
동종업계 배당수익률	1.89%	최근 배당지급일	24.01.02	Avg Price Recovery	2.0일

기업 개요

자동차 부품, 산업용 부품, 사무용품, 전기 및 전자재료 유통에 종사하는 미국 서비스 조직이다. 오늘날 전 세계에 3,100개 이상의 사업장과 약 4만 8,000명의 직원을 보유한 부품 유통업체이다.

배당 예상치

회계연도 Fiscal Period Ending	예상 배당금 Consensus Rate	예상연배당 수익률 Consensus Yield	낮은 전망치 Low	높은 전망치 High
2023년 12월	$3.79	2.76%	$3.73	$3.80
2024년 12월	$4.11	2.99%	$3.93	$4.72
2025년 12월	$4.36	3.17%	$4.07	$5.11

배당 안정성 D | **배당 성장성** B | **배당 수익률** C | **배당 지속성** A+

제뉴인 파츠는 자동차 부품업체다. 미국은 자동차를 평균 10년 이상 타기 때문에 부품업체에 대한 선호도가 높다. 더욱이 요즘 같은 고물가 시대에는 새 차보다 내 차를 스스로 닦고, 조이고, 기름치는 것이 정답!

011 PPL 코퍼레이션 *PPL Corporation*

배당 개요

심볼	PPL	배당 성향	56.44%	배당 주기	분기
연간 배당금	$1.03	연배당수익률	3.90%	연속배당인상	2년
동종업계 배당수익률	3.75%	최근 배당지급일	24.01.02	Avg Price Recovery	1.9일

기업 개요

유틸리티 지주회사로 미국과 영국에 전기와 천연가스를 공급한다. 이 회사는 켄터키 레귤레이티드(Kentucky Regulated)와 펜실베니아 레귤레이티드(Pennsylvania Regulated) 두 부문을 통해 운영된다. 켄터키의 석탄, 가스, 수력 및 태양열 자원에서 전기를 생산하고 있다. 1920년에 설립되었으며 본사는 펜실베이니아주 앨런타운에 있다.

배당 예상치

회계연도 Fiscal Period Ending	예상 배당금 Consensus Rate	예상 연배당수익률 Consensus Yield	낮은 전망치 Low	높은 전망치 High
2023년 12월	$0.96	3.69%	$0.95	$1.00
2024년 12월	$1.03	3.95%	$1.01	$1.07
2025년 12월	$1.10	4.23%	$1.08	$1.16

배당 안정성 B- | **배당 성장성** C | **배당 수익률** C | **배당 지속성** C+

전기 및 천연가스 유틸리티 기업인 PPL 코퍼레이션은 부채비율이 106%다. 최근 고금리로 이자 부담이 커졌고, 또 날씨에 따라 매출의 등락이 심한데, 하필 최근 서비스 지역의 날씨가 너무 좋아서 매출도 감소했다. 주식만큼 예상이 어려운 게 날씨이기에 솔직히 평가하기가 어려운 기업 중 하나다.

012 리전스 파이낸셜 *Regions Financial Corporation*

배당 개요

심볼	RF	배당 성향	43.05%	배당 주기	분기
연간 배당금	$0.96	연배당수익률	5.21%	연속배당인상	3년
동종업계 배당수익률	3.18%	최근 배당지급일	24.01.02	Avg Price Recovery	2.6일

기업 개요

앨라배마주 버밍엄의 리전스 센터(Regions Center)에 본사를 둔 은행 지주회사이다. 소매금융 및 상업금융, 신탁, 주식중개 및 모기지 서비스를 제공하고 있으며 은행 계열사인 리전스 뱅크(Regions Bank)는 미국 남부와 중서부의 16개 주에서 1,454개의 지점을 운영하고 있다. 포춘지 선정 500대 기업 중 434위에 오르기도 했다.

배당 예상치

회계연도 Fiscal Period Ending	예상 배당금 Consensus Rate	예상 연배당수익률 Consensus Yield	낮은 전망치 Low	높은 전망치 High
2023년 12월	$0.87	5.29%	$0.80	$0.94
2024년 12월	$0.94	5.75%	$0.80	$1.00
2025년 12월	$0.99	6.04%	$0.80	$1.10

배당 안정성 D+ | **배당 성장성** F | **배당 수익률** B+ | **배당 지속성** A

리전스 파이낸셜은 실리콘밸리 은행 파산 이후 우려는 있지만, 그나마 실적이 우수한 지역은행으로 배당 인상을 멈추지 않고 있다. 2023년 8월에도 기존 배당금 $0.20에서 $0.24로 인상했다. 필자는 개인적으로 은행주를 선호하지 않지만 이렇게 배당을 인상하는 기업은 무척 좋아한다.

013 헌팅턴 뱅크셰어스 *Huntington Bancshares Inc.*

배당 개요

심볼	HBAN	배당 성향	44.45%	배당 주기	분기
연간 배당금	$0.62	연배당수익률	4.86%	연속배당인상	0년
동종업계 배당수익률	3.18%	최근 배당지급일	24.01.02	Avg Price Recovery	10.7일

기업 개요

미국의 헌팅턴 내셔널 뱅크(The Huntington National Bank)의 지주회사로 소비자 및 비즈니스 뱅킹의 4개 부문을 통해 운영되고 있다. 포춘지 선정 500대 기업에서 521위를 기록하기도 했으며 미국 최대 은행 목록에서 26위를 차지했다. 1866년에 설립되었으며 오하이오주 콜럼버스에 본사가 있고, 2022년 기준 11개 주에 약 1,000개의 지점을 보유하고 있다.

배당 예상치

회계연도 Fiscal Period Ending	예상 배당금 Consensus Rate	예상 연배당수익률 Consensus Yield	낮은 전망치 Low	높은 전망치 High
2023년 12월	$0.62	5.63%	$0.62	$0.64
2024년 12월	$0.64	5.78%	$0.62	$0.72
2025년 12월	$0.65	5.88%	$0.62	$0.72

배당 안정성 D | **배당 성장성** D- | **배당 수익률** B+ | **배당 지속성** A

헌팅턴 뱅크셰어스는 오하이오에 본사를 둔 지역은행으로 실적이 양호한 은행주이다. 다만 실리콘밸리 은행의 파산 이후, 은행주의 모든 우려가 씻기는 데는 시간이 더 걸릴 것으로 예상된다. 장기투자자가 아니면 보지도 말자.

014 파라마운트 글로벌 *Paramount Global*

배당 개요

심볼	PARA	배당 성향	15.46%	배당 주기	분기
연간 배당금	$0.20	연배당수익률	1.67%	연속배당인상	0년
동종업계 배당수익률	-	최근 배당지급일	24.01.02	Avg Price Recovery	7.0일

기업 개요

1986년에 설립되었으며 미국의 미디어 대기업 내셔널 어뮤즈먼츠(National Amusements)가 79.4% 지분을 소유·운영하고 있다. 이전에는 바이어컴(ViacomCBS Inc.)이라는 이름으로 알려졌으며 2022년 2월에 지금의 사명으로 변경했다. 주요 자산으로는 파라마운트 픽처스 영화 및 TV 스튜디오, CBS 엔터테인먼트 그룹, MTV, 니켈로디언(Nickelodeon), 파라마운트 네트워크(Paramount Network) 및 쇼타임(Showtime), 스트리밍 서비스(Paramount+, Showtime OTT 및 Pluto TV) 등이 있으며 아르헨티나의 텔레페(Telefe), 칠레의 칠레비지옹(Chilevision), 영국의 채널 5(Channel 5) 등 스튜디오에 30% 지분 등을 보유하고 있다.

배당 예상치

회계연도 Fiscal Period Ending	예상 배당금 Consensus Rate	예상 연배당수익률 Consensus Yield	낮은 전망치 Low	높은 전망치 High
2023년 12월	$0.39	2.96%	$0.39	$0.39
2024년 12월	$0.21	1.62%	$0.20	$0.39
2025년 12월	$0.22	1.65%	$0.20	$0.39

배당 안정성 C+ | **배당 성장성** F | **배당 수익률** C- | **배당 지속성** C+

최근 '파라마운트 플러스'라는 스트리밍 서비스로 OTT 사업에 주력하고 있다. 하지만 스트리밍 업계의 과도한 경쟁으로 실적도 부진, 주가도 부진한 상태이다.

015 CH 로빈슨 *C.H. Robinson Worldwide Inc.*

배당 개요

심볼	CHRW	배당 성향	60.03%	배당 주기	분기
연간 배당금	$2.44	연배당수익률	3.41%	연속배당인상	0년
동종업계 배당수익률	2.36%	최근 배당지급일	24.01.02	Avg Price Recovery	5.7일

기업 개요

1905년에 설립되었으며 본사는 미네소타주 에덴 프레리(Eden Prairie)에 있다. 복합운송서비스 및 제3자 물류(3PL)를 제공하며 포춘지 선정 200대 기업 중 하나이다. 2021년 기준 총 수익/매출로 미국의 제3자 물류 제공업체 중 5위를 차지했다. 이 회사는 트럭운송, 항공운송, 복합운송 및 해상운송, 운송관리, 중개 및 창고업을 제공한다.

배당 예상치

회계연도 Fiscal Period Ending	예상 배당금 Consensus Rate	예상 연배당수익률 Consensus Yield	낮은 전망치 Low	높은 전망치 High
2023년 12월	$2.36	2.86%	$2.04	$2.46
2024년 12월	$2.48	3.00%	$2.10	$2.71
2025년 12월	$2.53	3.07%	$2.16	$2.89

배당 안정성 A- | **배당 성장성** A- | **배당 수익률** B+ | **배당 지속성** A+

CH 로빈스 월드와이드는 물류사업에 관심이 없다면 이름을 들을 기회가 없는 기업이지만 세계에서 가장 강력하고 가장 연결이 잘된 물류 플랫폼을 소유한 기업이다.
실제 트럭을 소유하고 있지 않지만 트럭의 차주에게는 큰 도움을 주는 플랫폼을 제공해서 경기가 어려워도 사업을 잘한 기업으로 분류된다. 이 덕에 무려 25년째 배당을 인상했고 2023년에 드디어 배당귀족주에 이름을 올렸다. (배당귀족주: 배당을 25년 이상 인상한 기업에게 주어지는 별칭)

016 휴렛 팩커드 *Hewlett-Packard Inc.*

배당 개요

심볼	HPQ	배당 성향	29.69%	배당 주기	분기
연간 배당금	$1.10	연배당수익률	3.85%	연속배당인상	14년
동종업계 배당수익률	1.37%	최근 배당지급일	24.01.03	Avg Price Recovery	18.6일

기업 개요

1939년에 설립되었으며 캘리포니아주 팔로알토에 본사를 두고 있다. 개인시스템, 인쇄, 기업투자의 3개 부문으로 운영되며, 개인 컴퓨팅 및 기타 액세스 장치, 이미징 및 인쇄제품, 관련 기술, 솔루션 및 서비스를 제공한다. 2015년 10월에 사명을 휴렛 팩커드(Hewlett-Packard Company)에서 HP(HP Inc.)로 변경했다.

배당 예상치

회계연도 Fiscal Period Ending	예상 배당금 Consensus Rate	예상 연배당수익률 Consensus Yield	낮은 전망치 Low	높은 전망치 High
2023년 10월	$1.05	3.70%	$1.02	$1.06
2024년 10월	$1.10	3.89%	$1.07	$1.12
2025년 10월	$1.17	4.14%	$1.15	$1.21

배당 안정성 B- | **배당 성장성** C | **배당 수익률** A | **배당 지속성** A

휴렛 팩커드는 전 세계에서 레노버 다음 가장 큰 컴퓨터 제조업체로 우리 생활에 없어서는 안 되는 물건이지만 한 번 구매하면 오래 사용한다는 점, 그리고 펜데믹처럼 특수하게 실내 생활이 길어지면 반짝 매출이 상승한다는 점을 반드시 기억하라. 이 기업에 대한 필자의 평가는 지금은 주가가 섹시해 보이지 않지만 엔비디아가 던진 AI, Chat GPT 등 이슈를 감안하면 성능 때문에 컴퓨터를 자주 교체하는 것이 트렌드가 될 시대가 오지 않을까 싶다. 최근 워런 버핏의 버크셔 해서웨이가 휴렛 팩커드 주식을 매도하고 있지만 장기적으로는 충분히 투자해 볼 만한 종목이라고 필자는 생각한다.

017 브로드리지 파이낸셜 솔루션스 *Broadridge Financial Solutions Inc.*

배당 개요

심볼	BR	배당 성향	37.48%	배당 주기	분기
연간 배당금	$3.20	연배당수익률	1.64%	연속배당인상	17년
동종업계 배당수익률	1.37%	최근 배당지급일	24.01.05	Avg Price Recovery	12.0일

기업 개요

관리 소프트웨어 회사인 오토매틱 데이터 프로세싱(Automatic Data Processing)에서 분사하여 2007년에 설립된 공기업 서비스 및 금융기술 회사이다. 금융업계를 위한 투자자 커뮤니케이션 및 기술 솔루션을 제공하며, 이에는 상장기업의 위임장, 연례보고서 및 기타 재무문서, 가상 연례회의와 같은 주주통신 솔루션 등이 있다. 이 회사는 1962년에 설립되었으며 뉴욕주 레이크석세스에 본사를 두고 있다.

배당 예상치

회계연도 Fiscal Period Ending	예상 배당금 Consensus Rate	예상 연배당수익률 Consensus Yield	낮은 전망치 Low	높은 전망치 High
2023년 6월	$2.83	2.06%	$2.68	$2.90
2024년 6월	$3.05	2.22%	$2.83	$3.19
2025년 6월	$3.20	2.33%	$2.95	$3.45

배당 안정성 A- | **배당 성장성** A- | **배당 수익률** C | **배당 지속성** A-

브로드리지 파이낸셜 솔루션스는 위임장, 연례 보고서, 투자 설명서 및 거래 확인서를 포함하여 금융업계에서 널리 사용되는 다양한 문서를 생산하고 배포하는 선두 업체다. 돈을 잘 버는 금융회사의 든든한 조력자다.
실적도 좋고, 주가도 좋고, 배당도 좋아 3박자가 맞는 종목이다.

018 레스토랑 브랜드 인터내셔널 *Restaurant Brands International Inc.*

배당 개요

심볼	QSR	배당 성향	60.03%	배당 주기	분기
연간 배당금	$2.32	연배당수익률	3.04%	연속배당인상	9년
동종업계 배당수익률	1.89%	최근 배당지급일	24.01.04	Avg Price Recovery	9.0일

기업 개요

캐나다에 본사를 둔 다국적 패스트푸드 지주회사이다. 2014년 미국 패스트푸드 체인인 버거킹(Burger King)과 캐나다 커피숍 및 레스토랑 체인인 팀 홀튼(Tim Hortons)의 125억 달러 합병으로 형성되었으며 2017년 미국 패스트푸드 체인인 파파이스(Popeyes Louisiana Kitchen)를 인수하여 확장되었고, 세계에서 5번째로 큰 패스트푸드 운영업체가 되었다. 회사는 뉴욕 증권거래소와 토론토 증권거래소에 상장되어 있다.

배당 예상치

회계연도 Fiscal Period Ending	예상 배당금 Consensus Rate	예상 연배당수익률 Consensus Yield	낮은 전망치 Low	높은 전망치 High
2023년 12월	$2.22	3.12%	$2.19	$2.40
2024년 12월	$2.32	3.26%	$2.16	$2.47
2025년 12월	$2.46	3.46%	$2.20	$2.68

배당 안정성 D | **배당 성장성** B- | **배당 수익률** C+ | **배당 지속성** C+

레스토랑 브랜드 인터내셔널은 버거킹과 파파이스의 모회사로 나름 매출이 나오는 프랜차이즈 회사이다. 특히 캐나다에서 스타벅스를 이기는 커피 체인점인 팀 홀튼(Tim Hortons)을 소유하고 있다. 지금처럼 물가가 높아서 소비가 부진한 시기만 아니면 딱 좋은 기업으로 버거킹을 자주 가는 분들이라면 보유해서 장투하는 것도 좋다.

019 NXP 반도체 *NXP Semiconductors N.V.*

배당 개요

심볼	NXPI	배당 성향	25.78%	배당 주기	분기
연간 배당금	$4.06	연배당수익률	1.75%	연속배당인상	3년
동종업계 배당수익률	1.37%	최근 배당지급일	24.01.05	Avg Price Recovery	9.9일

기업 개요

네덜란드 아인트호벤에 본사를 두고 있으며 반도체 설계자이자 제조업체이다. 30개 국 이상에서 약 3만 1,000명의 직원을 고용하고 있으며, 2021년에 110억 6,000만 달러의 매출을 보고했다. 2006년 필립스에서 분사한 이후 2010년 8월 6일에 주식 공개를 완료했고 나스닥에서 티커 'NXPI'로 주식을 거래했으며, 2013년 12월 23일 NXP 세미컨덕터스(NXP Semiconductors)가 나스닥100에 추가되었다. 2015년 12월 7일에는 프리스케일 세미컨덕터스(Freescale Semiconductor)와 합병했다.

배당 예상치

회계연도 Fiscal Period Ending	예상 배당금 Consensus Rate	예상 연배당수익률 Consensus Yield	낮은 전망치 Low	높은 전망치 High
2023년 12월	$3.90	1.94%	$3.35	$4.06
2024년 12월	$4.31	2.15%	$4.06	$4.71
2025년 12월	$4.83	2.40%	$4.06	$5.49

배당 안정성 A+ | **배당 성장성** A | **배당 수익률** B- | **배당 지속성** C-

최근의 자동차는 바퀴 달린 데이터 센터라고 불린다. 그만큼 차량에도 수많은 반도체가 쓰이는 것인데, 자율주행, 모바일 연결, 첨단 운전자 보조 시스템(ADAS)이 꾸준히 증가하고 있다는 사실이다. 그래서 차량용 반도체의 쓰임새가 커지고 있는데, 바로 NXP 반도체가 그런 기업이다. 전체 매출의 60%가 차량용 반도체에서 나온다. 남들이 PC수요 둔화로 울상일 때, NXP는 오히려 웃고 있다. 포지션을 잘 잡은 기업으로 기억해라.

020 비치 프라퍼티스 *Vici Properties Inc.*

배당 개요

심볼	VICI	배당 성향	59.93%	배당 주기	분기
연간 배당금	$1.66	연배당수익률	5.62%	연속배당인상	5년
동종업계 배당수익률	4.46%	최근 배당지급일	24.01.04	Avg Price Recovery	14.8일

기업 개요

뉴욕에 본사를 둔 카지노 부동산을 전문으로 하는 부동산 투자 신탁(REIT)이다. 2017년 파산구조조정의 일환으로 시저스 엔터테인먼트(Caesars Entertainment Corporation)에서 분사하여 설립되었다. 미국 전역에 44개의 카지노, 호텔, 경마장과 4개의 골프 코스를 소유하고 있다.

배당 예상치

회계연도 Fiscal Period Ending	예상 배당금 Consensus Rate	예상 연배당수익률 Consensus Yield	낮은 전망치 Low	높은 전망치 High
2023년 12월	$1.61	5.63%	$1.59	$1.62
2024년 12월	$1.69	5.93%	$1.66	$1.72
2025년 12월	$1.75	6.13%	$1.66	$1.81

배당 안정성 B+ | **배당 성장성** A- | **배당 수익률** B | **배당 지속성** B

비치 프라퍼티스는 2018년 시저스 엔터테인먼트에서 분사한 비교적 젊은 기업으로 라스베이거스 지역의 최대 토지 소유주인 대표적인 카지노 리츠기업이다. 리츠업종은 금리인상에 취약하지만 비치 프라퍼티스는 그나마 잘 버티고 있다. 그 이유로는 코로나19가 끝나면서 많은 분들이 도박을 하고 있으니 카지노 업황이 좋다는 것, 또 이 기업의 특성상 보통 장기임대를 하기에 수입이 줄지 않는다는 점이다. 리츠도 물건(物件)을 잘 고르면 금리가 높아도 상관없다.

021 이스트만 케미칼 *Eastman Chemical Co*

배당 개요

심볼	EMN	배당 성향	36.33%	배당 주기	분기
연간 배당금	$3.24	연배당수익률	3.83%	연속배당인상	14년
동종업계 배당수익률	2.82%	최근 배당지급일	24.01.05	Avg Price Recovery	14.3일

기업 개요

미국의 화학회사이며, 한때 코닥의 자회사였으나, 오늘날 일상적으로 사용되는 광범위한 고급 화학물질 및 섬유를 생산하는 독립적인 글로벌 소재기업이다. 1920년에 설립되어 테네시주 킹스포트에 기반을 둔 이 회사는 현재 세계적으로 50개 이상의 제조시설을 보유하고 있으며 약 1만 4,000명의 직원을 고용하고 있다. 1994년에 모회사인 이스트만 코닥(Eastman Kodak)에서 분사되었고, 2021년에는 약 105억 달러의 매출을 올렸다.

배당 예상치

회계연도 Fiscal Period Ending	예상 배당금 Consensus Rate	예상 연배당수익률 Consensus Yield	낮은 전망치 Low	높은 전망치 High
2023년 12월	$3.17	3.89%	$3.04	$3.40
2024년 12월	$3.30	4.05%	$3.04	$3.63
2025년 12월	$3.54	4.34%	$3.35	$3.82

배당 안정성 B+ | **배당 성장성** C+ | **배당 수익률** B | **배당 지속성** A

이스트만 케미칼은 고무, 플라스틱, 페인트 첨가제, 고성능 수지 등을 제조하는 화학회사로 경기에 영향을 많이 받는다. 사람들이 매일 사용하는 품목에서 발견되는 광범위한 제품을 생산하는 글로벌 특수소재 회사인데, 미래의 먹거리가 무엇인지 알려주는 회사라고 할 수 있다. 2023년 포춘지의 세상을 바꾸는 기업(Change the World) 목록에 이스트만이 선정된 이유도 같은 이유인데, 이 기업의 주력 산업은 '재활용 활성화'이다. 지구의 플라스틱을 전부 재활용하면 얼마나 환경에 일조하는 것일까? 듣보잡 바이오 플라스틱 기업을 보느니, 1920년에 설립하고 배당귀족주에 이름을 올린 검증된 이스트만 케미칼을 보라.

[1월] 2주차

022 씨게이트 테크놀로지(STX)

023 휴렛 팩커드 엔터프라이즈(HPE)

024 머크(MRK)

025 암페놀(APH)

026 스테이트 스트리트(STT)

027 몬덜리즈 인터내셔널(MDLZ)

028 일리노이 툴 웍스(ITW)

029 모토로라 솔루션즈(MSI)

030 알렉산드리아 리얼에스테이트 에쿼티(ARE)

031 콴타 서비스(PWR)

032 프랭클린 리소시즈(BEN)

033 필립모리스 인터내셔널(PM)

034 존슨 컨트롤스 인터내셔널(JCI)

035 에섹스 프라퍼티 트러스트(ESS)

022 씨게이트 테크놀로지 *Seagate Technology Holdings plc*

배당 개요

심볼	STX	배당 성향	59.14%	배당 주기	분기
연간 배당금	$2.80	연배당수익률	3.23%	연속배당인상	0년
동종업계 배당수익률	1.37%	최근 배당지급일	24.01.09	Avg Price Recovery	4.4일

기업 개요

미국 데이터 스토리지 회사로 1980년에 최초의 5.25인치 하드디스크 드라이브(HDD)인 5MB ST-506을 개발했으며 1980년대, 특히 1983년 IBM XT가 출시된 이후 마이크로 컴퓨터 시장의 주요 공급업체였다. 그들의 성장은 경쟁사 인수를 통해 이루어졌다. 1989년에 CDC의 HDD 제품 제조업체인 컨츄럴 데이터(Control Data Corporation)의 사업부를, 1996년에는 코너 페리페럴(Conner Peripherals), 2006년에는 맥스터(Maxtor), 2011년에는 삼성의 HDD 사업부를 인수했다. 오늘날 경쟁사인 웨스턴 디지털(Western Digital)과 함께 HDD 시장을 지배하고 있다.

배당 예상치

회계연도 Fiscal Period Ending	예상 배당금 Consensus Rate	예상 연배당수익률 Consensus Yield	낮은 전망치 Low	높은 전망치 High
2024년 6월	$2.80	3.69%	$2.71	$2.88
2025년 6월	$2.81	3.71%	$2.67	$2.98
2026년 6월	$2.86	3.77%	$2.64	$3.08

배당 안정성 B | **배당 성장성** C- | **배당 수익률** A | **배당 지속성** C+

씨게이트는 한마디로 하드디스크 드라이브 회사다. 그런데 지금은 저장을 어디에 하는가, 클라우드 아닌가? 당연히 매출은 정체이고 1년마다 인상하던 배당도 2년 넘게 제 자리이다. 한 가닥 희망이 있다면 AI 붐으로 인공지능 시스템을 구축하는 과정에서 메모리 기업들의 수요 증가가 있을 수 있는 정도?

023 휴렛 팩커드 엔터프라이즈 *Hewlett Packard Enterprise Company*

배당 개요

심볼	HPE	배당 성향	24.46%	배당 주기	분기
연간 배당금	$0.52	연배당수익률	3.46%	연속배당인상	1년
동종업계 배당수익률	1.37%	최근 배당지급일	24.01.11	Avg Price Recovery	9.1일

기업 개요

HPE는 미국 텍사스주, 스프링에 본사를 둔 미국의 다국적 정보기술 회사로 2015년 11월 1일 캘리포니아주 팔로알토에서 휴렛 팩커드 회사 분할로 설립되었다. 서버, 스토리지, 네트워킹, 컨테이너화 소프트웨어, 컨설팅 및 지원 분야에서 일하는 비즈니스 중심 조직이다. 2018년 포춘지 선정 500대 미국 기업 중 하나로 총 수익 기준 107위를 차지했다.

배당 예상치

회계연도 Fiscal Period Ending	예상 배당금 Consensus Rate	예상 연배당수익률 Consensus Yield	낮은 전망치 Low	높은 전망치 High
2023년 10월	$0.48	3.03%	$0.48	$0.49
2024년 10월	$0.51	3.22%	$0.48	$0.55
2025년 10월	$0.55	3.43%	$0.49	$0.60

배당 안정성 B- | **배당 성장성** C+ | **배당 수익률** A | **배당 지속성** C

휴렛 팩커드 엔터프라이즈는 컴퓨터 서버, 네트워킹 장비, 데이터 스토리지 시스템을 제조하는 업체다. 최근 PC수요 둔화로 인한 부정적인 의견, AI의 붐으로 고성능의 장비가 필요하다는 긍정적인 의견이 엇갈리는 기업이다.여기서 필자는 배당 인상을 보는데, 최근 3년 넘게 배당 인상을 안 했다는 점을 보면 아직까지는 부정과 긍정이 50대 50이 아닌가 싶다. 'AI 수혜주 목록에 끝에 있는 종목 정도?'라고 말하고 싶다.

024 머크 Merck & Co., Inc.

배당 개요

심볼	MRK	배당 성향	31.89%	배당 주기	분기
연간 배당금	$3.08	연배당수익률	2.42%	연속배당인상	13년
동종업계 배당수익률	1.58%	최근 배당지급일	24.01.08	Avg Price Recovery	2.4일

기업 개요

뉴저지주 라와(Rahwa)에 본사를 두고 있는 미국의 다국적 제약회사로 1668년 독일에서 설립된 머크 그룹(Merck Group)의 이름을 따서 명명되었다. 의약품, 백신, 생물학적 치료법 및 동물 건강제품을 개발하고 생산하며 암 면역요법, 당뇨병 치료제, HPV 및 수두 백신을 포함하여 여러 블록버스터 약물 또는 제품을 보유하고 있다. 수익을 기준으로 2022년 포춘지 기업 500위에서 71위, 2022년 포브스지 글로벌 기업 2000위 중 87위에 올랐다.

배당 예상치

회계연도 Fiscal Period Ending	예상 배당금 Consensus Rate	예상 연배당수익률 Consensus Yield	낮은 전망치 Low	높은 전망치 High
2023년 12월	$2.97	2.58%	$2.74	$3.26
2024년 12월	$3.20	2.79%	$2.80	$3.71
2025년 12월	$3.57	3.11%	$2.93	$3.93

배당 안정성 A- | **배당 성장성** A+ | **배당 수익률** B+ | **배당 지속성** A

머크는 미국의 대표적인 제약회사로 수많은 약물 파이프라인을 보유 중이다. 그래서 경기가 어려워도 매출이 꾸준하다. 여기에 최근 동물건강 시장까지 진입해서 매출 파이프라인이 더 다양해지고 있다. '물가가 올라도, 경기가 어려워도, 심지어 전쟁 중에도 아프면 약을 먹는다'라는 것만 기억해라.

025 암페놀 *Amphenol Corporation*

배당 개요

심볼	APH	배당 성향	23.82%	배당 주기	분기
연간 배당금	$0.88	연배당수익률	0.84%	연속배당인상	12년
동종업계 배당수익률	2.36%	최근 배당지급일	24.01.10	Avg Price Recovery	3.0일

기업 개요

전자 및 광섬유 커넥터, 케이블 및 동축케이블과 같은 상호연결 시스템의 주요 생산업체이다. 암페놀은 회사의 원래 이름인 아메리칸 페놀린 코퍼레이션(American Phenolic Corp.)의 합성어이다. 1932년에 설립되었으며 본사는 코네티컷주 월링포드에 있다.

배당 예상치

회계연도 Fiscal Period Ending	예상 배당금 Consensus Rate	예상 연배당수익률 Consensus Yield	낮은 전망치 Low	높은 전망치 High
2023년 12월	$0.85	0.94%	$0.81	$0.86
2024년 12월	$0.89	0.99%	$0.85	$0.92
2025년 12월	$0.95	1.05%	$0.85	$1.02

배당 안정성 B+ | **배당 성장성** A | **배당 수익률** D | **배당 지속성** B+

암페놀은 전기, 전자 및 광섬유 커넥터와 상호연결 시스템, 안테나, 센서 등 고속 특수 케이블을 설계하고 제조하며 판매하는 세계 최대 규모의 회사로 무엇이든 연결이 필요한 모든 부문에 쓰인다. 여기에 기술력이 좋아서 인프라가 한창 진행 중인 중국의 매출 비중도 높다. 혹자는 중국의 경제부진이 이 기업의 리스크라고 보는데, 아무리 어려워도 필요하면 결국 쓰지 않을까?

026 스테이트 스트리트 *State Street Corp*

배당 개요

심볼	STT	배당 성향	32.32%	배당 주기	분기
연간 배당금	$2.76	연배당수익률	3.86%	연속배당인상	12년
동종업계 배당수익률	3.18%	최근 배당지급일	24.01.12	Avg Price Recovery	3.7일

기업 개요

보스턴에 본사를 둔 미국 금융서비스 및 은행 지주회사이다. 지속적으로 운영되는 미국의 은행 중 두 번째로 오래된 은행으로 그 전신인 유니온 뱅크(Union Bank)는 1792년에 설립되었다. 블랙록(BlackRock), 뱅가드(Vanguard)와 함께 미국 기업을 지배하는 인덱스 펀드 매니저 중 하나다. 2022년 포춘지 500대 기업에서 316위에 올랐다.

배당 예상치

회계연도 Fiscal Period Ending	예상 배당금 Consensus Rate	예상 연배당수익률 Consensus Yield	낮은 전망치 Low	높은 전망치 High
2023년 12월	$2.64	3.76%	$2.64	$2.65
2024년 12월	$2.84	4.05%	$2.76	$2.91
2025년 12월	$3.04	4.33%	$2.82	$3.20

배당 안정성 A | **배당 성장성** C | **배당 수익률** C | **배당 지속성** A

스테이트 스트리트는 금융 서비스 및 은행 지주회사로 미국에서 두 번째로 오래된 은행이다. 하지만 2023년 8월, 신용평가사 무디스가 부정적인 전망을 부여했던 대형 대출 기관 6개 종목 중 하나이며 실리콘밸리 은행의 파산 이후 은행, 금융업체에 쏟아지는 우려가 씻기는 데는 시간이 오래 걸린다고 필자가 앞서 말한 것을 다시 생각하자. 중요한 점은 배당에 적극적인 모습을 보이고 있다는 건데 2023년 10월에 기존 배당금이 $0.63에서 $0.69로 인상된 바 있다.

027 몬델리즈 인터내셔널 *Mondelez International Inc.*

배당 개요

심볼	MDLZ	배당 성향	44.48%	배당 주기	분기
연간 배당금	$1.70	연배당수익률	2.32%	연속배당인상	12년
동종업계 배당수익률	1.89%	최근 배당지급일	24.01.12	Avg Price Recovery	5.6일

기업 개요

라틴아메리카, 북미, 아시아, 중동, 아프리카, 유럽에서 스낵 및 음료 제품을 제조, 마케팅, 판매한다. 이 회사의 브랜드로는 캐드버리(Cadbury), 밀카(Milka) 및 토블론(Toblerone) 초콜릿, 오레오(Oreo), 벨비타(belVita), LU 비스킷, 호올스(Halls) 캔디, 트린덴트(Trident) 껌, 분말 음료 등이 있다. 이 회사는 이전에 크래프트 푸드(Kraft Foods Inc.)라는 이름으로 알려졌으며 2012년 10월에 지금의 사명으로 변경했다. 2000년에 설립되었으며 일리노이주 시카고에 본사가 있다.

배당 예상치

회계연도 Fiscal Period Ending	예상 배당금 Consensus Rate	예상 연배당수익률 Consensus Yield	낮은 전망치 Low	높은 전망치 High
2023년 12월	$1.60	2.26%	$1.54	$1.62
2024년 12월	$1.75	2.48%	$1.66	$1.83
2025년 12월	$1.91	2.71%	$1.78	$2.11

배당 안정성 B- | **배당 성장성** B | **배당 수익률** D+ | **배당 지속성** B+

최근 미국의 소비자들이 외식을 줄이면서 간단한 스낵에 대한 관심이 커지고 있는데, 오레오로 유명한 몬델리즈 인터내셔널이 수혜 종목 중 하나로 떠올랐다. 매출의 30% 가량이 신흥시장에서 발생하니 엄밀하게 말하면 미국의 소비 부진은 이들에게 큰 문제가 아닐 듯하다.

028 일리노이 툴 웍스 *Illinois Tool Works Inc.*

배당 개요

심볼	ITW	배당 성향	51.38%	배당 주기	분기
연간 배당금	$5.60	연배당수익률	2.19%	연속배당인상	54년
동종업계 배당수익률	2.36%	최근 배당지급일	24.01.11	Avg Price Recovery	4.8일

기업 개요

공학 패스너 및 부품, 장비 및 소모품 시스템, 특수제품을 생산하는 포춘지 선정 200대 기업 중 하나로 바이론 스미스(Byron L. Smith)가 1912년에 설립했다. 현재 53개 국의 수백 개 업체에서 약 4만 5,000명의 직원을 고용하고 있으며, 시카고 교외의 일리노이주 글렌뷰에 본사를 두고 있다. 전 세계적으로 1만 8,000개 이상의 특허출원 및 출원 예정 특허를 보유하고 있고, 미국에서 상위 100대 특허 발행자에 랭크되어 있다.

배당 예상치

회계연도 Fiscal Period Ending	예상 배당금 Consensus Rate	예상 연배당수익률 Consensus Yield	낮은 전망치 Low	높은 전망치 High
2023년 12월	$5.32	2.22%	$5.14	$5.42
2024년 12월	$5.55	2.31%	$4.96	$5.80
2025년 12월	$5.83	2.43%	$5.60	$6.31

배당 안정성 A- | **배당 성장성** A+ | **배당 수익률** B- | **배당 지속성** A+

일리노이 툴 웍스는 제조 및 건설에 필요한 패스너, 부품 및 장비를 생산하는 업체로 아주 화려한 회사는 아니지만 산업 전반에 반드시 필요한 회사다. 주로 배당에 집중하고 있는데, 무려 53년간 배당을 인상한 배당왕 기업이다. 매일 적어도 하나의 제품을 접하고 있으면서도 주식은커녕 회사에 대해 들어본 적이 없을 수 있다.

029 모토로라 솔루션즈 *Motorola Solutions, Inc.*

배당 개요

심볼	MSI	배당 성향	28.38%	배당 주기	분기
연간 배당금	$3.92	연배당수익률	1.21%	연속배당인상	12년
동종업계 배당수익률	1.37%	최근 배당지급일	24.01.12	Avg Price Recovery	11.1일

기업 개요

2011년 휴대폰 사업부가 모토로라 모빌리티(Motorola Mobility)로 분사된 후 모토로라의 비전을 계승하여 미국의 비디오장비, 통신장비, 소프트웨어, 시스템 및 서비스를 제공하고 있는 업체이다. 2011년 1월에 이름을 모토로라 솔루션즈로 변경했다. 2011년 4월 셀룰러 인프라 사업부를 노키아에 현금 9억 7,500만 달러로 매각했다. 1928년에 설립되었으며 일리노이주 시카고에 본사가 있다.

배당 예상치

회계연도 Fiscal Period Ending	예상 배당금 Consensus Rate	예상 연배당수익률 Consensus Yield	낮은 전망치 Low	높은 전망치 High
2023년 12월	$3.47	1.09%	$3.34	$3.58
2024년 12월	$3.45	1.08%	$2.68	$3.91
2025년 12월	$3.68	1.16%	$2.68	$4.34

배당 안정성 A+ | **배당 성장성** A+ | **배당 수익률** D+ | **배당 지속성** B

과거에는 '휴대폰' 하면 모토로라가 생각나던 시기가 있었다. 그런데 지금은 공공 안전 및 기업 보안 분야의 글로벌 리더로 자리 잡았다. 보안팀이 학교, 사무실, 제조 시설 등의 영역을 즉시 보호할 수 있는 시스템을 갖추고 있으면서 미국 내에서 진가를 발휘하고 있다. 범죄 해결의 기본이 전산망인데, 모토로라는 과거의 휴대폰 사업을 바탕으로 지금의 보안회사로 거듭났다. 경찰도 이용 중이라니 할 말 다했다. 사람도 너무 자주 바뀌면 안 좋지만, 기업은 이렇게 성공적으로 변모가 가능하구나 하는 생각이 든다. 실적도 아주 좋다. 배당이 아니어도 매수할 만한 이유가 많은 기업이다.

030 알렉산드리아 리얼에스테이트 에쿼티 *Alexandria Real Estate Equities, Inc.*

배당 개요

심볼	ARE	배당 성향	134.43%	배당 주기	분기
연간 배당금	$5.08	연배당수익률	4.28%	연속배당인상	14년
동종업계 배당수익률	4.46%	최근 배당지급일	24.01.12	Avg Price Recovery	1.2일

기업 개요

생명과학 및 기술산업 분야의 임차인에게 임대되는 사무실 건물 및 실험실에 투자하는 부동산 투자 신탁이다. 또한 생명과학 기업에 투자하는 벤처캐피털인 알렉산드리아 벤처 인베스트먼츠(Alexandria Venture Investments)를 보유하고 있다.

배당 예상치

회계연도 Fiscal Period Ending	예상 배당금 Consensus Rate	예상 연배당수익률 Consensus Yield	낮은 전망치 Low	높은 전망치 High
2023년 12월	$4.94	4.76%	$4.93	$5.00
2024년 12월	$5.14	4.95%	$4.96	$5.40
2025년 12월	$5.53	5.34%	$5.12	$5.95

배당 안정성 A- | **배당 성장성** B | **배당 수익률** C- | **배당 지속성** A+

미국은 아직도 많은 사람들이 재택근무를 하고 있어 대규모 임대 계약이 계속 만료되고 있다. 그래서 많은 사람들이 오피스 전문 리츠기업의 전망을 좋지 않게 보고 있다. 또 최근 금리인상으로 부채가 높은 기업들이 매우 어려운 상황에 처해 있다. 다만 이 회사는 스스로를 오피스 리츠 중에서도 '생명과학 리츠'라고 부르며 차별화를 강조하고 있다. 임차인 중에 주요 제약, 생명공학 및 생명과학 회사가 포함되어 있으니 맞는 말이다. 하지만 필자가 보기에 지금처럼 금리가 높은 상황에서는 쉽지 않을 것 같다. 실적은 리츠 중에서 나름 괜찮은 기업이니 부정적인 투자심리만 개선되면 좋을 것 같다.

031 콴타 서비스 *Quanta Services, Inc.*

배당 개요

심볼	PWR	배당 성향	3.80%	배당 주기	분기
연간 배당금	$0.36	연배당수익률	0.17%	연속배당인상	5년
동종업계 배당수익률	2.36%	최근 배당지급일	24.01.12	Avg Price Recovery	6.0일

기업 개요

전력, 파이프라인, 산업 및 통신산업에 인프라 서비스를 제공하는 미국기업이다. 대부분의 네트워크 인프라에 대한 계획, 설계, 설치, 프로그램 관리, 유지, 수리 등의 업무를 수행한다. 2009년 6월 잉가솔랜드(Ingersoll-Rand)를 대신하여 S&P500지수에 추가되었다. 약 4만 명의 직원을 고용하고 있고, 본사는 텍사스 휴스턴에 있다. 1998년 'PWR'이라는 티커로 뉴욕 증권거래소에 상장되었다.

배당 예상치

회계연도 Fiscal Period Ending	예상 배당금 Consensus Rate	예상 연배당수익률 Consensus Yield	낮은 전망치 Low	높은 전망치 High
2023년 12월	$0.32	0.18%	$0.32	$0.33
2024년 12월	$0.33	0.18%	$0.32	$0.37
2025년 12월	$0.35	0.19%	$0.32	$0.41

배당 안정성 A+ | **배당 성장성** B- | **배당 수익률** F | **배당 지속성** D+

콴타 서비스는 인프라, 발전소, 재생에너지 및 천연가스 전송 시설을 구축하는 회사인데, 특히 최근에는 전기 운송으로의 전환으로 이익을 얻고 있다. 한 예로 뉴멕시코에서 생성된 풍력을 미국 서부의 전력이 부족한 주에 전송하는 사업자로 선정되면서 '미국 역사상 가장 큰 청정 에너지 인프라 프로젝트 기업'으로 불리고 있다. 이것도 기억하자. 매수하기 가장 좋은 주식은 에너지 혁명, 미국 경제 성장, 정부 인프라 지출에 관련된 기업이다. 아무리 경제가 어려워도 정부는 돈을 쓰기 때문이다.

032 프랭클린 리소시즈 *Franklin Resources, Inc.*

배당 개요

심볼	BEN	배당 성향	42.93%	배당 주기	분기
연간 배당금	$1.24	연배당수익률	4.58%	연속배당인상	44년
동종업계 배당수익률	3.18%	최근 배당지급일	24.01.12	Avg Price Recovery	7.1일

기업 개요

미국의 다국적 자산관리회사로 프랭클린 템플턴 인베스트먼츠(Franklin Templeton Investments)로도 불린다. 1947년 뉴욕에서 설립되었고, 미국 건국의 아버지라 불리는 벤자민 프랭클린(Benjamin Franklin)의 이름을 따서 회사명을 지었으며 'BEN'이라는 티커로 1971년에 뉴욕 증권거래소에 상장되었다. 2020년 10월 12일 기준으로 개인, 전문 및 기관 투자자를 대신하여 1조 4,000억 달러 규모의 관리 자산(AUM)을 보유하고 있다.

배당 예상치

회계연도 Fiscal Period Ending	예상 배당금 Consensus Rate	예상 연배당수익률 Consensus Yield	낮은 전망치 Low	높은 전망치 High
2024년 9월	$1.24	5.09%	$1.19	$1.32
2025년 9월	$1.31	5.38%	$1.23	$1.52
2026년 9월	$1.41	5.80%	$1.29	$1.64

배당 안정성 C+ | **배당 성장성** D+ | **배당 수익률** B- | **배당 지속성** A+

프랭클린 리소스는 자산관리 회사다. 자산관리 회사의 주요 수입은 자산관리 수수료이고, 이를 판단할 때 AUM 즉 전체 관리자산 규모만 알면 된다. 즉 투자자금이 유입이냐 유출이냐로 실적을 가늠하는데, 최근에는 보합권으로 나쁘지도 좋지도 않다. 하지만 꾸준하게 배당을 늘려서 44년째 배당 인상을 하고 있다. 한마디로 중이 제 머리를 못 깎는 게 아니라 잘 깎는 것이다.

033 필립모리스 인터내셔널 *Philip Morris International Inc.*

배당 개요

심볼	PM	배당 성향	73.86%	배당 주기	분기
연간 배당금	$5.20	연배당수익률	5.80%	연속배당인상	16년
동종업계 배당수익률	1.89%	최근 배당지급일	24.01.10	Avg Price Recovery	9.8일

기업 개요

다국적 담배회사로 180개 국 이상에서 제품을 판매하며 베스트셀러 제품은 말보로(Marlboro)이다. 2008년 3월 알트리아(Altria)에서 분사되었다. 21세기 들어 전 세계적으로 흡연율이 감소함에 따라 필립 모리스의 주식은 더 이상 '안전'하게 생각되지 않으나 절대적인 흡연자 수는 계속해서 증가하고 있다. 2021년 포춘지 선정 500대 기업에서 총 수익 기준 101위를 차지했다.

배당 예상치

회계연도 Fiscal Period Ending	예상 배당금 Consensus Rate	예상 연배당수익률 Consensus Yield	낮은 전망치 Low	높은 전망치 High
2023년 12월	$5.14	5.59%	$5.02	$5.20
2024년 12월	$5.28	5.75%	$5.01	$5.40
2025년 12월	$5.53	6.01%	$5.18	$5.74

배당 안정성 A- | **배당 성장성** A+ | **배당 수익률** A | **배당 지속성** B+

필립모리스의 담배에 대한 필자의 말이 부정적이어도 피는 사람은 피고, 긍정적이어도 안 피는 사람은 안 필 것이다. 사실 담배는 개인 취향의 영역이라고 생각한다. 다만 두 가지를 강조한다. 첫 번째, 시간이 지나면서 금연하는 사람의 숫자가 늘고 있다. 두 번째, 매출의 부족한 분을 담뱃값 인상으로 메꿔오고 있다. 즉 소비자는 줄고 있는데, 여기에 값을 올린다? 솔직히 담배나 술 외에 이런 게 가능한 제품이 또 있을까? 그만큼 중독성이 강한 담배이니 배당투자로는 제격(성장이 없지만 이익은 꾸준한 기업)이 아닌가 싶다.

034 존슨 컨트롤스 인터내셔널 *Johnson Controls International plc*

배당 개요

심볼	JCI	배당 성향	35.80%	배당 주기	분기
연간 배당금	$1.48	연배당수익률	2.61%	연속배당인상	3년
동종업계 배당수익률	2.36%	최근 배당지급일	24.01.12	Avg Price Recovery	11.1일

기업 개요

건물용 화재장비, HVAC 및 보안장비를 생산하는 아일랜드 코크에 본사를 둔 미국 다국적 대기업이다. 2019년 기준 6개 대륙, 약 2,000개 지역에서 10만 5,000명의 직원을 고용하고 있다. 2017년 포춘지 글로벌 500에서 389위로 선정되기도 했다. 2016년 1월 25일에 존슨 컨트롤스(Johnson Controls)와 타이코 인터내셔널(Tyco International)의 합병을 통해 설립되었다.

배당 예상치

회계연도 Fiscal Period Ending	예상 배당금 Consensus Rate	예상 연배당수익률 Consensus Yield	낮은 전망치 Low	높은 전망치 High
2023년 9월	$1.43	2.74%	$1.15	$1.66
2024년 9월	$1.55	2.97%	$1.15	$1.91
2025년 9월	$1.75	3.36%	$1.20	$2.29

배당 안정성 A- | **배당 성장성** C- | **배당 수익률** B+ | **배당 지속성** C

존슨 컨트롤스 인터내셔널은 공조시스템(HVAC) 즉, 여름에는 에어컨을 겨울에는 난방을 책임지는 기기부터 건물에 들어가는 모든 제어 시스템, 화재 및 보안 등 빌딩 솔루션을 제공하는 기업이다. 2023년, 미국의 여름이 너무 더워지면서 에어컨 설치가 급증했고 이에 주가가 좋았다. 그런데 문제는 주문이 몰리면 딜러들이 재고를 쌓으면서 매출이 급증하는데, 여름이 지나면서 재고를 줄이면 매출이 급감한다. 그래서 주가가 심한 등락을 보였다. 여기까지는 초보들의 이야기이고, 존슨 컨트롤스의 진짜 미래 사업은 건물들의 스마트화다. 첫 번째, 모든 건물을 디지털화한다. 두 번째, 탈탄소화 과정을 통해서 이산화탄소 배출을 제로화한다. 이게 건물들의 스마트화이고 존슨 컨트롤스의 미래다.

035 에섹스 프라퍼티 트러스트 *Essex Property Trust, Inc.*

배당 개요

심볼	ESS	배당 성향	157.58%	배당 주기	분기
연간 배당금	$9.24	연배당수익률	3.97%	연속배당인상	29년
동종업계 배당수익률	4.46%	최근 배당지급일	24.01.12	Avg Price Recovery	2.8일

기업 개요

주로 미국 서부 해안 아파트에 투자하는 상장 부동산 투자 신탁이다. 미국에서 10번째로 큰 아파트 소유주이자 미국에서 20번째로 큰 아파트 자산관리사이다. 1971년에 설립되었고, 1994년에 상장되었다. 2014년 BRE 프로퍼티스(BRE Properties)를 43억 달러에 인수하고, S&P500에 추가되었다.

배당 예상치

회계연도 Fiscal Period Ending	예상 배당금 Consensus Rate	예상 연배당수익률 Consensus Yield	낮은 전망치 Low	높은 전망치 High
2023년 12월	$9.27	4.39%	$9.24	$9.52
2024년 12월	$9.50	4.50%	$9.20	$10.05
2025년 12월	$9.85	4.67%	$9.24	$10.64

배당 안정성 B- | **배당 성장성** C+ | **배당 수익률** D+ | **배당 지속성** A+

에섹스 프라퍼티는 주거용 물건을 다루는 리츠기업이다. 계속 설명했듯이 리츠 업종은 금리인상에 아주 취약하다. 당장 매출이 견고해도 금리인상 구간에는 쳐다보지 말아야 할 업종이다. 다만 미국에서 인기 있는 지역인 북부 캘리포니아, 남부 캘리포니아 및 시애틀에 많은 임차인을 보유한 리츠가 그나마 선방 중인데, 그 지역의 터줏대감이 바로 에섹스 프라퍼티이다. 재택근무 역풍에도 불구하고 사람들은 여전히 서해안의 대도시와 그 주변에 머물기를 원했다. 왜? 날씨가 좋고, 경치가 끝내주니까. 그래서 배당도 최근 10년래 가장 높은 수준까지 인상했다. 하지만 투자자들이 이렇게 세세하게 따져볼까? 다시 강조하지만 리츠투자에 대한 투자심리 개선이 필요하고, 그렇게 되기 위해서는 최소한 연준의 피벗(금리인상에서 인하로 통화정책 방향의 전환) 움직임이 있어야 한다.

[1월] 3주차

036 CME 그룹(CME)

037 패키징 코퍼레이션 오브 아메리카(PKG)

038 카디널헬스(CAH)

039 모놀리식 파워 시스템즈(MPWR)

040 DTE 에너지(DTE)

041 리퍼블릭 서비스(RSG)

042 셈프라 에너지(SRE)

043 신시내티 파이낸셜(CINF)

044 써모 피셔 사이언티픽(TMO)

045 유에스 뱅코프(USB)

046 아발론베이(AVB)

047 FMC 코퍼레이션(FMC)

048 인튜이트(INTU)

049 엑셀 에너지(XEL)

036 CME 그룹 CME Group Inc.

배당 개요

심볼	CME	배당 성향	47.06%	배당 주기	분기
연간 배당금	$4.60	연배당수익률	2.18%	연속배당인상	14년
동종업계 배당수익률	3.18%	최근 배당지급일	24.01.18	Avg Price Recovery	4.9일

기업 개요

시카고상품거래소(Chicago Mercantile Exchange), 시카고거래소(Chicago Board of Trade), 뉴욕상품거래소(New York Mercantile Exchange), 상품거래소(The Commodity Exchange)가 포함된 CME 그룹은 세계 최대의 금융파생상품 거래소를 운영하는 미국기업이며, 농산물, 통화, 에너지, 이자율, 금속, 주가지수 및 암호화폐 선물을 포함하는 자산클래스를 거래한다. 2019년 CME 그룹은 브랜드 파이낸스(Brand Finance)에서 6년 연속으로 세계에서 가장 빠르게 성장하고 가장 가치 있는 거래소 브랜드로 선정되었다. 본사는 일리노이주 시카고에 있다.

배당 예상치

회계연도 Fiscal Period Ending	예상 배당금 Consensus Rate	예상 연배당수익률 Consensus Yield	낮은 전망치 Low	높은 전망치 High
2023년 12월	$8.73	4.09%	$7.90	$9.15
2024년 12월	$8.94	4.19%	$7.00	$10.20
2025년 12월	$9.34	4.38%	$7.00	$10.53

배당 안정성 A- | **배당 성장성** C+ | **배당 수익률** D | **배당 지속성** A-

CME 그룹은 투자자들이 주식이나 채권과 같은 기초자산에서 가치를 얻는 금융상품인 파생상품을 사고 파는 금융거래소를 운영하고 있다. CME 그룹은 세계 최대의 파생상품 거래소 운영 업체이며, 지배적인 위치로 강력한 해자, 즉 경쟁 우위를 보유하고 있다. 회사는 거래소의 모든 거래에 대한 청산소 역할을 하며 이러한 계약이 이행될 것임을 보장하는 대가로 청산 수수료를 받는다.

금융시장에는 변동성이 항상 존재하여 파생상품에 대한 수요가 활발해졌다. 앞으로도 CME 그룹은 변동성이 큰 채권과 주식시장으로부터 계속해서 이익을 얻을 것이다. 사실 파생거래에 대해서 호의적이지 않지만, 필자 같은 사람보다 다양한 전략을 쓰는 사람이 많으니 주가가 강하지 않을까 싶다. 그리고 실제로도 주가가 무척이나 강하다.

037 패키징 코퍼레이션 오브 아메리카 *Packaging Corp of America*

배당 개요

심볼	PKG	배당 성향	49.95%	배당 주기	분기
연간 배당금	$5.00	연배당수익률	2.95%	연속배당인상	0년
동종업계 배당수익률	2.82%	최근 배당지급일	24.01.15	Avg Price Recovery	8.5일

기업 개요

일리노이주 레이크포레스트에 본사를 둔 제조업체이다. 약 1만 5,500명의 직원이 있으며 주로 미국 내에서 사업을 운영하고 있다. 이 회사는 미국에서 컨테이너보드 및 골판지 포장제품을 제조 및 판매한다.

배당 예상치

회계연도 Fiscal Period Ending	예상 배당금 Consensus Rate	예상 연배당수익률 Consensus Yield	낮은 전망치 Low	높은 전망치 High
2023년 12월	$5.00	3.22%	$5.00	$5.00
2024년 12월	$5.02	3.23%	$5.00	$5.10
2025년 12월	$5.09	3.28%	$5.00	$5.26

배당 안정성 A+ | **배당 성장성** A | **배당 수익률** B- | **배당 지속성** A-

패키징 코퍼레이션 오브 아메리카는 물류 포장을 전문으로 하는 기업으로 2023년 초반에는 소비자들의 소비 부진에 따른 매출 감소 걱정이 컸다. 하지만 이는 과도한 우려임이 밝혀졌다. 매출의 약 91%를 차지하는 포장사업은 오히려 소비부진에 따른 전자상거래의 높은 수요(계획적인 소비는 온라인에서 이뤄진다는 점)와 육류, 과일 및 야채, 가공 식품, 음료 및 의약품 포장에 대한 안정적인 수요로 이익을 얻었다. 여기에 최근에는 환경 문제에 대한 인식이 높아짐에 따라 친환경 생분해성 포장재에 대한 선호도가 전 세계적으로 증가하면서 미래 먹거리까지 준비한 상태이다.

근래 소비가 위축되면서 필자도 계획적인 소비를 위해 온라인에서 주문을 많이 하는 편인데, 포장하지 않고 배송 받는 물건이 어디 있나 싶다.

038 카디널헬스 *Cardinal Health, Inc.*

배당 개요

심볼	CAH	배당 성향	25.08%	배당 주기	분기
연간 배당금	$2.00	연배당수익률	1.90%	연속배당인상	27년
동종업계 배당수익률	1.58%	최근 배당지급일	24.01.15	Avg Price Recovery	8.7일

기업 개요

미국의 다국적 의료서비스 회사이며 미국에서 14번째로 높은 수익을 창출하는 회사로 의약품 및 의료제품 유통을 전문으로 한다. 또한 장갑, 수술복, 수액관리 제품 등과 같은 의료 및 수술제품을 생산하고, 미국에서 가장 큰 방사선 약국 네트워크 중 하나를 운영하고 있으며 미국 병원 75% 이상에 의료제품을 제공한다. 1983년 나스닥 증권거래소에 상장되었으며 2021년 8월 기준 FY2020 연간매출 1,529억 달러로 포춘지 500대 기업 중 14위에 올랐다.

배당 예상치

회계연도 Fiscal Period Ending	예상 배당금 Consensus Rate	예상 연배당수익률 Consensus Yield	낮은 전망치 Low	높은 전망치 High
2023년 6월	$2.01	2.56%	$1.98	$2.06
2024년 6월	$2.07	2.63%	$2.00	$2.25
2025년 6월	$2.15	2.74%	$2.02	$2.45

배당 안정성 A- | **배당 성장성** B- | **배당 수익률** B+ | **배당 지속성** A+

카디널 헬스는 앞서 알아본 맥케슨과 같은 의약품 유통업체이다. 수많은 약국과 병원에 의약품을 유통하니 실적이 좋은 편인데, 체중감량 약물의 흥행으로 매출이 더 증가했다. 이렇게 좋은 실적을 바탕으로 카디널 헬스는 지난 27년간 배당을 인상 지급했다. 그럼 멕케슨과 카디널 헬스는 아무런 단점이 없는 걸까? 의약품 유통업체의 공통된 위험은 바로 아마존 약국(Amazon Pharmacy)의 등장이다. 물론 아직 아마존이 주요 매출처가 아닌 만큼, 심각한 경쟁상대가 아니지만 시간이 더 흐르고 아마존이 이 사업에 집중을 하면 문제가 될 듯하다. 아마존만큼 막대한 물류망과 유통망을 보유한 업체가 또 있을까?

039 모놀리식 파워 시스템즈 *Monolithic Power Systems, Inc.*

배당 개요

심볼	MPWR	배당 성향	30.72%	배당 주기	분기
연간 배당금	$5.00	연배당수익률	0.70%	연속배당인상	7년
동종업계 배당수익률	1.37%	최근 배당지급일	24.01.15	Avg Price Recovery	10.7일

기업 개요

워싱턴주 커클랜드에 본사를 둔 미국의 상장회사로, 클라우드컴퓨팅, 통신인프라, 자동차 및 산업 응용프로그램 및 소비자용 응용프로그램의 시스템에 전력회로를 공급한다. 1997년에 마이클 유싱(Michael Hsing)이 설립했고, 2021년 2월 S&P500에 편입되었다.

배당 예상치

회계연도 Fiscal Period Ending	예상 배당금 Consensus Rate	예상 연배당수익률 Consensus Yield	낮은 전망치 Low	높은 전망치 High
2023년 12월	$2.55	0.69%	$0.00	$3.60
2024년 12월	$2.70	0.73%	$0.00	$3.80
2025년 12월	$4.20	1.14%	$4.20	$4.20

배당 안정성 A+ | **배당 성장성** A+ | **배당 수익률** D- | **배당 지속성** C+

모놀리식 파워 시스템즈는 전력 관리 솔루션을 전문으로 하는 칩 제조 및 판매업체이다. 이 회사의 임무는 최종 시스템의 총 에너지 소비를 줄이는 것으로 컴퓨팅, 자동차, 산업, 통신 및 소비자 최종 시장에 서비스를 제공한다. 그만큼 에너지 소비를 줄이는 것이 매우 중요한 사업이며 흔치 않은 기술이다. 여기서 이 기업의 기술력이 나오는데, 엔비디아의 대표 칩인 H-100에 실제 전력의 효율성을 발휘하는 모놀리식 파워 시스템의 반도체가 내재되어 있다. 모든 기업은 목표인 AI를 구현하기 위해서 어마어마한 데이터 센터를 운영해야 하는데, 핵심은 전력비용의 절감이고 그걸 해결해 주는 기업이 모놀리식 파워 시스템즈다. 이 부분을 꼭 참고하자.

040 DTE 에너지 *DTE Energy Company*

배당 개요

심볼	DTE	배당 성향	56.84%	배당 주기	분기
연간 배당금	$4.08	연배당수익률	56.84%	연속배당인상	13년
동종업계 배당수익률	3.75%	최근 배당지급일	24.01.15	Avg Price Recovery	17.2일

기업 개요

1996년까지 디트로이트 에디슨(Detroit Edison)으로 불린 이 회사는 미국과 캐나다에서 에너지 관련 비즈니스 및 서비스의 개발, 관리에 관여하고, 디트로이트에 본사를 둔 에너지 회사이다. 포트폴리오에는 전력 및 산업 프로젝트, 에너지 마케팅과 거래에 중점을 둔 비유틸리티 에너지 비즈니스가 포함된다. 2020년 DTE 전기의 49.66%는 석탄에서, 21.07%는 원자력에서, 17.21%는 천연가스에서, 11.81%는 풍력, 태양열 및 수력 발전을 포함한 재생에너지에서 생성되었다.

배당 예상치

회계연도 Fiscal Period Ending	예상 배당금 Consensus Rate	예상 연배당수익률 Consensus Yield	낮은 전망치 Low	높은 전망치 High
2023년 12월	$3.85	3.71%	$3.81	$3.98
2024년 12월	$4.11	3.97%	$4.04	$4.24
2025년 12월	$4.39	4.24%	$4.34	$4.52

배당 안정성 A- | **배당 성장성** C+ | **배당 수익률** C- | **배당 지속성** A

미시간 주 남동부에서 220만 명의 고객에게 서비스를 제공하는 전기회사와 130만 명의 고객에게 서비스를 제공하는 천연가스 회사를 운영한다. 한마디로 공과금 사업을 운용 중이다. 경기가 좋지 않다고 공과금을 내지 않겠는가? 또 경기가 좋다고 팍팍 올리겠는가? 그게 공과금 사업의 특징이다. 그래서 주가도 별로 움직임이 없다. 한 가지 희망은 전기를 생산하기 위해 활용하는 에너지원에 풍력, 태양광, 수력이 포함되는데, 이런 재생에너지가 주력이 되면 상당한 원가 절감으로 실적이 좋아진다는 것이다. 문제는 시간이니 좀 기다려라.

041 리퍼블릭 서비스 Republic Services, Inc.

배당 개요

심볼	RSG	배당 성향	32.20%	배당 주기	분기
연간 배당금	$2.14	연배당수익률	1.19%	연속배당인상	21년
동종업계 배당수익률	2.36%	최근 배당지급일	24.01.16	Avg Price Recovery	5.1일

기업 개요

유해하지 않은 고형폐기물 수거, 이송, 처리, 재활용 및 에너지 서비스 등의 서비스를 제공하는 미국 폐기물 처리 회사이다. 미국의 웨이스트 매니지먼트(Waste Management Corporation)에 이어 두 번째로 큰 폐기물 처리업체이다.

배당 예상치

회계연도 Fiscal Period Ending	예상 배당금 Consensus Rate	예상 연배당수익률 Consensus Yield	낮은 전망치 Low	높은 전망치 High
2023년 12월	$2.01	1.57%	$1.84	$2.19
2024년 12월	$2.12	1.65%	$1.88	$2.38
2025년 12월	$2.54	1.98%	$2.54	$2.54

배당 안정성 A- | **배당 성장성** A- | **배당 수익률** D+ | **배당 지속성** A

리퍼블릭 서비스는 한마디 쓰레기를 치워주는 회사다. 어떤 일이 일어나더라도 누군가는 쓰레기를 치워야 한다. 그리고 인간은 끊임없이 쓰레기를 만들고, 또 누군가는 치운다. 그렇기에 이 사업은 영원할 것이다. 한 가지만 기억하자. 이 업종에서 더 이상 신생기업은 없을 것이다. 법을 바꾸지 않는 한 말이다. ESG 지침에 따라 앞으로 기업은 매립지를 만들기 위한 허가를 받기 어렵기 때문에 경쟁업체가 될 가능성이 있는 기업이 생길 수가 없다.

042 셈프라 에너지 Southern California Gas Company

배당 개요

심볼	SRE	배당 성향	46.21%	배당 주기	분기
연간 배당금	$2.38	연배당수익률	3.37%	연속배당인상	20년
동종업계 배당수익률	3.75%	최근 배당지급일	24.01.15	Avg Price Recovery	10.6일

기업 개요

북미 에너지 인프라회사로 약 4,000만 명의 소비자를 보유한 미국 최대의 유틸리티 지주회사 중 하나이다. 전기 및 천연가스 인프라에 중점을 두고 있으며, 2021년 현재 총 자산 720억 달러와 직원 2만 명 이상을 보고했다. DJSI 월드지수(Dow Jones Sustainability World Index)에 포함된 유일한 미국 에너지 회사로, 전 세계 환경에 부정적 영향을 미치는 기업들 리스트인 2022년 'Climate Policy Footprint'에서 5위를 차지하기도 했다.

배당 예상치

회계연도 Fiscal Period Ending	예상 배당금 Consensus Rate	예상 연배당수익률 Consensus Yield	낮은 전망치 Low	높은 전망치 High
2023년 12월	$4.17	5.76%	$2.38	$4.76
2024년 12월	$4.41	6.10%	$2.53	$5.09
2025년 12월	$4.64	6.42%	$2.70	$5.45

*2023년 8월 1주를 2주로 분할, 현재 배당 예상치는 분할 전, 수치임을 참고

배당 안정성 A- | **배당 성장성** B- | **배당 수익률** C | **배당 지속성** A-

셈프라 에너지는 전기 및 에너지를 공급하는 유틸리티 기업이다. 사실 유틸리티 기업은 한국전력과 같은 기업으로 반드시 필요하지만 성장보다는 매출을 유지하는 공기업의 특성을 지니고 있는데, 셈프라는 약간 다르다. 서비스 지역이 돈 많은 지역으로 알려진 미국의 남부 지역, 특히 남부 캘리포니아다. 그래서 적지만 성장성이 있는 유틸리티 기업으로 분류하고 싶다. 이 점을 꼭 기억하자.

043 신시내티 파이낸셜 *Cincinnati Financial Corp.*

배당 개요

심볼	CINF	배당 성향	46.62%	배당 주기	분기
연간 배당금	$3.24	연배당수익률	2.92%	연속배당인상	64년
동종업계 배당수익률	3.18%	최근 배당지급일	24.01.16	Avg Price Recovery	5.2일

기업 개요

미국에서 재산 및 상해보험 상품을 판매하며, 미국 시장점유율 20위의 보험회사이다. 1950년에 설립되었고, 본사는 오하이오주 페어필드에 있다.

배당 예상치

회계연도 Fiscal Period Ending	예상 배당금 Consensus Rate	예상 연배당수익률 Consensus Yield	낮은 전망치 Low	높은 전망치 High
2023년 12월	$3.00	2.97%	$3.00	$3.00
2024년 12월	$3.15	3.12%	$3.00	$3.28
2025년 12월	$3.20	3.17%	$3.00	$3.40

배당 안정성 A- | **배당 성장성** B | **배당 수익률** D+ | **배당 지속성** A+

신시내티 파이낸셜은 손해보험회사다. 보험회사의 장점은 앞서 여러 번 언급했으니 여기서는 다른 이야기를 하겠다. 한마디로 실적은 꾸준하게 나오는 업종인데 단점도 있다. 손해보험사의 실적은 재난 상황에 영향을 받는다. 통계적으로 매년 발생하는 자연재해로 인한 국가적 손실의 절반은 손해보험사가 보험료로 지출한다. 그럼에도 불구하고 나름 신시내티 파이낸셜은 운영을 잘하고 있는데, 배당 인상을 무려 64년째 하고 있다는 점을 강조하고 싶다. 자연재해는 예측할 수 없다. 다만 예측 불가한 자연재해 상황에서 사업을 하면서 64년 동안 배당을 인상 지급했다는 것은 아주 훌륭한 기업임을 증명한 것이 아닌가 생각한다.

044 써모 피셔 사이언티픽 *Thermo Fisher Scientific Inc.*

배당 개요

심볼	TMO	배당 성향	5.76%	배당 주기	분기
연간 배당금	$1.40	연배당수익률	0.26%	연속배당인상	6년
동종업계 배당수익률	1.58%	최근 배당지급일	24.01.16	Avg Price Recovery	7.8일

기업 개요

과학기기, 시약 및 소모품, 소프트웨어 서비스를 제공하는 미국 기업이다. 매사추세츠주 월섬에 기반을 두었고 2006년 써모 일렉트론(Thermo Electron)과 피셔 사이언티픽(Fisher Scientific)의 합병을 통해 설립되었다. 2017년 이 회사의 시가총액은 210억 달러로 포춘지 500대 기업 중 하나였으며, 2021년 연간 매출은 392억 1,000만 달러였다. 2020년 3월, 코로나19 대유행을 완화하는 데 도움이 된 SARS-CoV-2를 테스트, 개발하여 FDA로부터 긴급 사용승인을 받기도 했다.

배당 예상치

회계연도 Fiscal Period Ending	예상 배당금 Consensus Rate	예상 연배당수익률 Consensus Yield	낮은 전망치 Low	높은 전망치 High
2023년 12월	$1.36	0.29%	$1.23	$1.40
2024년 12월	$1.44	0.31%	$1.10	$1.60
2025년 12월	$1.56	0.33%	$1.30	$1.80

배당 안정성 A+ | **배당 성장성** B+ | **배당 수익률** D- | **배당 지속성** C+

과학 장비 및 실험실 장비 분야의 선도적인 공급업체로 코로나19 시기에 각종 테스트 진단장비로 매출이 증가했다가 팬데믹이 종료되면서 매출이 감소했고, 의료장비나 실험실 장비 수요가 높았던 중국의 경제 부진으로 중국 매출이 감소하면서 다시 타격을 입었다. 최근 비만치료제 붐의 주역인 노보노디스크와 파트너십을 맺었다는 기사가 있었는데, 이것이 앞선 악재를 탈피하는 계기가 될지 같이 지켜보자.

045 유에스 뱅코프 U.S. Bancorp

배당 개요

심볼	USB	배당 성향	44.65%	배당 주기	분기
연간 배당금	$1.96	연배당수익률	4.76%	연속배당인상	13년
동종업계 배당수익률	3.18%	최근 배당지급일	24.01.16	Avg Price Recovery	3.0일

기업 개요

미네소타주 미니애폴리스에 본사를 둔 미국의 은행 지주회사이다. US 뱅크 내셔널 어소시에이션(US Bank National Association)의 모회사이며 미국에서 다섯 번째로 큰 은행기관이다. 이 회사는 개인, 기업, 정부기관 및 기타 금융기관에 은행, 투자, 모기지, 신탁 및 지불 서비스를 제공한다. 포춘지 선정 500대 기업 117위에 올랐으며 금융안정위원회(Financial Stability Board)에서 시스템적으로 중요한 은행으로 간주한다.

배당 예상치

회계연도 Fiscal Period Ending	예상 배당금 Consensus Rate	예상 연배당수익률 Consensus Yield	낮은 전망치 Low	높은 전망치 High
2023년 12월	$1.92	5.10%	$1.92	$1.94
2024년 12월	$1.94	5.16%	$1.92	$2.07
2025년 12월	$1.96	5.20%	$1.92	$2.04

배당 안정성 B | **배당 성장성** D- | **배당 수익률** B | **배당 지속성** A-

매번 말하지만 금융주는 2023년 3월 실리콘밸리 은행의 파산(금리인상으로 인한 채권가격의 급락이 원인) 이후 규제당국의 이목이 몰렸고, 유에스 뱅코프 역시 무디스의 등급 하향 검토 대상 은행 목록에 포함되어 여전히 여진이 남아 있는 상태이다. 현재 대부분의 문제가 해소되는 과정에 있으나 금리인하의 신호가 시장에 나올 때까지는 금융주에 대한 관망이 필요해 보인다.

046 아발론베이 *AvalonBay Communities, Inc.*

배당 개요

심볼	AVB	배당 성향	125.73%	배당 주기	분기
연간 배당금	$6.80	연배당수익률	3.86%	연속배당인상	2년
동종업계 배당수익률	4.46%	최근 배당지급일	24.01.16	Avg Price Recovery	3.2일

기업 개요

아파트에 투자하는 부동산 투자 신탁이다. 이 회사는 1998년 아발론 프로퍼티(Avalon Properties Inc.)와 베이 아파트먼트 커뮤니티(Bay Apartment Communities Inc.)가 합병하여 설립되었다. 2021년 1월 기준 이 회사는 뉴잉글랜드, 뉴욕, 워싱턴DC 등 대도시 지역과 시애틀 및 캘리포니아에 7만 9,856채의 아파트를 소유하고 있다. 미국에서 3번째로 큰 아파트 소유주이다.

배당 예상치

회계연도 Fiscal Period Ending	예상 배당금 Consensus Rate	예상 연배당수익률 Consensus Yield	낮은 전망치 Low	높은 전망치 High
2023년 12월	$6.59	3.90%	$6.54	$6.60
2024년 12월	$6.89	4.08%	$6.61	$7.30
2025년 12월	$7.25	4.29%	$6.61	$7.90

배당 안정성 A- | **배당 성장성** B- | **배당 수익률** D+ | **배당 지속성** B

아발론베이는 최대 규모의 아파트 임대 리츠기업이다. 여러 번 언급했지만 리츠기업은 높은 부채비중으로 실제 영향이 있든 없든 금리인상 기조에 취약하다. 하지만 아발론베이는 약간 억울하다. 실제로 아파트 주거용 리츠 사업은 잘되기 때문이다. 결국은 투자심리의 회복인데, 금리인상 기조가 꺾이는 것이 중요해 보인다.

047 FMC 코퍼레이션 *FMC Corporation*

배당 개요

심볼	FMC	배당 성향	45.97%	배당 주기	분기
연간 배당금	$2.32	연배당수익률	4.55%	연속배당인상	0년
동종업계 배당수익률	2.82%	최근 배당지급일	24.01.18	Avg Price Recovery	3.2일

기업 개요

1883년 살충제 생산업체로 시작하여 이후 다른 산업으로 다각화되었다. 작물보호, 식물건강, 해충 및 잔디관리 전문제품을 생산하며, 살충제, 제초제 및 살균제를 포함하는 작물보호 화학물질을 개발 및 판매한다. 본사는 펜실베이니아주 필라델피아에 있고, 북미, 라틴아메리카, 유럽, 중동, 아프리카 및 아시아에서 운영되고 있다.

배당 예상치

회계연도 Fiscal Period Ending	예상 배당금 Consensus Rate	예상 연배당수익률 Consensus Yield	낮은 전망치 Low	높은 전망치 High
2023년 12월	$2.31	4.31%	$2.26	$2.34
2024년 12월	$2.39	4.45%	$2.26	$2.57
2025년 12월	$2.57	4.78%	$2.32	$3.22

배당 안정성 B | **배당 성장성** D- | **배당 수익률** B+ | **배당 지속성** B

FMC 코퍼레이션은 매출의 80%가 살충제와 제초제에서 발생한다. 즉 농산물과 관련이 깊다는 것이다. 여기서 문제가 두 가지가 있는데, 첫 번째는 상승세를 타던 농산물 가격이 안정화되면서 비료, 살충제 등 관련 제품이 더 이상 불티나게 팔리지 않는다는 것이다. 두 번째, 인플레이션으로 인한 원가 상승을 그대로 소비자, 즉 농업에 종사하는 분들에게 전가하기가 쉽지 않다는 것이다. 그리고 최근 디아미드 살충제 기술 특허에 대한 논란까지 악재가 너무 많다. 이 난관을 헤쳐 나가기 위해 비용 통제, 신제품 개발 등 다양한 전략을 쓰고 있지만 이 기업은 농사짓는 마음으로 장기적인 안목에서의 투자가 필요해 보인다.

048 인튜이트 *Intuit Inc.*

배당 개요

심볼	INTU	배당 성향	19.00%	배당 주기	분기
연간 배당금	$3.60	연배당수익률	0.56%	연속배당인상	12년
동종업계 배당수익률	1.37%	최근 배당지급일	24.01.18	Avg Price Recovery	2.3일

기업 개요

미국, 캐나다 등에서 소비자, 소기업, 자영업자 및 회계 전문가를 위한 재무관리 규정준수 제품과 금융 소프트웨어 서비스를 제공한다. 1983년에 설립되었고, 본사는 캘리포니아 마운틴뷰에 있다. 인튜이트의 제품으로는 세금준비 어플리케이션 터보텍스(TurboTax), 개인금융 어플리케이션 민트(Mint), 소기업 회계 프로그램 퀵북스(QuickBooks), 신용 모니터링 서비스 크레딧 카르마(Credit Karma), 이메일 마케팅 플랫폼 메일침프(Mailchimp) 등이 있다.

배당 예상치

회계연도 Fiscal Period Ending	예상 배당금 Consensus Rate	예상 연배당수익률 Consensus Yield	낮은 전망치 Low	높은 전망치 High
2024년 7월	$3.24	0.58%	$0.00	$3.60
2025년 7월	$3.53	0.63%	$0.00	$4.20
2026년 7월	$4.38	0.78%	$3.53	$4.80

배당 안정성 A+ | **배당 성장성** D+ | **배당 수익률** D- | **배당 지속성** B+

인튜이트는 자영업자든 급여소득자든 누구도 피해갈 수 없는 급여과 세금 정산을 도와주는 금융 기술 플랫폼을 제공한다. 인기 있는 제품으로는 급여 솔루션을 제공하는 퀵북스(QuickBooks)와 소비자의 세금 정산을 돕는 터보택스(TurboTax)가 있다. 여기에 최근 신제품으로 복잡한 과정을 지원하는 AI 기반 금융 도우미 인튜이트 어시스트(Intuit Assist)를 출시했다.

유일한 단점은 높은 성장으로 인해 금리인상에 취약하다는 점인데, 이는 시간이 지나면 해결되지 않을까 싶다. 그리고 국내에도 많은 과장광고(세금환급을 도와준다, 얼마를 환급받았다 등)에 대한 국가의 규제 정책 정도이다.

049 엑셀 에너지 *Xcel Energy Inc.*

배당 개요

심볼	XEL	배당 성향	53.96%	배당 주기	분기
연간 배당금	$2.08	연배당수익률	3.51%	연속배당인상	20년
동종업계 배당수익률	3.75%	최근 배당지급일	24.01.20	Avg Price Recovery	9.6일

기업 개요

미네소타주 미니애폴리스에 본사를 둔 미국 유틸리티 지주회사로 1909년에 설립되었다. 2019년에 콜로라도, 텍사스, 뉴멕시코에서 370만 명 이상의 고객에게 전기를, 210만 명 이상의 고객에게 천연가스 서비스를 제공하고 있다. 네 개의 자회사를 통해 전기를 생성, 구매, 전송, 판매한다. 2018년 12월, 엑셀 에너지는 2050년까지 100% 깨끗한 무탄소 전기를 공급하고, 2035년까지 탄소를 2005년 수준에서 80% 줄인다고 발표하기도 했다. 이러한 목표를 설정한 것은 엑셀 에너지가 미국 최초였다.

배당 예상치

회계연도 Fiscal Period Ending	예상 배당금 Consensus Rate	예상 연배당수익률 Consensus Yield	낮은 전망치 Low	높은 전망치 High
2023년 12월	$2.08	3.43%	$2.06	$2.09
2024년 12월	$2.20	3.64%	$2.18	$2.23
2025년 12월	$2.34	3.87%	$2.31	$2.38

배당 안정성 B+ | **배당 성장성** C+ | **배당 수익률** D | **배당 지속성** A-

엑셀 에너지는 미국의 주요 전기 및 천연가스 회사로 서부 및 중서부 8개 주에서 사업을 운영하고 있고, 370만 명의 전기 고객과 210만 명의 천연가스 고객에게 서비스를 제공하는 유틸리티 기업이다. 유틸리티 기업의 특성은 한국전력과 같다고 앞서 말했었다. 엑셀 에너지 역시 경기가 좋아도 나빠도 크게 영향이 없는 기업이다. 이런 기업들의 특징인 안정적인 매출과 배당 친화적인 특성을 기억하자.

[1월] 4주차

050 달러 제너럴(DG)

051 프로그레시브(PGR)

052 로퍼 테크놀로지스(ROP)

053 시스코 시스템스(CSCO)

054 제너럴 일렉트릭(GE)

055 넷앱(NTAP)

056 애질런트 테크놀로지스(A)

057 휴매나(HUM)

058 다나허 코퍼레이션(DHR)

050 달러 제너럴 Dollar General Corporation

배당 개요

심볼	DG	배당 성향	28.61%	배당 주기	분기
연간 배당금	$2.36	연배당수익률	1.66%	연속배당인상	1년
동종업계 배당수익률	1.89%	최근 배당지급일	24.01.23	Avg Price Recovery	2.0일

기업 개요

테네시주 구들레츠빌에 본사를 둔 미국의 할인 소매업 체인이다. 2022년 4월 11일 기준 북미에서 1만 8,216개의 매장을 운영하고 있다. 1939년 'J.L. Turner&Son'이라는 가족기업으로 시작되었으며, 1955년에 지금의 이름으로 바뀌었고, 1968년에 뉴욕 증권거래소에 상장되었다. 2020년 포춘지 500대 기업에서 112위에 올랐다. 2019년 기준 매출이 약 270억 달러에 달하며 미국 시골 지역에서 가장 수익성이 높은 기업 중 하나로 성장했다.

배당 예상치

회계연도 Fiscal Period Ending	예상 배당금 Consensus Rate	예상 연배당수익률 Consensus Yield	낮은 전망치 Low	높은 전망치 High
2024년 1월	$2.35	1.94%	$2.29	$2.36
2025년 1월	$2.46	2.03%	$2.36	$2.60
2026년 1월	$2.56	2.11%	$2.36	$2.73

배당 안정성 A | **배당 성장성** D | **배당 수익률** D+ | **배당 지속성** C+

장우석의 말말말

달러 제너럴은 동네 할인매장 같은 느낌의 미국 리테일러다. 어디를 가나 있고, 그만큼 친숙하다. 그런데 2023년 최악의 종목 순위에 오르내리고 있다. 크게 네 가지 이유에서다.

첫 번째, 식료품 판매 비중이 50%가 넘는 월마트에 고객을 빼앗기고 있다. 두 번째, 미국은 최근 고물가에 의한 소비 부진을 겪고 있다. 세 번째, 이는 모든 리테일러의 공통 문제이기도 한데, 절도 혹은 약탈 사건이 너무 심하다. 연간 손실 추정액만 130조 원에 달한다. 네 번째, 마감할인에 집중했던 전략이 무너졌다. 마감 직전 기가 막힌 할인제품이 있어도 처음부터 소비자가 안 가면 팔리지 않는다는 논리다. 월마트의 승리는 아무리 물가가 높아도 식료품은 팔린다의 논리고, 고기를 사러 간 김에 다른 물건도 산다는 것에 집중했다. 향후에 어떤 대안이 나올지 궁금해서 필자도 매일 모니터링을 하는 종목이다.

051 프로그레시브 *The Progressive Corp*

배당 개요

심볼	PGR	배당 성향	28.70%	배당 주기	분기
연간 배당금	$3.00	연배당수익률	1.58%	연속배당인상	0년
동종업계 배당수익률	3.18%	최근 배당지급일	24.01.26	Avg Price Recovery	0.2일

기업 개요

미국에서 3번째로 큰 보험회사이자 1위 상업 자동차 보험회사이다. 이 회사는 1937년 잭 그린(Jack Green)과 조셉 루이스(Joseph M. Lewis)가 공동 설립했으며 본사는 오하이오주 메이필드 빌리지에 있다. 이 회사는 승용차, 오토바이, RV, 트레일러, 보트, PWC 및 상업용 차량을 위한 보험과 주택, 생명, 애완동물 등을 위한 보험을 제공한다. 2021년 포춘지 선정 500대 미국 기업 순위에서 74위에 올랐다.

배당 예상치

회계연도 Fiscal Period Ending	예상 배당금 Consensus Rate	예상 연배당수익률 Consensus Yield	낮은 전망치 Low	높은 전망치 High
2023년 12월	$1.35	0.85%	$1.30	$1.40
2024년 12월	$2.71	1.72%	$1.40	$3.90
2025년 12월	$2.90	1.84%	$1.52	$4.20

배당 안정성 A- | **배당 성장성** C+ | **배당 수익률** D- | **배당 지속성** C

프로그레시브는 보험 상품의 가격을 책정하기 위해 '텔레매틱스'라고 알려진 운전자 데이터를 사용하는 얼리 어답터였는데, 텔레매틱스 데이터에는 주행속도, 급제동 또는 급가속, 주행거리가 포함되어 보험사의 보험료 책정에 도움을 주었다. 이런 시스템을 이미 2010년부터 확대해서 사용한 회사가 바로 프로그레시브다.

052 로퍼 테크놀로지스 Roper Technologies, Inc.

배당 개요

심볼	ROP	배당 성향	15.26%	배당 주기	분기
연간 배당금	$3.00	연배당수익률	0.55%	연속배당인상	0년
동종업계 배당수익률	-	최근 배당지급일	24.01.23	Avg Price Recovery	0.0일

기업 개요

이전의 사명은 로퍼 인더스트리(Roper Industries, Inc.)로 글로벌 틈새 시장을 위한 엔지니어링 제품을 생산하며 소프트웨어, 엔지니어링 제품 및 솔루션을 설계 및 개발한다. 본사는 플로리다주 사라소타에 있으며, 100개 이상의 국가에서 활동한다. 2004년에 Russell1000지수에 합류했으며 2017년 기준 연간 12억 3,000만 달러 이상의 수익을 올리고 있다.

배당 예상치

회계연도 Fiscal Period Ending	예상 배당금 Consensus Rate	예상 연배당수익률 Consensus Yield	낮은 전망치 Low	높은 전망치 High
2023년 12월	$2.71	0.52%	$2.54	$2.86
2024년 12월	$2.91	0.55%	$2.46	$3.34
2025년 12월	$3.19	0.61%	$2.45	$4.11

배당 안정성 A+ | **배당 성장성** A+ | **배당 수익률** D- | **배당 지속성** A+

다음은 최근 미국 신문의 헤드라인이다. "운송 정보 제공업체 DAT Freight & Analytics는 화물기사의 고충이 담긴 설문을 조사해서 발표했다.", "넵튠(Neptune) 수량계를 통해 공공 시설에서 고객의 물 사용량을 원격으로 모니터링하고 데이터를 수집한다."

이 기사의 주인공이 바로 로퍼 테크놀로지다. 최초의 로퍼는 제조사였지만 현재는 소비자 애플리케이션을 지원하는 소프트웨어 제작 및 엔지니어링 기업으로 전환됐다. 많은 애플리케이션과 네트워크 소프트웨어를 다양한 산업 전반에 보유 중인데, 쉽게 이해하려면 앞서 설명한 모토로라 솔루션즈를 보면 된다. 지금은 보안업체로 승승장구하고 있는 모토로라처럼 로퍼도 과거 제조업에서 얻은 경험을 소프트웨어 사업으로의 전환에 활용했고 매우 성공했다. 사람과 달리 기업은 확실히 변해야 산다. 그리고 생각해 보자. 제조업과 제조업을 도와주는 소프트웨어 사업 중 무엇이 더 나아보이는지 말이다.

053 시스코 시스템스 *Cisco Systems, Inc.*

배당 개요

심볼	CSCO	배당 성향	41.97%	배당 주기	분기
연간 배당금	$1.60	연배당수익률	3.31%	연속배당인상	13년
동종업계 배당수익률	1.37%	최근 배당지급일	24.01.24	Avg Price Recovery	2.2일

기업 개요

사물인터넷(IoT), 도메인 보안, 화상회의, 에너지 관리와 같은 기술을 전문으로 하고, 웹엑스(Webex), 오픈운(OpenDNS), 자버(Jabber), 듀오 시큐리티(Duo Security), 재스퍼(Jasper) 등의 제품이 있다. 포춘지 선정 100대 기업 중 74위로 세계 최대 디지털 통신기업 중 하나다. 1990년에 처음 근거리 통신망(LAN)을 공개되었을 때만 해도 시스코의 시가총액은 2억 2,400만 달러였으나, 2000년 닷컴버블이 끝날 무렵 5,000억 달러로 증가했다. 2021년 12월 기준 시스코의 시가총액은 약 2,670억 달러다.

배당 예상치

회계연도 Fiscal Period Ending	예상 배당금 Consensus Rate	예상 연배당수익률 Consensus Yield	낮은 전망치 Low	높은 전망치 High
2024년 7월	$1.58	3.32%	$1.56	$1.65
2025년 7월	$1.63	3.42%	$1.56	$1.80
2026년 7월	$1.71	3.58%	$1.63	$1.95

배당 안정성 B- | **배당 성장성** A | **배당 수익률** A- | **배당 지속성** B+

인터넷이 퍼지던 초창기에 시스코의 네트워크 장비를 안 쓴 사람이 있을까 싶다. 그런데 시대가 변하면서 인터넷이 일상화 되었고 시스코도 쇄락했다. 그래서 사이버 보안, 줌 같은 온라인 가상회의 등 다양한 신규 사업을 선보였지만 결과는 그럭저럭이었다. 그 와중에 AI 붐이 일면서 생성 AI 훈련에 사용되는 수천 개의 Nvidia GPU를 하나로 묶는 데 도움이 되는 AI 네트워킹을 목표로 시스코는 새로운 맞춤형 칩 디자인을 공개했다. 성공 가능성이 있냐 없냐를 떠나서 새로운 먹거리를 찾아왔던 시스코는 그동안의 업력을 바탕으로 단번에 AI 관련주로 급부상했다. 잘될 것 같냐고요? 뭐 한 일년만 지켜보시죠.

054 제너럴 일렉트릭 General Electric Company

배당 개요

심볼	GE	배당 성향	5.36%	배당 주기	분기
연간 배당금	$0.32	연배당수익률	0.22%	연속배당인상	0년
동종업계 배당수익률	2.36%	최근 배당지급일	24.01.25	Avg Price Recovery	3.1일

기업 개요

1892년에 설립된 미국의 다국적 대기업으로 의료, 항공, 전력, 재생에너지, 디지털 산업, 3D 프린팅, 벤처캐피털 금융 등 분야를 운영했지만, 지금은 여러 분야를 매각한 상태다. 2022년 7월, GE는 분할 예정인 GE 에어로스페이스(GE Aerospace), GE 헬스케어(GE HealthCare), GE 베노바(GE Vernova) 브랜드를 공개했고 이 기업들은 각각 항공우주, 의료, 에너지(재생 가능 에너지, 전력, 디지털)에 중점을 둘 것이다. GE 헬스케어의 분사는 2023년 1월 4일에 완료되었으며, GE는 19.9%의 지분을 보유한다. 2024년에는 에너지 분야인 GE 베노바가 분사될 예정이며, GE는 이후 GE 에어로스페이스로 이름을 바꾸고 항공 중심 회사로 탈바꿈할 예정이다.

배당 예상치

회계연도 Fiscal Period Ending	예상 배당금 Consensus Rate	예상 연배당수익률 Consensus Yield	낮은 전망치 Low	높은 전망치 High
2023년 12월	$0.33	0.28%	$0.32	$0.40
2024년 12월	$0.33	0.28%	$0.32	$0.40
2025년 12월	$0.34	0.28%	$0.32	$0.40

배당 안정성 - | **배당 성장성** - | **배당 수익률** F | **배당 지속성** -

GE는 과거의 영광에서 고전을 면치 못하며 2017년부터 2021년까지 주가가 1/4 토막이 났다. 하지만 이후 배당을 삭감하고 헬스케어, 에너지, 항공우주 3개 부문으로 분할한다는 특단의 조치로 반등을 이어가고 있다. 결론적으로 GE는 'GE 에어로스페이스'라는 새로운 이름과 함께 항공 및 방위 산업으로 미래를 바라볼 전망이다. 분할 이후 주가도 반등을 꽤 했다. 그럼에도 불구하고 GE의 미래를 묻는 질문에 필자는 이렇게 답하고 싶다. 기업이 현재 분할되는 과정에 있으니, 시간이 필요해 보인다고 말이다. 하지만 성공적으로 변모하는지에 대한 평가는 중간중간 배당을 보면 알 수 있다. 삭감 전 2017년 배당금 $0.24는 현재 $0.32까지 회복했는데, 과거의 배당금까지 완벽하게 회복할지, 한다면 얼마나 빠르게 할지 같이 지켜보자.

055 넷앱 *NetApp, Inc.*

배당 개요

심볼	NTAP	배당 성향	28.59%	배당 주기	분기
연간 배당금	$2.00	연배당수익률	3.14%	연속배당인상	0년
동종업계 배당수익률	-	최근 배당지급일	24.01.24	Avg Price Recovery	2.4일

기업 개요

캘리포니아 산호세에 본사를 둔 미국의 하이브리드 클라우드 데이터 서비스 및 데이터 관리 회사이다. 2012년부터 2021년까지 포춘지 500대 기업에 선정되었다. 1992년에 설립되었고, 1995년 IPO가 이루어졌다. 이후 온라인과 오프라인에서 애플리케이션 및 데이터 관리를 위한 클라우드 데이터 서비스를 제공하고 있다.

배당 예상치

회계연도 Fiscal Period Ending	예상 배당금 Consensus Rate	예상 연배당수익률 Consensus Yield	낮은 전망치 Low	높은 전망치 High
2024년 4월	$2.01	2.59%	$2.00	$2.03
2025년 4월	$2.10	2.70%	$2.00	$2.20
2026년 4월	$2.24	2.89%	$2.04	$2.40

배당 안정성 A | **배당 성장성** A | **배당 수익률** B+ | **배당 지속성** C-

예전에는 하드에 저장된 정보를 몇 명하고만 공유했다. 하지만 지금처럼 재택근무가 확대된 상태에서는 회사 전직원 간의 데이터 공유 혹은 하드에 저장된 데이터는 손실 우려가 커 클라우드로 이동하는 추세다. 넷앱은 그것을 도와주는 회사다. 여기에 데이터 관리 및 분석까지 해준다. 더 쉽게 말하면 독자 분들의 PC 속 데이터를 마이크로소프트의 원드라이브(Onedrive)로 전송하는 과정 즉, 데이터 미그레이션(Data migration)이 넷앱의 기술력이자 주요 매출 동력이다. 넷앱에게 팬데믹은 절호의 찬스였고, 재택근무로 호황을 누렸다. 더 많은 기업들이 방대한 정보를 클라우드로 이전했고, 또 클라우드의 보안도 원했다. 그러나 지금은 팬데믹이 끝났고 각 기업들도 어려운 환경에 있다. 물론 회사는 자신들의 큰 자산이 정보와 데이터 관리에 소홀하지 않겠지만 약간의 매출 둔화가 넷앱에 있을 거라고 볼 수 있겠다.

056 애질런트 테크놀로지스 *Agilent Technologies, Inc.*

배당 개요

심볼	A	배당 성향	15.60%	배당 주기	분기
연간 배당금	$0.94	연배당수익률	0.70%	연속배당인상	1년
동종업계 배당수익률	1.58%	최근 배당지급일	24.01.24	Avg Price Recovery	2.7일

기업 개요

생명과학, 진단, 응용화학 시장에 응용 중심 솔루션을 제공하는 회사로 캘리포니아주 산타클라라에 본사가 있다. 1999년 휴렛 팩커드(Hewlett-Packard)에서 분사하여 설립되었다. 당시 애질런트의 분사는 21억 달러를 모금한 역사적인 IPO라는 기록을 세우기도 했다.

배당 예상치

회계연도 Fiscal Period Ending	예상 배당금 Consensus Rate	예상 연배당수익률 Consensus Yield	낮은 전망치 Low	높은 전망치 High
2023년 10월	$0.90	0.79%	$0.89	$0.91
2024년 10월	$0.96	0.85%	$0.96	$0.96
2025년 10월	$1.00	0.89%	$0.90	$1.09

배당 안정성 A- | **배당 성장성** A- | **배당 수익률** D+ | **배당 지속성** C+

에질런트는 임상 실험실 장비 제조업체로 코로나19 때 한참 잘나갔다. 새로운 백신개발에 대한 수요가 컸기 때문인데, 자체 실험실과 장비를 갖춘 기업들이 얼마나 있겠는가? 그러다가 팬데믹이 끝났고, 여기에 중국 매출이 부진한 상태까지 찾아왔다. 중국의 비중이 높은 기업이기에 최근 매출에 대한 우려가 커지고 있다. 중국 우려만 아니면 충분히 성장성이 있는 기업이지만, 중국의 문제는 해결되는 데 시간이 더 걸릴 것으로 보인다.

057 휴매나 *Humana, Inc.*

배당 개요

심볼	HUM	배당 성향	14.23%	배당 주기	분기
연간 배당금	$3.54	연배당수익률	0.96%	연속배당인상	7년
동종업계 배당수익률	1.58%	최근 배당지급일	24.01.26	Avg Price Recovery	0.5일

기업 개요

켄터키주 루이빌에 본사를 둔 미국 건강보험 회사이다. 2021년에 포춘지 500대 기업에서 41위를 차지했으며, 미국에서 3번째로 큰 건강보험 회사였다. 건강보험 회사인 애트나(Aetna)가 2015년 7월 소규모 경쟁사로 여겨지던 휴매나를 370억 달러에 인수하기로 합의했지만, 합병이 반 경쟁적일 것이라는 법원 판결이 나자 거래에서 손을 뗐다.

배당 예상치

회계연도 Fiscal Period Ending	예상 배당금 Consensus Rate	예상 연배당수익률 Consensus Yield	낮은 전망치 Low	높은 전망치 High
2023년 12월	$3.60	0.72%	$3.14	$4.33
2024년 12월	$3.86	0.78%	$3.35	$4.20
2025년 12월	$4.19	0.84%	$3.55	$4.47

배당 안정성 A+ | **배당 성장성** A- | **배당 수익률** C- | **배당 지속성** B-

우리나라는 미국과 다르게 국가에서 건강보험을 통제하고 관리한다. 미국은 연방정부와 주정부에 메디케어(65세 이상을 위한 의료보험제도, 메디케이드는 저소득층을 위한 의료보험제도)라는 공공보험의 형태가 있다. 또 기존 연방정부의 오리지널 메디케어(Original Medicare)와 민영보험사의 메디케어 어드밴티지(Medicare Advantage) 제도가 있는데, 장단점이 있다. 연방정부의 오리지널 메디케어는 어디서나 이용이 가능하지만 본인 부담금이 높고, 메디케어 어드밴티지는 특정 병원에서만 이용이 가능하고 본인 부담금이 낮다.

여기서 휴매나는 메디케어 어드밴티지에 속한다. 선택은 개인의 결정이다. 중요한 것은 대선이 다가오면 이런 헬스케어 혹은 건강보험사의 주가가 조정을 받는다는 것이다. 정치인들이 약가 인하, 보험료 인하로 표심을 얻기 위해 불확실한 정책을 펼칠 우려가 커지기 때문이다. 현재 미국의 메디케어 가입자는 약 6,500만 명, 메디케이드 가입자는 약 8,500만 명이니 표심을 잡기 위한 전략이 당연히 나오지 않겠나?

058 다나허 코퍼레이션 *Danaher Corporation*

배당 개요

심볼	DHR	배당 성향	11.08%	배당 주기	분기
연간 배당금	$0.96	연배당수익률	0.39%	연속배당인상	0년
동종업계 배당수익률	1.58%	최근 배당지급일	24.01.26	Avg Price Recovery	3.2일

기업 개요

워싱턴DC에 본사가 있으며, 전문적인 의료제품, 산업제품, 상업제품 및 서비스를 설계, 제조, 판매한다. 회사의 세 가지 플랫폼은 생명과학, 진단, 환경과 응용 솔루션으로 2021년 포춘지 500에서 130위에 오르기도 했다. 1969년에 설립되었으며, 1984년서 지금의 사명으로 이름을 변경했다.

배당 예상치

회계연도 Fiscal Period Ending	예상 배당금 Consensus Rate	예상 연배당수익률 Consensus Yield	낮은 전망치 Low	높은 전망치 High
2023년 12월	$1.06	0.51%	$0.79	$1.26
2024년 12월	$1.14	0.55%	$0.80	$1.44
2025년 12월	$1.18	0.57%	$0.95	$1.36

배당 안정성 - | **배당 성장성** - | **배당 수익률** D | **배당 지속성** -

다나허는 DNA와 RNA를 포함한 생명의 기본 구성 요소를 연구하기 위한 생명 과학 부문, 질병을 진단하고 치료 결정을 내리는 데 사용되는 임상기기, 시약, 소모품, 소프트웨어 및 서비스를 제공하는 진단 부문, 중요한 자원을 보호하고 전 세계 식량과 물 공급을 안전하게 유지하는 데 도움이 되는 제품과 서비스를 제공하는 환경 및 응용 솔루션 부문의 세 부문으로 나뉜다. 다나허에 대한 필자의 말이 필요가 없는 이유는 2023년 10월 2일자로 환경 및 응용 솔루션 부문의 'Veralto Corporation'이 분사해서 상장했기 때문이다. 심볼은 VLTO이다. 분사가 되면 기업에 대해 재평가가 있기 때문에 언급을 자제하는 것이 보통이다. 참고로 다나허 주식 3주마다 'Veralto Corporation' 주식을 1주를 받을 수 있다. 솔직히' Veralto Corporation'은 필자가 봐도 약간 부실하기 때문에 새로운 다나허는 좋아지지 않을까 싶다.

분사 결정 전까지, 다나허는 세 가지 부문의 사업 중 어느 하나 똑 부러지는 게 없었다. 물론 코로나19 때 진단 부문의 급성장으로 덕을 봤지만 지금은 재도약을 못하고 있다. 이제 분사해서 몸집을 가볍게 했으니 상당히 기대가 된다.

[1월] 5주차 ~ [2월] 1주차

059 보스턴 프로퍼티스(BXP)

060 미드아메리카 아파트 커뮤니티(MAA)

061 JP 모건 체이스(JPM)

062 스트라이커 코퍼레이션(SYK)

063 짐머 바이오메트(ZBH)

064 CVS 헬스(CVS)

065 제너럴 밀스(GIS)

066 프리포트 맥모란(FCX)

067 버라이즌 커뮤니케이션스(VZ)

068 브리스톨 마이어스 스큅(BMY)

069 AT&T(T)

070 다든 레스토랑(DRI)

071 뱅크 오브 뉴욕 멜론(BK)

059 보스턴 프로퍼티스 Boston Properties, Inc.

배당 개요

심볼	BXP	배당 성향	217.78%	배당 주기	분기
연간 배당금	$3.92	연배당수익률	5.94%	연속배당인상	0년
동종업계 배당수익률	4.46%	최근 배당지급일	24.01.30	Avg Price Recovery	1.9일

기업 개요

보스턴, 로스앤젤레스, 뉴욕, 샌프란시스코, 워싱턴DC 등 5개 시장에 집중되어 있는 미국 최대 규모의 상장 개발사이자 A급 사무용 부동산 소유주이다. 부동산 투자 신탁(REITs)으로 구성된 부동산 회사로 주로 A급 사무실 공간의 다양한 포트폴리오를 개발, 관리, 운영, 인수, 소유하고 있다. 건설·재개발 중인 6개 부동산을 포함하여 총 5,120만 평방피트의 196개 상업용 부동산을 보유하고 있다.

배당 예상치

회계연도 Fiscal Period Ending	예상 배당금 Consensus Rate	예상 연배당수익률 Consensus Yield	낮은 전망치 Low	높은 전망치 High
2023년 12월	$3.94	7.16%	$3.84	$4.26
2024년 12월	$3.93	7.14%	$3.68	$4.17
2025년 12월	$4.00	7.26%	$3.78	$4.38

배당 안정성 C- | **배당 성장성** C- | **배당 수익률** B+ | **배당 지속성** B

보스턴 프라퍼티스는 뉴욕부터 로스앤젤레스까지 미국 전역의 최고급 사무실 공간에 투자하는 리츠로 이 회사는 현재 총 5,410만 평방 피트의 사무실 공간을 갖추고 약 200개의 상업용 부동산을 소유하고 있다. 코로나19로 원격근무가 생활화되고, 고금리로 경기가 어려운 점을 생각하면 과연 이 기업의 주가가 좋아질까? 아마도 공실이 많아질 것이고, 그 공실에 대한 부담은 모두 보스턴 프라퍼티스가 떠안을 것이다. 그러니 당장 새로운 전략이 나오기 전까지는 쉽지 않은 투자종목으로 분류해 놓자.

060 미드아메리카 아파트 커뮤니티 *Mid-America Apartment Communities, Inc.*

배당 개요

심볼	MAA	배당 성향	131.45%	배당 주기	분기
연간 배당금	$5.88	연배당수익률	4.64%	연속배당인상	14년
동종업계 배당수익률	4.46%	최근 배당지급일	24.01.31	Avg Price Recovery	5.8일

기업 개요

1977년에 설립되었으며, 미국 남동부와 남서부의 아파트에 투자하는 부동산 투자 신탁이다. 2020년 12월 기준 10만 490개의 아파트 유닛을 포함하는 300개의 아파트 커뮤니티를 소유하고 있다. 미국에서 가장 큰 아파트 소유주이자 미국에서 7번째로 큰 아파트 자산 관리사이다.

배당 예상치

회계연도 Fiscal Period Ending	예상 배당금 Consensus Rate	예상 연배당수익률 Consensus Yield	낮은 전망치 Low	높은 전망치 High
2023년 12월	$5.63	4.63%	$5.60	$5.71
2024년 12월	$5.78	4.76%	$5.44	$6.09
2025년 12월	$6.06	4.99%	$5.72	$6.29

배당 안정성 A- | **배당 성장성** B+ | **배당 수익률** C | **배당 지속성** A+

미드아메리카 아파트 커뮤니티는 앞서 설명한 아발론 베이와 흡사한 아파트 리츠기업이다. 앞서 설명했지만 리츠기업은 높은 부채 비중으로 실제 영향이 있든 없든 금리인상 기조에 취약하고, 그래서 아발론 베이처럼 억울하다. 실제 아파트 주거용 리츠는 사업이 잘되기 때문이다. 결국은 투자심리의 회복인데, 금리인상 기조가 꺾이는 것이 중요해 보인다.

061 JP 모건 체이스 *JPMorgan Chase & Co.*

배당 개요

심볼	JPM	배당 성향	26.07%	배당 주기	분기
연간 배당금	$4.20	연배당수익률	2.34%	연속배당인상	1년
동종업계 배당수익률	3.18%	최근 배당지급일	24.01.31	Avg Price Recovery	3.1일

기업 개요

뉴욕에 본사를 둔 미국 최대 은행이자 시가총액 기준 세계최대 은행이고, 미국의 'Big 4' 은행 중 가장 큰 은행이다. 1799년 설립된 체이스 맨해탄 컴퍼니(Chase Manhattan Company)와 1871년 설립된 JP 모건(JP Morgan & Co.)이 2000년에 합병하여 설립되었다. 수익 기준으로 세계 최대의 투자은행으로, 매출 기준 포춘지 선정 500대 기업 중 24위를 차지했다.

배당 예상치

회계연도 Fiscal Period Ending	예상 배당금 Consensus Rate	예상 연배당수익률 Consensus Yield	낮은 전망치 Low	높은 전망치 High
2023년 12월	$4.10	2.68%	$4.10	$4.10
2024년 12월	$4.36	2.85%	$4.30	$4.60
2025년 12월	$4.62	3.02%	$4.40	$5.00

배당 안정성 A+ | **배당 성장성** C+ | **배당 수익률** C- | **배당 지속성** B-

JP모건은 미국에서 가장 큰 은행으로 꽤 안정적이고 좋은 종목이다. 실리콘밸리 은행의 파산 전까지는 그랬다. 물론 그러한 은행 문제의 가장 큰 수혜자(모든 예금이 큰 은행으로 집중) 역시 JP모건이지만 금리인상이 마무리되고 은행 문제가 해소되는 2024년 이후부터 눈여겨보자. 어찌됐든 소비자 및 기업의 신용 운영, 대출의 안정적인 운영은 시간이 걸릴 것으로 본다. 아마도 실적의 감소는 올해까지만 반영되고 점차 나아지지 않을까 싶다.

062 스트라이커 코퍼레이션 *Stryker Corp*

배당 개요

심볼	SYK	배당 성향	24.07%	배당 주기	분기
연간 배당금	$3.20	연배당수익률	0.92%	연속배당인상	31년
동종업계 배당수익률	1.58%	최근 배당지급일	24.01.31	Avg Price Recovery	2.0일

기업 개요

1941년에 설립되었고, 미시간주 칼라마주에 본사를 둔 미국의 다국적 의료기술 기업이다. 제품으로는 관절 대체 및 외상수술에 사용되는 임플란트, 수술 장비 및 수술 내비게이션 시스템, 내시경 및 통신 시스템, 환자 핸들링 및 응급의료 장비, 신경외과, 신경혈관 및 척추 장치 등 다양한 의료 전문 분야에 사용되는 기타 의료기기 등이 있다.

배당 예상치

회계연도 Fiscal Period Ending	예상 배당금 Consensus Rate	예상 연배당수익률 Consensus Yield	낮은 전망치 Low	높은 전망치 High
2023년 12월	$3.05	1.06%	$2.95	$3.17
2024년 12월	$3.33	1.16%	$3.16	$3.62
2025년 12월	$3.70	1.28%	$3.47	$4.08

배당 안정성 A | **배당 성장성** A- | **배당 수익률** D+ | **배당 지속성** A

스트라이커는 의료 장비, 기기, 소모품 및 이식형 장치를 설계, 제조 및 판매하는 회사로 최근 마코(MAKO)라는 인공관절 수술 로봇의 강력한 수요와 코로나19가 끝나고 수술 환자가 증가하는 환경 속에서 실적이 좋아지고 있다. 이런 상황이 반영되어 주가도 좋고, 배당도 31년째 인상하고 있다.

063 짐머 바이오메트 *Zimmer Biomet Holdings, Inc.*

배당 개요

심볼	ZBH	배당 성향	11.03%	배당 주기	분기
연간 배당금	$0.96	연배당수익률	0.77%	연속배당인상	0년
동종업계 배당수익률	-	최근 배당지급일	24.01.31	Avg Price Recovery	2.5일

기업 개요

인디애나주 바르샤바에 본사가 있고, 1927년 알루미늄 부목을 생산하기 위해 설립된 의료기기 회사다. 2001년 'Bristol-Myers Squibb'에서 분리되어 'ZMH'라는 심볼로 뉴욕 증권거래소에 상장되었다. 2011년 엑스트라오르토(ExtraOrtho, Inc.)를 인수하고 2012년에는 신베시브 테크놀로지(Synvasive Technology, Inc.)를 인수했으며, 2015년에는 바이오메트(Biomet)을 인수하여 이후 티커를 'ZBH'로 변경했다. 무릎, 엉덩이, 어깨, 팔꿈치, 발 및 발목 인공관절과 치과보철물 등의 정형외과 제품을 설계, 개발, 제조, 판매하고 있다.

배당 예상치

회계연도 Fiscal Period Ending	예상 배당금 Consensus Rate	예상 연배당수익률 Consensus Yield	낮은 전망치 Low	높은 전망치 High
2023년 12월	$0.96	0.86%	$0.96	$0.96
2024년 12월	$0.97	0.87%	$0.96	$0.99
2025년 12월	$0.97	0.87%	$0.96	$0.98

배당 안정성 A- | **배당 성장성** C- | **배당 수익률** C- | **배당 지속성** C-

짐머 바이오메트는 유명한 근골격계 의료 회사로 각종 뼈, 임플란트 등 재건제품을 제조 판매한다. 특히 무릎 및 고관절 치료에 강하다.
여기서 독자 분들은 두 가지만 알면 된다. 첫 번째, 정형외과 산업은 스트라이커(Stryker), 메드트로닉(Medtronic) 등과 같은 업체들과 경쟁이 매우 치열하다. 두 번째, 최근 체중감량 약의 흥행으로 수면 무호흡증 장치를 만드는 기업의 우려(살이 빠지면 수면 무호흡증 장치가 필요 없다고 한다)가 커지고 있는데, 바로 짐머 바이오메트가 그렇다.

064 CVS 헬스 *CVS Health Corporation*

배당 개요

심볼	CVS	배당 성향	28.76%	배당 주기	분기
연간 배당금	$2.66	연배당수익률	3.49%	연속배당인상	2년
동종업계 배당수익률	1.58%	최근 배당지급일	24.02.01	Avg Price Recovery	11.4일

기업 개요

미국의 대표적인 소매 약국 체인인 'CVS Pharmacy'를 소유한 미국 의료회사로 약국 베너핏 매니저인 CVS 케어마크(CVS Caremark), 건강보험 업체인 애트나(Aetna) 등의 브랜드를 보유하고 있다. 1963년에 설립되었으며 본사는 로드아일랜드주 운소켓에 있다.

배당 예상치

회계연도 Fiscal Period Ending	예상 배당금 Consensus Rate	예상 연배당수익률 Consensus Yield	낮은 전망치 Low	높은 전망치 High
2023년 12월	$2.42	3.52%	$2.41	$2.44
2024년 12월	$2.43	3.53%	$2.00	$2.66
2025년 12월	$2.65	3.85%	$2.26	$2.92

배당 안정성 B- | **배당 성장성** B- | **배당 수익률** A | **배당 지속성** B+

미국은 우리나라와 달리 의료보험제도가 공공 부문보다 민간 부문이 강하다. 따라서 치료에 필요한 약제와 치료, 그리고 건강보험까지 모두 책임지는 기업이 돈을 벌기 쉬운데, 그 기업이 바로 CVS 헬스다. 투자자들에게는 약국 체인점으로 익숙한 기업이다.

065 제너럴 밀스 General Mills, Inc.

배당 개요

심볼	GIS	배당 성향	47.72%	배당 주기	분기
연간 배당금	$2.36	연배당수익률	3.59%	연속배당인상	2년
동종업계 배당수익률	1.89%	최근 배당지급일	24.02.01	Avg Price Recovery	10.0일

기업 개요

소매점에서 판매되는 브랜드 가공식품의 제조업체이다. 현재 골드 메달(Gold Medal) 밀가루, 애니의 홈그로운(Annie's Homegrown), 라라바(Lara bar), 캐스캐디언 팜(Cascadian Farm), 베티 크로커(Betty Crocker), 요플레(Yoplait), 내츄럴 밸리(Nature Valley), 토티노스(Totino's), 필스버리(Pillsbury), 올드 엘 패소(Old El Paso), 하겐다즈(Hagen-Dazs) 등 잘 알려진 북미 브랜드와 치리오스(Cheerios), 첵스(Chex), 럭키참(Lucky Charms), 트릭스(Trix), 코코아 퍼프스(Cocoa Puffs), 카운트 초큘라(Count Chocula) 등의 시리얼을 판매하고 있다.

배당 예상치

회계연도 Fiscal Period Ending	예상 배당금 Consensus Rate	예상 연배당수익률 Consensus Yield	낮은 전망치 Low	높은 전망치 High
2023년 5월	$2.36	3.64%	$2.35	$2.37
2024년 5월	$2.45	3.79%	$2.34	$2.52
2025년 5월	$2.56	3.96%	$2.34	$2.67

배당 안정성 A- | **배당 성장성** B | **배당 수익률** B | **배당 지속성** A-

우리나라에는 하겐다즈 아이스크림 브랜드로 잘 알려진 가공 식품업체이다. 시리얼이나 요플레 제품도 유명하다. 크게 성장성이 있는 기업은 아니나 불황에 강하다. 유일한 문제는 인플레이션인데, 아무래도 소비가 부진해지기 때문이다. 다만 두 가지만 기억하자. 이러한 소비재 기업들은 가격을 인상해도 무방하다고 알려져 있지만, 고물가가 지속되면 한두 번도 아니고 계속 가격을 올릴 수 없으니 이마저도 의미가 없다. 이런 소비재 기업들의 특징 중 하나가 배당에 대한 매력인데, 물가가 올라가면 금리(만약 금리가 배당금보다 높으면 낭패)도 뛰어오르니 매력도가 떨어질 수 있다.

066 프리포트 맥모란 *Freeport-McMoRan, Inc.*

배당 개요

심볼	FCX	배당 성향	28.59%	배당 주기	분기
연간 배당금	$0.60	연배당수익률	1.57%	연속배당인상	0년
동종업계 배당수익률	2.82%	최근 배당지급일	24.02.01	Avg Price Recovery	8.0일

기업 개요

애리조나주 피닉스에 본사를 둔 미국 광산회사이다. 세계 최대의 몰리브덴 생산업체이자 구리 생산업체이며 세계 최대의 금광인 인도네시아 파푸아의 그라스베르크(Grasberg) 광산을 운영하고 있다.

배당 예상치

회계연도 Fiscal Period Ending	예상 배당금 Consensus Rate	예상 연배당수익률 Consensus Yield	낮은 전망치 Low	높은 전망치 High
2023년 12월	$0.59	1.65%	$0.53	$0.60
2024년 12월	$0.57	1.58%	$0.47	$0.64
2025년 12월	$0.61	1.70%	$0.60	$0.68

배당 안정성 B+ | **배당 성장성** C+ | **배당 수익률** D | **배당 지속성** F

프리포트 맥모란과 같은 구리광산 업체는 글로벌 경기호전과 맞물려 있고, 달러 강세와도 맞물려 있다. 구리가 많이 쓰이려면 경기가 좋아서 여러 가지 공사나 제품에 쓰여야 하는데, 최근 중국처럼 그 반대의 상황이면 매출이 올라가지 않는다. 그리고 대부분의 상품 가격은 기준통화가 달러인데, 달러가 강해지면 매출이 올라가지 않는다. 예를 들어 구리를 1달러어치 산다고 가정했을 때 10년 전에는 1000원에 지불 가능했다면 지금은 1400원이 필요하다. 이럴 경우 추가된 400원만큼 구리 구매가 줄 것이다. 모든 원자재 기업들의 특징이니 꼭 투자에 참고하길 바란다.

067 버라이즌 커뮤니케이션스 Verizon Communications Inc.

배당 개요

심볼	VZ	배당 성향	56.55%	배당 주기	분기
연간 배당금	$2.66	연배당수익률	6.57%	연속배당인상	19년
동종업계 배당수익률	2.62%	최근 배당지급일	24.02.01	Avg Price Recovery	13.9일

기업 개요

미국의 다국적 통신기업이자 다우존스 산업평균지수의 구성 요소이다. 1984년 벨 시스템(Bell System)이 RBOC(Regional Bell Operating Company)인 7개 회사로 분할되면서 이후 벨 애틀랜틱(Bell Atlantic)으로 설립되었다. 벨 애틀랜틱은 이후 베리타스(Veritas)와 호라이즌(Horizon)의 합성어인 버라이즌(Verizon)으로 사명을 변경했다. 2015년 버라이즌은 AOL을, 2017년에는 야후(Yahoo! Inc.)를 인수하며 콘텐츠 소유권을 확장했다. 버라이즌의 모바일 네트워크는 2020년 4분기 기준 1억 2,090만 명의 가입자를 보유한 미국 최대의 무선 통신사이다.

배당 예상치

회계연도 Fiscal Period Ending	예상 배당금 Consensus Rate	예상 연배당수익률 Consensus Yield	낮은 전망치 Low	높은 전망치 High
2023년 12월	$2.63	7.26%	$2.58	$2.64
2024년 12월	$2.68	7.40%	$2.59	$2.76
2025년 12월	$2.73	7.53%	$2.60	$2.84

배당 안정성 C+ | **배당 성장성** B- | **배당 수익률** A- | **배당 지속성** A

통신사는 버라이즌이나 AT&T나 모두 같은 상황이다. 신규 가입자는 점점 줄고 경쟁은 치열하기만 하다. 그래서 성장하지 못하는 대신 배당을 많이 준다. 버라이즌의 경우 부채가 높은데, 원화 기준 약 200조 원 규모다. 그런데 금리가 높아지니 이자도 급증했고, 배당 매력마저 감소하는 추세다. 이후의 주가는 여러분의 상상에 맡기겠다.

068 브리스톨 마이어스 스큅 Bristol-Myers Squibb Company

배당 개요

심볼	BMY	배당 성향	33.65%	배당 주기	분기
연간 배당금	$2.40	연배당수익률	4.81%	연속배당인상	15년
동종업계 배당수익률	1.58%	최근 배당지급일	24.02.01	Avg Price Recovery	9.5일

기업 개요

뉴욕에 본사를 둔 세계 최대 제약회사 중 하나이며 포춘지 500대 기업에 주기적으로 이름을 올리고 있다. 2021년 총 매출은 464억 달러에 달한다. 암, HIV/AIDS, 심혈관 질환, 당뇨병, 간염, 류마티스 관절염, 정신장애 등 여러 분야의 처방 약품 및 생물학적 제제를 제조한다.

배당 예상치

회계연도 Fiscal Period Ending	예상 배당금 Consensus Rate	예상 연배당수익률 Consensus Yield	낮은 전망치 Low	높은 전망치 High
2023년 12월	$2.29	4.51%	$2.25	$2.41
2024년 12월	$2.40	4.72%	$2.25	$2.53
2025년 12월	$2.51	4.93%	$2.25	$2.65

배당 안정성 B | **배당 성장성** B+ | **배당 수익률** A+ | **배당 지속성** A

거대 헬스케어 기업인 브리스톨 마이어스 스큅은 연배당수익률이 4.55%로 S&P500 평균 연배당수익률 1.6%의 3배에 달한다. 제약주는 상당히 방어적인 업종으로 장기 배당투자자에게 딱 맞는 종목이다. 다만 현재 매출의 절반을 차지하는 레날리도마이드(Lenalidomide, 면역력을 강화하는 항암 효과의 약), 아픽사반(Apixaban, 혈전 치료 및 뇌졸중 예방 약)의 경쟁 심화로 매출 감소가 지속된다는 것은 주의해야 할 사항이다. 약 이름이 매우 생소하지만 기업을 대표하는 약을 미리 아는 것은 투자에 도움이 된다.

069 AT&T *AT&T Inc.*

배당 개요

심볼	T	배당 성향	48.16%	배당 주기	분기
연간 배당금	$1.11	연배당수익률	6.56%	연속배당인상	0년
동종업계 배당수익률	2.62%	최근 배당지급일	24.02.01	Avg Price Recovery	11.6일

기업 개요

텍사스에 본사를 둔 미국의 다국적 통신 지주회사이다. 매출 기준으로 세계 최대의 통신회사이자 미국 3위의 이동전화 서비스 제공자이다. 2022년 기준 매출 1,688억 달러로 포춘지 500의 13위에 올랐다. AT&T는 20세기에 미국 전화 서비스를 독점했다. 1878년 세인트루이스에서 설립된 'American District Telegraph Company'에서 시작되었으며, 1885년에 전화기의 발명가 알렉산더 그레이엄 벨이 설립한 'Bell Telephone Company'와 합병하여 설립되었다.

배당 예상치

회계연도 Fiscal Period Ending	예상 배당금 Consensus Rate	예상 연배당수익률 Consensus Yield	낮은 전망치 Low	높은 전망치 High
2023년 12월	$1.11	6.99%	$1.11	$1.13
2024년 12월	$1.12	7.04%	$1.11	$1.16
2025년 12월	$1.13	7.09%	$1.11	$1.20

배당 안정성 C | **배당 성장성** C | **배당 수익률** A | **배당 지속성** C+

앞서 버라이즌을 소개할 때 언급한대로 통신사는 버라이즌이나 AT&T나 모두 같은 상황이다. 신규 가입자는 점점 줄고, 경쟁은 점점 치열하다. 그래서 AT&T 역시 성장하지 못하는 대신 배당을 많이 주는 편이다. AT&T는 부채가 높은데, 원화 기준 약 150조 원 규모다. 물론 버라이즌도 200조 원의 부채가 있었다. 그런데 금리가 높아지니 이자가 급증했고, 배당 매력마저 감소했다. 그나마 희망적인 부분은 미디어 및 엔터테인먼트 산업으로 확장하려는 시도가 실패한 후 자사의 핵심 산업인 통신 서비스로 복귀하려는 노력이다.

070 다든 레스토랑 Darden Restaurants, Inc.

배당 개요

심볼	DRI	배당 성향	48.38%	배당 주기	분기
연간 배당금	$5.24	연배당수익률	3.17%	연속배당인상	3년
동종업계 배당수익률	1.89%	최근 배당지급일	24.02.01	Avg Price Recovery	7.0일

기업 개요

미국의 멀티브랜드 레스토랑 운영회사로 2022년 1월 기준 고급 레스토랑 체인인 에디 비스(Eddie V's), 더 캐피털 그릴(The Capital Grille)과 캐주얼 다이닝 레스토랑 체인인 올리브 가든 이탈리안 레스토랑(Olive Garden Italian Restaurant), 롱혼 스테이크하우스(LongHorn Steakhouse), 바하마 브리즈(Bahama Breeze), 시즌스 52(Seasons 52), 야드 하우스(Yard House), 체다스 스크래치 키친(Cheddar's Scratch Kitchen)을 소유하고 있다. 1,800개 이상의 레스토랑 매장과 17만 5,000명 이상의 직원을 보유하고 있는 세계 최대의 레스토랑 회사이다.

배당 예상치

회계연도 Fiscal Period Ending	예상 배당금 Consensus Rate	예상 연배당수익률 Consensus Yield	낮은 전망치 Low	높은 전망치 High
2023년 5월	$5.29	3.39%	$5.24	$5.43
2024년 5월	$5.79	3.72%	$5.52	$6.28
2025년 5월	$6.52	4.19%	$6.29	$7.32

배당 안정성 C- | **배당 성장성** B+ | **배당 수익률** C+ | **배당 지속성** D

다든 레스토랑은 올리브 가든, 롱혼 스테이크하우스 등 고급 레스토랑을 보유하고 있는 체인이다. 고급 레스토랑의 트래픽은 2019년 수준과 비교했을 때 2023년 3분기 동안 두 배 이상 증가했는데, 이렇게 고물가 시기에도 성장하는 이유가 무엇일까? 필자가 보기에 '가치와 경험'이라는 개념이 점점 커지기 때문인 것 같다. 어려운 시기에 나타나는 소비자 행동 측면은 자세히 탐구해야 할 주제이니 같이 고민해 보자.

071 뱅크 오브 뉴욕 멜론 *The Bank of New York Mellon Corporation*

배당 개요

심볼	BK	배당 성향	29.12%	배당 주기	분기
연간 배당금	$1.68	연배당수익률	3.06%	연속배당인상	13년
동종업계 배당수익률	3.18%	최근 배당지급일	24.02.02	Avg Price Recovery	1.8일

기업 개요

2007년 'Bank of New York'과 'Mellon Financial Corporation'의 합병으로 설립되었다. 세계 최대의 관리은행 및 증권서비스 회사로 2조 4,000억 달러의 자산을 관리하고 있으며 2021년 2분기 기준 보관 중인 자산은 46.7조달러다. 미국 건국의 아버지 알렉산더 해밀턴(Alexander Hamilton)과 애런 버(Aaron Burr)가 1784년 설립한 미국에서 가장 오래된 은행이며, 전 세계에서도 그러하다.

배당 예상치

회계연도 Fiscal Period Ending	예상 배당금 Consensus Rate	예상 연배당수익률 Consensus Yield	낮은 전망치 Low	높은 전망치 High
2023년 12월	$1.58	3.35%	$1.58	$1.58
2024년 12월	$1.74	3.69%	$1.68	$1.80
2025년 12월	$1.88	3.99%	$1.5772	$2.04

배당 안정성 A- | **배당 성장성** C | **배당 수익률** C+ | **배당 지속성** A-

뱅크 오브 뉴욕 멜론은 1784년부터 사업을 시작한 금융서비스 회사로 은행, 자산관리, 수탁 등 다양한 금융 업무를 하고 있다. 한마디로 아주 좋은 기업이다. 하지만 2023년 8월 무디스가 많은 지역 은행들의 신용등급을 강등하던 때, 강등 검토 은행으로 지정된 바 있다. 은행 부문이 문제였는데, 비보험 예금이 92%로 비중이 아주 높은 편이다. 비보험은 보장되지 않은 은행의 예금인데, 미국은 최대 25만 달러까지 보장해 준다.

물론 은행이 안 좋아서 사람들이 예금을 뺄 수도 있지만 아직까지는 그런 모습이 보이지 않는다. 지겹도록 반복하는 이야기지만 실리콘밸리 은행의 파산 후유증이 아직 있으니 은행주는 장기적인 안목으로 지켜보는 자세가 필요하다.

[2월] 2주차

072 PNC 파이낸셜 *The PNC Financial Services Group, Inc.*

배당 개요

심볼	PNC	배당 성향	43.82%	배당 주기	분기
연간 배당금	$6.20	연배당수익률	4.23%	연속배당인상	13년
동종업계 배당수익률	3.18%	최근 배당지급일	24.02.05	Avg Price Recovery	4.9일

기업 개요

펜실베이니아주 피츠버그에 본사를 둔 은행 지주회사이자 금융서비스 회사이다. 자회사인 PNC 뱅크(PNC Bank)는 자산 기준으로 미국 최대 은행 목록에 있으며 지점, 예금, ATM 수 기준으로도 가장 큰 은행이다. 자산 관리, 부동산 계획, 대출과 같은 금융서비스를 제공하고 있으며 중소기업청 최대 대출기관 중 하나이자 주요 신용카드 발급기관이다. PNC라는 이름은 1983년에 합병된 두 전신 회사인 'Pittsburgh National Corporation'과 'Provident National Corporation'의 이니셜에서 파생되었다.

배당 예상치

회계연도 Fiscal Period Ending	예상 배당금 Consensus Rate	예상 연배당수익률 Consensus Yield	낮은 전망치 Low	높은 전망치 High
2023년 12월	$6.31	3.84%	$6.00	$6.90
2024년 12월	$6.65	4.05%	$6.00	$7.75
2025년 12월	$6.95	4.23%	$6.95	$6.95

배당 안정성 A | **배당 성장성** C | **배당 수익률** B- | **배당 지속성** A

PNC 파이낸셜은 남동부와 같이 빠르게 성장하는 지역에서 계속 시장 점유율을 넓히고 있는데, 경제가 안정되면 PNC는 강력한 수익 성장세를 회복할 수 있을 것으로 보인다. 물론 2023년 8월 무디스의 지역은행 무더기 신용등급 강등 때, 강등 검토 은행으로 선정되기도 했으나 아직은 괜찮은 지역은행에 해당된다. 여러 차례 언급한대로 실리콘밸리 은행의 파산 이후 은행주의 완전한 회복에는 시간이 더 걸릴 것으로 보인다.

073 로우스 컴퍼니스 Lowe's Companies Inc.

배당 개요

심볼	LOW	배당 성향	31.54%	배당 주기	분기
연간 배당금	$4.40	연배당수익률	1.95%	연속배당인상	52년
동종업계 배당수익률	1.89%	최근 배당지급일	24.02.07	Avg Price Recovery	5.2일

기업 개요

미국의 주택개조 전문용품 소매업체로 집 인테리어와 건축, 원자재 등 가정집의 용품, 제품들을 판매한다. 노스캐롤라이나 무어스빌에 본사를 두고 있으며, 미국과 캐나다에서 약 2,000여개의 주택개조 용품 체인점을 가지고 있다. 미국 2위의 하드웨어 체인이며 1위는 홈디포이고, 3위는 메너즈(Menards)이다.

배당 예상치

회계연도 Fiscal Period Ending	예상 배당금 Consensus Rate	예상 연배당수익률 Consensus Yield	낮은 전망치 Low	높은 전망치 High
2023년 1월	$4.35	2.14%	$4.28	$4.57
2024년 1월	$4.70	2.31%	$4.40	$5.08
2025년 1월	$5.02	2.47%	$4.40	$5.69

배당 안정성 D+ | **배당 성장성** A+ | **배당 수익률** C- | **배당 지속성** A+

DIY(Do-It-Yourself)가 보편화된 미국에서 정말 미국스러운 기업이 바로 로우스이다. 미국의 집들은 기본적으로 몇십 년 혹은 100년이 넘은 집들이 많아서 수리가 잦은 편이다. 사람들은 못부터, 페인트, 잔디, 사다리 등을 구매하기 위해 주택개선 용품점을 자주 찾는데, 바로 그 소매점이 로우스다. 다시 말하지만 우리나라와 달리 미국에서는 집을 고치는 일이 거의 집주인의 몫이다. 이걸로 모든 설명이 끝난다.

074 뉴코 *Nucor Corporation*

배당 개요

심볼	NUE	배당 성향	15.83%	배당 주기	분기
연간 배당금	$2.16	연배당수익률	1.17%	연속배당인상	51년
동종업계 배당수익률	2.82%	최근 배당지급일	24.02.09	Avg Price Recovery	5.7일

기업 개요

노스캐롤라이나 샬롯에 본사를 둔 철강 및 관련 제품 생산업체이다. 미국 최대 철강 생산업체이자 최대 '미니밀' 철강업체(즉, 고철을 녹이기 위해 전기 아크로를 사용하고 철을 녹이기 위해 용광로를 사용함)이며 북미 최대 고철 재활용 업체이다. 2021년 기준 세계 15위의 철강 생산업체이기도 하다.

배당 예상치

회계연도 Fiscal Period Ending	예상 배당금 Consensus Rate	예상 연배당수익률 Consensus Yield	낮은 전망치 Low	높은 전망치 High
2023년 12월	$2.04	1.30%	$2.30	$2.04
2024년 12월	$2.05	1.31%	$2.04	$2.08
2025년 12월	$2.07	1.32%	$2.04	$2.12

배당 안정성 A+ | **배당 성장성** A+ | **배당 수익률** B- | **배당 지속성** A+

뉴코는 미국에서 실적이 가장 좋은 철강 생산업체로 혁신적인 기술과 시장 경쟁의 결과물인 아크 미니밀(Arc mini-mills)을 이용하여 용광로를 이용하던 기존의 통합 제철소보다 저렴하며 유연성이 뛰어나다. 더 쉽게 이야기하면 과거의 '용광로'는 석탄을 이용하고, 지금의 '전기로'는 전기를 이용한다는 차이가 있다. 전기로는 전기를 이용하기 때문에 오염 물질이 적다. 반면에 용광로는 이산화탄소를 생산하는 주역으로 전 세계 온실가스의 약 8%를 배출한다. ESG 관점에서 본다면 뉴코가 좋아 보일 것이다.

075 디어 앤 코 *Deere & Company*

배당 개요

심볼	DE	배당 성향	20.97%	배당 주기	분기
연간 배당금	$5.88	연배당수익률	1.65%	연속배당인상	3년
동종업계 배당수익률	2.36%	최근 배당지급일	24.02.08	Avg Price Recovery	5.3일

기업 개요

존 디어(John Deere)라는 이름으로도 알려져 있으며, 일리노이주 몰린에 본사가 있다. 농기계, 중장비, 임업기계, 잔디 관리장비 등을 제조하며, 금융 등 관련 서비스를 제공한다. 주로 트랙터, 콤바인, 파종기, 약제 살포장비, ATV, 목재 채벌장비 등을 존 디어라는 상표로 판매하고 있다. 2022년 포춘지 500대 기업에서 84위에 올랐다.

배당 예상치

회계연도 Fiscal Period Ending	예상 배당금 Consensus Rate	예상 연배당수익률 Consensus Yield	낮은 전망치 Low	높은 전망치 High
2023년 10월	$4.87	1.27%	$4.82	$4.95
2024년 10월	$5.20	1.35%	$4.80	$5.55
2025년 10월	$5.53	1.44%	$5.00	$6.06

배당 안정성 A | **배당 성장성** A | **배당 수익률** C- | **배당 지속성** A-

디어 앤 코는 미국의 대표적인 농기계 제조 및 판매업체다. 당연히 농산물 가격과 연관되어 있어 농산물 가격이 높아지면 매출이 증가하고 주가도 올라간다. 결론적으로 농민의 농작물 소득은 옥수수, 대두, 밀, 면화와 같은 주요 농작물의 가격 방향으로 움직이는 경향이 있는데, 최근까지는 글로벌 전쟁과 기후 변화로 농산물 가격이 아주 좋았다. 다만 반대로 농산물 가격이 하락하면 주가가 재미없을 수 있다.

076 아메리칸 익스프레스 American Express Co.

배당 개요

심볼	AXP	배당 성향	16.23%	배당 주기	분기
연간 배당금	$2.40	연배당수익률	1.13%	연속배당인상	2년
동종업계 배당수익률	3.18%	최근 배당지급일	24.02.09	Avg Price Recovery	2.6일

기업 개요

미국 다국적 금융서비스 기업으로, 1850년에 설립되었고, 본사는 뉴욕이다. 신용카드, 여행자수표 등 금융업의 대부분을 다루고, 〈트래블+레저(Travel+Leisure)〉, 〈푸드 앤 와인(Food&Wine)〉 등의 잡지 출판업도 하고 있다. 가맹점 수수료율이 높고, 별도의 비용을 내야 하기 때문에, 가맹점 수가 상대적으로 적다. 여행자수표를 독점 발행하는 금융회사이지만 신용카드 국제 결제망의 발달 등으로 여행자수표의 수요가 감소하자 일부 국가에서는 우리나라처럼 폐지되는 경우도 있다.

배당 예상치

회계연도 Fiscal Period Ending	예상 배당금 Consensus Rate	예상 연배당수익률 Consensus Yield	낮은 전망치 Low	높은 전망치 High
2023년 12월	$2.41	1.48%	$2.40	$2.55
2024년 12월	$2.51	1.54%	$1.88	$2.80
2024년 12월	$2.76	1.70%	$2.12	$3.50

배당 안정성 A+ | **배당 성장성** B- | **배당 수익률** D- | **배당 지속성** A-

아메리칸 익스프레스는 미국의 비자, 마스터 카드와 함께 3대 카드사 중 하나다. 한 번 깔아 놓은 전산망으로 통행료처럼 수수료를 버는 기업이고, 또 진입장벽이 높아서 아무나 사업을 시작할 수도 없다. 다만 한가지가 사업의 성패를 가르는데, 경제적 역풍과 그에 따른 지불 카드의 연체 및 채무 불이행이다. 한마디로 경제가 어려우면 카드만 긁고 결제는 안 하는 것인데, 지금처럼 고금리 상황이 지속되면 그런 일이 생길 수 있다.

077 크로락스 The Clorox Company

배당 개요

심볼	CLX	배당 성향	74.09%	배당 주기	분기
연간 배당금	$4.80	연배당수익률	3.15%	연속배당인상	46년
동종업계 배당수익률	1.89%	최근 배당지급일	24.02.09	Avg Price Recovery	3.8일

기업 개요

미국의 생활용품·식품 제조업체이다. 1913년에 설립되었고, 본사는 캘리포니아주 오클랜드에 있다. 가장 유명한 제품은 회사명과 같은 이름의 살균표백제인 크로락스이다. Ayudin, Clorinda, Poett, Pine-Sol, Glad, Brita, RenewLife, Ever Clean, Burt's Bees 브랜드 등의 홈케어 제품, 정수 시스템, 소화건강 제품, 그릴 제품, 애완동물 제품, 식료품, 가방 및 랩, 천연 퍼스널케어 제품 등을 생산한다. 2020년 포춘지 500대 기업에서 474위로 선정되었다.

배당 예상치

회계연도 Fiscal Period Ending	예상 배당금 Consensus Rate	예상 연배당수익률 Consensus Yield	낮은 전망치 Low	높은 전망치 High
2023년 6월	$4.82	3.47%	$4.67	$5.05
2024년 6월	$5.03	3.62%	$4.72	$5.40
2025년 6월	$5.17	3.72%	$4.72	$5.36

배당 안정성 B- | **배당 성장성** B- | **배당 수익률** C+ | **배당 지속성** A+

크로락스는 살균제, 표백제 및 기타 청소 제품의 제조업체이다. 딱 들으면 한국의 유한락스가 생각난다. 코로나19 시기가 이 기업의 전성기였다. 다만 소비재 기업이라 성장을 더 하기 어렵고, 경쟁사도 많다. 이 기업에서 믿을 건 배당밖에 없는 것 같다.

078 마스터 카드 *Mastercard Incorporated*

배당 개요

심볼	MA	배당 성향	15.73%	배당 주기	분기
연간 배당금	$2.64	연배당수익률	0.58%	연속배당인상	2년
동종업계 배당수익률	3.18%	최근 배당지급일	24.02.09	Avg Price Recovery	4.1일

기업 개요

세계 2위의 지불처리 회사로 1966년에 설립되었다. 본사는 뉴욕에 있으며, 2006년에 기업공개를 했다. 뱅크 오브 아메리카(Bank of America)에서 1958년에 발행한 뱅크아메리카드(BankAmericard)에 대응하기 위해 여러 은행협회가 연합해 만들었다. 뱅크아메리카는 나중에 경쟁자인 비자(Visa)가 되었다. 2021년 5월 기준 시가총액 3,671억 달러로 뉴욕증권거래소에서 거래되고 있다.

배당 예상치

회계연도 Fiscal Period Ending	예상 배당금 Consensus Rate	예상연배당 수익률 Consensus Yield	낮은 전망치 Low	높은 전망치 High
2023년 12월	$2.29	0.57%	$2.25	$2.36
2024년 12월	$2.50	0.63%	$2.28	$2.70
2025년 12월	$2.76	2.69%	$2.28	$3.25

배당 안정성 A+ | **배당 성장성** A+ | **배당 수익률** F | **배당 지속성** B+

카드사는 대부분 같은 설명일 수밖에 없다. 이미 많은 사람들이 현금 대신 카드를 쓰고 있고, 이러한 수수료를 마치 통행료처럼 가져가면서 돈을 버는 기업이라고 말이다. 기존 카드사의 전산망을 따라할 수 없기에 신생기업에게 진입장벽이 높은 특성이 있다. 매출 순으로 보면 아메리칸 익스프레스, 비자, 마스터 카드 순이고, 순이익률로 보면 비자, 마스터 카드가 40~50%로 선두에 있다.

100원을 벌면 40~50원을 남기는 사업이라는 말인데, 새삼 대단하지 않은가? 여기에 마스터 카드는 얄밉게도(?) 카드론같이 리스크 있는 사업은 하지 않는다.

[2월] 3주차

079 애플(AAPL)

080 에어 프로덕츠(APD)

081 애브비(ABBV)

082 프록터 앤 갬블(PG)

083 애벗 래버러토리스(ABT)

084 콜게이트 팜올리브(CL)

085 킨더 모건(KMI)

086 원오크(OKE)

087 호멜 푸드(HRL)

088 AES(AES)

089 해즈브로(HAS)

090 브라운 앤 브라운(BRO)

079 애플 *Apple Inc.*

배당 개요

심볼	AAPL	배당 성향	13.45%	배당 주기	분기
연간 배당금	$0.96	연배당수익률	0.53%	연속배당인상	12년
동종업계 배당수익률	1.37%	최근 배당지급일	24.02.15	Avg Price Recovery	1.1일

기업 개요

아이폰, 아이패드, 애플 워치, 에어팟, 아이맥, 맥북, 맥스튜디오, 맥프로, 홈팟 등의 하드웨어와 iOS, iPadOS, macOS 등의 소프트웨어를 설계, 디자인하는 기업이다. 2011년부터 팀 쿡(Tim Cook)이 CEO를 맡고 있다. 애플은 1976년 스티브 워즈니악(Steve Wozniak), 스티브 잡스(Steve Jobs), 로널드 웨인(Ronald Wayne)이 'Apple I'이라는 개인용 컴퓨터를 개발 및 판매하기 위해 설립되었다. 2015년 2월 11일, 애플은 세계 최초로 시가총액이 7,000억 달러를 넘은 기업이 되었다. 애플의 시가총액은 2018년 1조 달러를 넘었고, 2022년에는 2.7조 달러가 되었다.

배당 예상치

회계연도 Fiscal Period Ending	예상 배당금 Consensus Rate	예상 연배당수익률 Consensus Yield	낮은 전망치 Low	높은 전망치 High
2023년 9월	$0.95	0.50%	$0.26	$1.02
2024년 9월	$1.01	0.53%	$0.26	$1.20
2025년 9월	$1.12	0.59%	$1.00	$1.30

배당 안정성 A- | **배당 성장성** A+ | **배당 수익률** D | **배당 지속성** B

시가총액 1위 자격이 충분한 기업으로 실적, 배당 및 자사주매입, 미래 먹거리 등 나무랄 데가 없는 기업이다. 워런 버핏의 버크셔 해서웨이가 가장 많이 보유한 종목이 왜 애플인지 이유를 알 것 같다. 저의 오랜 파트너가 한 명언이 있다. "재벌 걱정, 연예인 걱정 그리고 애플 걱정은 하지도 말아라."

080 에어 프로덕츠 *Air Products and Chemicals, Inc.*

배당 개요

심볼	APD	배당 성향	52.80%	배당 주기	분기
연간 배당금	$7.08	연배당수익률	3.10%	연속배당인상	49년
동종업계 배당수익률	2.82%	최근 배당지급일	24.02.12	Avg Price Recovery	8.5일

기업 개요

산업용 가스 및 화학물질 판매를 주요 사업으로 하며, 본사는 펜실베이니아주 앨런타운에 있다. 에어 프로덕츠는 정제수소, 액화천연가스(LNG) 기술 및 장비, 에폭시 첨가제, 가스 캐비넷, 고급 코팅 및 접착제를 생산한다. 우주 왕복선 외부 탱크에 액체수소와 액체산소 연료를 공급했고, 50년 동안 나사(NASA)와 협력관계를 유지하고 있다. 'Dow Jones Sustainability North America Index'에 2008/2011년 최고의 지속 가능한 기업 중 하나로 선정되었다.

배당 예상치

회계연도 Fiscal Period Ending	예상 배당금 Consensus Rate	예상 연배당수익률 Consensus Yield	낮은 전망치 Low	높은 전망치 High
2023년 9월	$7.39	2.74%	$7.00	$7.70
2024년 9월	$7.90	2.92%	$7.22	$8.47
2025년 9월	$8.44	3.13%	$7.77	$9.32

배당 안정성 A+ | **배당 성장성** A- | **배당 수익률** C | **배당 지속성** A+

수소 관련 기업의 주식은 폭발적인 미래를 가질 수 있다. 그 이유는 첫째, HSBC의 애널리스트에 따르면 "향후 3년(2024~26년) 동안 미국 수소 산업을 지원하기 위해 80억 달러의 연방 부양책이 마련될 것으로 예상된다"라고 한다. 둘째, 리서치 앤 마켓에 따르면 글로벌 수소시장 규모는 2023년 2,427억 달러에서 2030년에는 4,106억 달러에 달할 것으로 예상된다. 셋째, 골드만삭스는 2050년까지 수소시장의 가치가 1조 달러에 달할 것으로 보고 있다. 넷째, 미국 에너지부는 청정 수소 기술을 발전시키기 위해 4,800만 달러를 투입했다.

더 쉽게 말하면 전 세계가 공해가 적은 다른 에너지원을 찾고 있는데, 그게 바로 수소가 될 수 있고 에어 프러덕츠가 바로 여기에 해당되는 기업이라는 것이다.

081 애브비 *Abbvie Inc.*

배당 개요

심볼	ABBV	배당 성향	50.79%	배당 주기	분기
연간 배당금	$6.20	연배당수익률	3.53%	연속배당인상	52년
동종업계 배당수익률	1.58%	최근 배당지급일	24.02.15	Avg Price Recovery	11.8일

기업 개요

2013년에 설립된 미국의 상장 바이오 제약회사로 애벗 래버러토리스(Abbott Laboratories)에서 분할된 회사이다. 일리노이주 노스 시카고에 본사가 있다.

배당 예상치

회계연도 Fiscal Period Ending	예상 배당금 Consensus Rate	예상 연배당수익률 Consensus Yield	낮은 전망치 Low	높은 전망치 High
2023년 12월	$5.97	4.32%	$5.91	$6.08
2024년 12월	$6.22	4.49%	$5.92	$6.45
2025년 12월	$6.43	4.65%	$5.92	$6.94

배당 안정성 B | **배당 성장성** A | **배당 수익률** A | **배당 지속성** B

애브비는 한때 의료기기 대기업인 애벗 래버러토리스의 한 사업부였다. 두 회사는 2013년에 공식적으로 분리됐는데 그러면서 애브비가 시장에서 배당왕의 지위를 얻었다. 애브비의 가장 큰 흥행 제품은 관절염 치료제인 휴미라(Humira)로 무려 10년간 기업의 성장 동력이었다. 휴미라는 업계 역사상 가장 많이 팔린 의약품이다. 휴미라의 특허 만료로 인한 복제약과 그로 인한 매출 감소가 지금 가장 우려할 만한 요소이다.

082 프록터 앤 갬블 The Procter & Gamble Co.

배당 개요

심볼	PG	배당 성향	53.98%	배당 주기	분기
연간 배당금	$3.76	연배당수익률	2.37%	연속배당인상	68년
동종업계 배당수익률	1.89%	최근 배당지급일	24.02.15	Avg Price Recovery	6.3일

기업 개요

오하이오주 신시내티에 본사를 둔 미국의 다국적 소비재 기업으로, 1837년 윌리엄 프록터와 제임스 갬블이 설립했다. 다양한 개인 건강, 케어, 위생 제품을 전문으로 하며 여기에는 미용, 보건의료, 패브릭, 홈케어, 베이비, 페미닌&패밀리 케어 등의 분야가 포함된다. 프링글스가 켈로그에 매각되기 전에는 식품, 스낵, 음료도 포함되어 있었다. 2014년 8월 P&G는 회사 수익의 95%를 차지하는 65개 브랜드에 집중하기 위해 제품 구성에서 100여개 브랜드를 매각하기로 했다. P&G는 2018년 포춘지 500대 기업 중 42위를 차지했다.

배당 예상치

회계연도 Fiscal Period Ending	예상 배당금 Consensus Rate	예상 연배당수익률 Consensus Yield	낮은 전망치 Low	높은 전망치 High
2023년 6월	$3.80	2.52%	$3.68	$4.02
2024년 6월	$3.98	2.63%	$3.76	$4.18
2025년 6월	$4.16	2.76%	$3.83	$4.39

배당 안정성 B+ | **배당 성장성** A+ | **배당 수익률** C | **배당 지속성** A+

P&G는 시장에서 가장 잘 알려진 주식으로 다우존스 산업평균지수 편입 종목이며 100년 넘게 배당금을 지급해 왔고 68년간 배당을 인상했다. 매일 전 세계 수백만 명의 사람들이 사용하는 수십 개의 인기 브랜드를 판매하고 있으며 헤드앤숄더, 올드 스파이스, 질레트, 다우니, 팸퍼스, 아이보리, 오랄B 등의 브랜드가 포함되어 있다. 현재 독자분들의 집에도 이 기업의 제품이 여럿 있을 가능성이 높다. 기복이 없고, 꾸준한 배당을 원하면 P&G에 주목하라. 참고로 필자는 P&G를 'Procter&Gamble'의 약자가 아니라 'Perfect and Great'의 약자로 부른다.

083 애벗 래버러토리스 *Abbott Laboratories*

배당 개요

심볼	ABT	배당 성향	42.74%	배당 주기	분기
연간 배당금	$2.20	연배당수익률	1.89%	연속배당인상	52년
동종업계 배당수익률	1.58%	최근 배당지급일	24.02.15	Avg Price Recovery	1.5일

기업 개요

미국의 다국적 의료기기 및 건강관리 회사이다. 1888년 설립되었고, 현재는 페디아라이트(Pedialyte), 씨밀락(Similac), 비낙스나우(BinaxNOW), 인슈어(Ensure), 글루세나(Glucerna), 프리스타일 리브레(FreeStyle Libre), i-STAT 및 미트라클립(MitraClip) 등과 같은 의료기기, 진단, 일반 의약품 및 영양 제품을 판매하고 있다. 2013년에 연구 관련 제약사업을 애비브(AbbVie)로 분리했다. 또한 자회사 애벗 인디아(Abbott India Limited)를 통해 100년 이상 인도에서 활동하고 있다.

배당 예상치

회계연도 Fiscal Period Ending	예상 배당금 Consensus Rate	예상 연배당수익률 Consensus Yield	낮은 전망치 Low	높은 전망치 High
2023년 12월	$2.04	2.05%	$1.98	$2.11
2024년 12월	$2.15	2.16%	$2.04	$2.32
2025년 12월	$2.31	2.32%	$2.06	$2.55

배당 안정성 B | **배당 성장성** B | **배당 수익률** B- | **배당 지속성** A

선도적인 의료기기 회사인 이 기업은 오랜 시간동안 의료 분야의 대기업으로 성장했다. 연속 혈당 모니터링(CGM) 시스템인 프리스타일 리브레(FreeStyle Libre)를 포함한 네 가지 제품에 대해 혁신상을 수상하기도 했다. 다만 최근 성장이 둔화된 것처럼 보이는 부분이 있는데, 이는 코로나19 시기에 3년간 진단 테스트를 팔아 돈을 벌었었기 때문이다. 그렇다. 팬데믹이 끝나는 바람에 그 매출이 빠진 것뿐이다. 오해 마시라고 조언을 드리는 것이다. 혹시 독자 분은 어릴 때 브루펜 시럽을 먹어본 적이 있는가? 브루펜이 삼일제약에서 만들었다고 생각하는 분들이 많을 텐데, 삼일제약은 미국 애벗과 독점 기술제휴를 맺어 국내에서 유일하게 오리지널 이부프로펜 제제인 브루펜을 생산하고 있다.

084 콜게이트 팜올리브 *Colgate-Palmolive Company*

배당 개요

심볼	CL	배당 성향	50.45%	배당 주기	분기
연간 배당금	$1.92	연배당수익률	2.27%	연속배당인상	61년
동종업계 배당수익률	1.89%	최근 배당지급일	24.02.15	Avg Price Recovery	0.7일

기업 개요

뉴욕 맨해튼 미드타운에 본사를 둔 미국의 다국적 소비재 기업이다. 가정용, 건강관리, 수의학 제품 등을 생산, 유통, 판매한다. 콜게이트 치약을 생산하던 콜케이트 컴퍼니(Colgate Company), 팜유와 올리브유로 만든 비누인 팜올리브(Palmolive)로 유명했던 BJ 존슨 컴퍼니(BJ Johnson Company), 비누 제조업체였던 피트 브라더스(Peet Brothers)가 합병하여 1953년에 설립되었다. 2018년 포춘지 선정 500대 기업 중 매출 순위로 184위에 올랐고, 2021년 모닝컨설트가 선정한 가장 신뢰받는 브랜드 15위를 기록했다.

배당 예상치

회계연도 Fiscal Period Ending	예상 배당금 Consensus Rate	예상 연배당수익률 Consensus Yield	낮은 전망치 Low	높은 전망치 High
2023년 12월	$1.96	2.60%	$1.90	$2.10
2024년 12월	$2.04	2.69%	$1.96	$2.17
2025년 12월	$2.12	2.80%	$2.01	$2.25

배당 안정성 B- | **배당 성장성** A+ | **배당 수익률** C- | **배당 지속성** A+

콜게이트 팜올리브는 글로벌 치약 부문 1위 업체다. 필수소비재 기업으로 성장성은 떨어지나 배당을 꾸준하게 한다. 한마디로 경기침체나 불황에 강하다. 경기가 안 좋다고 양치질을 안 하거나 하루에 한 번만 하는 사람은 별로 없을 것이기 때문이다.

085 킨더 모건 Kinder Morgan, Inc.

배당 개요

심볼	KMI	배당 성향	89.55%	배당 주기	분기
연간 배당금	$1.13	연배당수익률	6.62%	연속배당인상	6년
동종업계 배당수익률	4.24%	최근 배당지급일	24.02.15	Avg Price Recovery	16.7일

기업 개요

북미 최대 에너지 인프라 회사 중 하나이며, 석유 및 가스 파이프라인과 터미널을 소유, 관리한다. 이 회사의 파이프라인은 천연가스, 액화천연가스, 에탄올, 바이오디젤, 수소, 정제된 석유제품, 원유, 이산화탄소 등을 운송한다. 또한 휘발유, 제트 연료, 에탄올, 석탄, 석유 코크스, 강철 등 다양한 제품과 자재를 그들의 터미널에 저장하거나 처리한다. 이 회사는 미국 최대의 천연가스 파이프라인 운영업체로 미국에서 소비되는 천연가스의 약 40%를 이동시킨다.

배당 예상치

회계연도 Fiscal Period Ending	예상 배당금 Consensus Rate	예상 연배당수익률 Consensus Yield	낮은 전망치 Low	높은 전망치 High
2023년 12월	$1.13	6.66%	$1.13	$1.13
2024년 12월	$1.16	6.83%	$1.13	$1.18
2025년 12월	$1.20	7.05%	$1.15	$1.24

배당 안정성 B- | **배당 성장성** C+ | **배당 수익률** B- | **배당 지속성** B-

2015년에 킨더 모건은 최악의 시기를 보냈다. 당시 유가가 100달러에서 순식간에 40달러대까지 급락하면서 이익이 급감했고, 배당도 삭감했다. 하지만 이후 천연가스 파이프라인 거대 기업으로 성장하며 지속가능성을 보장하기 위해 열심히 노력해 왔고, 2016년 이후 순 부채를 19%까지 줄였다.

많은 분들이 ESG 관점에서 이런 기업을 기피하는 경향이 있는데, 킨더 모건의 매출 대부분은 천연가스(매출의 62%)에서 나오는 반면, 나머지는 정제 제품(15%), 터미널 운영(15%) 등에서 나온다. 청정 연소인 천연가스에 중점을 두는 것이 장점인데, 저탄소 연료는 전력 시스템에서 더러운 석탄을 대체하고 있다. 과거는 잊고 지금의 킨더 모건 자체에 집중하자. S&P500지수 내에서 연배당수익률이 7%에 가까운 기업은 몇 개 되지 않는다.

086 원오크 *Oneok, Inc.*

배당 개요

심볼	OKE	배당 성향	73.18%	배당 주기	분기
연간 배당금	$3.96	연배당수익률	5.52%	연속배당인상	2년
동종업계 배당수익률	4.24%	최근 배당지급일	24.02.14	Avg Price Recovery	9.1일

기업 개요

천연가스 산업 중심의 미국 기업으로 오클라호마 털사에 본사가 있다. 1906년 오클라호마 내추럴 가스 컴퍼니(Oklahoma Natural Gas Company)로 설립되었고, 1980년 회사 이름을 원오크(Oneok)로 변경했다. 2005년 코흐 인더스트리(Koch Industries)를 인수하며 주요 NGL(천연가스액체) 시스템을 소유하게 되었다.

배당 예상치

회계연도 Fiscal Period Ending	예상 배당금 Consensus Rate	예상 연배당수익률 Consensus Yield	낮은 전망치 Low	높은 전망치 High
2023년 12월	$3.83	5.75%	$3.82	$3.87
2024년 12월	$3.93	5.89%	$3.82	$4.07
2025년 12월	$4.04	6.07%	$3.82	$4.27

배당 안정성 B | **배당 성장성** A- | **배당 수익률** B- | **배당 지속성** B

원오크는 천연가스 파이프라인 거대 기업으로 배당 안정성과 성장을 이어왔다. 이런 파이프라인 기업들의 특징은 더 높은 성장을 위해 막대한 M&A를 한다는 것인데, 최근 몇 년 동안 배당 성장을 방해하는 주요 요인이 바로 그것이었다. 같은 파이프라인으로는 더 많이 배송하지 못하기 때문이다. 최근에도 석유와 정유제품에 집중하고 있는 마젤란 미드스트림 파트너(Magellan Midstream Partners, MMP)와의 합병에 성공했는데 이로써 미국 최대의 석유 및 천연가스 파이프라인 회사 중 하나가 탄생했다. 필자가 전망하기에 합병의 시너지가 충분하리라 보여진다.

087 호멜 푸드 *Hormel Foods Corporation*

배당 개요

심볼	HRL	배당 성향	68.66%	배당 주기	분기
연간 배당금	$1.13	연배당수익률	3.84%	연속배당인상	58년
동종업계 배당수익률	1.89%	최근 배당지급일	24.02.15	Avg Price Recovery	8.8일

기업 개요

1891년 미네소타주 오스틴에 설립된 식품가공 회사이다. 원래 햄, 소시지와 같은 돼지고기, 닭고기, 쇠고기, 양고기 제품을 포장하고 판매하는 데 중점을 두었으며 1937년에 스팸을 추가하며 1980년대까지 다양한 포장 및 냉장식품을 제공했다. 호멜 외에 다른 브랜드로는 플랜터스(Planters), 콜롬버스 크래프트 미트(Columbus Craft Meats), 딘티 모어(Dinty Moore), 제니 오(Jennie-O), 스키피(Skippy) 등이 있다.

배당 예상치

회계연도 Fiscal Period Ending	예상 배당금 Consensus Rate	예상 연배당수익률 Consensus Yield	낮은 전망치 Low	높은 전망치 High
2023년 10월	$1.09	3.36%	$1.08	$1.10
2024년 10월	$1.14	3.50%	$1.10	$1.16
2025년 10월	$1.20	3.71%	$1.18	$1.22

배당 안정성 B+ | **배당 성장성** C+ | **배당 수익률** C+ | **배당 지속성** A+

우리나라에서는 스팸으로 잘 알려진 식품가공 회사 호멜 푸드는 최근 악재가 겹치면서 주가의 부진이 지속되고 있다. 제니 오 터키(Jennie-O Turkey) 사업장에서는 조류 독감으로 인해 제한된 칠면조 공급을 처리하고 있으며, 중국 경제는 코로나19 봉쇄 조치로부터 기대만큼 빨리 회복하지 못했다. 그리고 최근 플랜터스(Planters) 인수는 견과류 시장의 약세로 인해 기대만큼 원활하지 않았다. 배당왕 종목이 이 난관을 잘 헤쳐 나가는지 지켜보도록 하자.

AES The AES Corporation

배당 개요

심볼	AES	배당 성향	33.26%	배당 주기	분기
연간 배당금	$0.69	연배당수익률	4.20%	연속배당인상	11년
동종업계 배당수익률	3.75%	최근 배당지급일	24.02.15	Avg Price Recovery	1.6일

기업 개요

미국의 전기발전 회사로 발전소를 소유, 운영하며 전기를 생산하고 최종 사용자 및 전기산업 시설과 같은 중개자에게 판매한다. 1981년에 설립되었고, 버지니아주 알링턴에 본사가 있다. 15개 국에서 전력을 생산, 공급하는 세계 굴지의 전력회사 중 하나이며, 포춘지 선정 500대 글로벌 전력회사이다.

배당 예상치

회계연도 Fiscal Period Ending	예상 배당금 Consensus Rate	예상 연배당수익률 Consensus Yield	낮은 전망치 Low	높은 전망치 High
2023년 12월	$0.67	3.91%	$0.66	$0.67
2024년 12월	$0.70	4.12%	$0.70	$0.71
2025년 12월	$0.74	4.323%	$0.73	$0.76

배당 안정성 B | **배당 성장성** F | **배당 수익률** B | **배당 지속성** B

AES는 현재 발전 포트폴리오로 재생에너지(46%), 가스(32%), 석탄(20%), 석유(2%)를 포함하여 32기가와트 이상의 발전량으로 구성된 글로벌 전력회사이다. 사실 이미 여러 번 언급했지만 유틸리티 기업은 한국전력과 같아서 어찌 보면 불황이나 경기침체에 강한 배당주로 흔히 인식되고 있다. 반대로 경기가 활황이어도 성장을 하는 것은 아니다. 문제는 AES는 2023년에만 주가가 60%나 폭락했다는 것이다. 폭락의 이유는 높은 부채에 대한 우려였다. 이 기업의 부채는 248억 원으로 현재 시가총액 83억 달러의 약 3배가 된다. 그런데 금리는 계속 상승하고 이에 이자비용이 기하급수적으로 오르고 있기에 여기 저기서 매출 전망과 투자 의견에 부정적 견해를 내리고 있다. 이런 상황을 잘 기억하고 있자.

089 해즈브로 *Hasbro, Inc.*

배당 개요

심볼	HAS	배당 성향	71.79%	배당 주기	분기
연간 배당금	$2.80	연배당수익률	5.58%	연속배당인상	0년
동종업계 배당수익률	1.89%	최근 배당지급일	24.02.15	Avg Price Recovery	7.8일

기업 개요

미국의 다국적 장난감 제조기업이며, 로드아일랜드의 포투켓(Pawtucket)에 본사를 두고 있다. 제품 중에는 트랜스포머(Transformers), G.I. 조(G.I. Joe), 파워레인저(Power Rangers), 우주기사 롬(Rom the Space Knight), 마이크로너츠(Micronauts), 마스크(MASK), 모노폴리(Monopoly), 퍼비(Furby), 너프(Nerf), 트위스터(Twister), 마이 리틀 포니(My Little Pony) 등이 있으며, 2019년 엔터테인먼트 원(Entertainment One) 인수로 페파 피그(Peppa Pig) 및 PS 마스크(PJ Masks)와 같은 프랜차이즈를 보유하고 있다.

배당 예상치

회계연도 Fiscal Period Ending	예상 배당금 Consensus Rate	예상 연배당수익률 Consensus Yield	낮은 전망치 Low	높은 전망치 High
2023년 12월	$2.80	6.20%	$2.79	$2.80
2024년 12월	$2.84	6.29%	$2.80	$2.95
2025년 12월	$2.40	5.31%	$0.00	$3.15

배당 안정성 D- | **배당 성장성** C- | **배당 수익률** B+ | **배당 지속성** A+

해즈브로는 디즈니와의 협력을 통해 스타워즈 장난감과 게임을 제작하면서 소위 키덜트(kid+adult)를 위한 장난감 회사로 유명해졌다. 하지만 과연 장난감 산업이 계속 성장이 가능한 사업일까? 이에 대한 답은 바로 주가인데, 주가가 4~5년째 하향곡선을 그리고 있다. 그래서 해즈브로는 지난 몇 년 동안 미디어와 게임에 초점을 맞추기 위해 전략을 변경했으며, '게임, 놀이, 경험'을 통해 성장을 주도한다는 사명을 확대했다. 다만 이러한 변화가 의미 있는 결과로 나오기까지는 시간이 걸리니 함께 지켜보자.

090 브라운 앤 브라운 Brown & Brown, Inc.

배당 개요

심볼	BRO	배당 성향	14.00%	배당 주기	분기
연간 배당금	$0.52	연배당수익률	0.63%	연속배당인상	30년
동종업계 배당수익률	3.18%	최근 배당지급일	24.02.14	Avg Price Recovery	4.1일

기업 개요

1939년부터 개인과 기업에 위험관리 솔루션을 제공하는 선도적인 보험중개 회사로 플로리다주 데이토나 비치에 본사를 두고 있다. 전 세계에 450개 이상의 지점을 보유하고 있으며 2021년 <비즈니스 인슈어런스(Business Insurance)> 잡지에서 미국에서 5번째로 큰 독립 보험중개 회사이자 세계에서 6번째로 큰 독립 보험중개 회사로 선정되었다.

배당 예상치

회계연도 Fiscal Period Ending	예상 배당금 Consensus Rate	예상 연배당수익률 Consensus Yield	낮은 전망치 Low	높은 전망치 High
2023년 12월	$0.48	0.66%	$0.48	$0.49
2024년 12월	$0.54	0.75%	$0.53	$0.57
2025년 12월	$0.59	0.81%	$0.57	$0.63

배당 안정성 A- | **배당 성장성** B+ | **배당 수익률** F | **배당 지속성** A+

이 기업은 세계 6위의 보험중개 회사다. 그들은 고객을 대신하여 유료로 보험을 판매하고 협상한다. 또 그들은 자본 위험이나 보험 위험을 부담하지 않고 수수료를 얻는다. 필자가 보기에 이러한 보험중개인은 거의 완벽한 사업이다. 고객만 잘 관리하면 만기마다 돌아오는 갱신 때, 지속적으로 수수료 수입을 얻으면서 승승장구할 수 있다. 인구 고령화로 인해 퇴직급여 상품에 대한 수요가 증가하고 있으며, 베이비붐 세대와 밀레니얼 세대의 인구 증가와 인식 제고로 인해 의료보험, 생명보험, 상해보험 및 기타 보험에 대한 수요가 증가하고 있으니 솔직히 단점이 안보이는 기업이다.

[2월] 4주차

091	캐터필라(CAT)
092	니소스(NI)
093	스타벅스(SBUX)
094	APA 코퍼레이션(APA)
095	웨스트락 컴퍼니(WRK)
096	찰스 슈왑 코퍼레이션(SCHW)
097	시티그룹(C)

091 캐터필라 Caterpillar Inc.

배당 개요

심볼	CAT	배당 성향	23.36%	배당 주기	분기
연간 배당금	$5.20	연배당수익률	1.66%	연속배당인상	29년
동종업계 배당수익률	2.36%	최근 배당지급일	24.02.20	Avg Price Recovery	9.7일

기업 개요

세계 최대의 건설·광산 장비, 가스엔진, 공업용 가스터빈 생산업체로 불도저를 비롯한 다양한 종류의 중장비를 생산한다. 다우존스 산업평균지수를 구성하는 30개 기업 중 하나이며, 2008년 포춘지 500에서 50위를 차지하기도 하였다. 캐터필라는 1925년 캘리포니아에서 설립된 캐터필라 트랙터 컴퍼니(Caterpillar Tractor Company) 법인에서 출발한다. 본사는 2022년부터 텍사스주 어빙에 있다. 캣/캐터필라(Cat/Caterpillar)라는 이름의 의류 및 작업복 부츠 라인의 라이센스를 판매하고 있으며, 2012년부터 강화 휴대전화 및 러기드 스마트폰 'Cat' 전화 브랜드 라이센스를 판매하고 있다.

배당 예상치

회계연도 Fiscal Period Ending	예상 배당금 Consensus Rate	예상 연배당수익률 Consensus Yield	낮은 전망치 Low	높은 전망치 High
2023년 12월	$4.49	1.97%	$4.77	$5.48
2024년 12월	$5.31	2.10%	$4.89	$6.03
2025년 12월	$5.55	2.19%	$5.20	$5.84

배당 안정성 B+ | **배당 성장성** A | **배당 수익률** B+ | **배당 지속성** A+

상징적인 노란색 기계로 유명한 캐터필라는 세계 최대 규모의 건설 및 광산 장비 제조업체다. 인프라, 건설, 광업, 석유 및 가스, 운송 등 다양한 분야에 서비스를 제공하고 있으며 이미 191개 국에 진출했으니 글로벌 경기가 개선되기만 하면 이런 중장비의 수요가 증가할 것이다. 다양한 국가에, 또 다양한 산업 전반에 중장비가 모두 쓰이니 실적이 너무 좋을 수밖에 없다. 배당금도 최근 5년 동안 연평균 7%씩 늘렸다.

092 니소스 *NiSource Inc.*

배당 개요

심볼	NI	배당 성향	57.69%	배당 주기	분기
연간 배당금	$1.06	연배당수익률	4.07%	연속배당인상	13년
동종업계 배당수익률	3.75%	최근 배당지급일	24.02.20	Avg Price Recovery	5.8일

기업 개요

1912년 설립되었고, 인디애나에 본사가 있는 유틸리티 대기업이다. 콜럼비어 가스(Columbia Gas) 및 NIPSCO 브랜드를 통해 6개 주, 약 6만 마일의 파이프라인 및 관련 시설을 통해 약 350만 명의 고객에게 천연가스를 공급하고 있으며, 인디애나 북부에서는 50만 명의 고객에게 전기를 공급하고 있다. 2015년 'Dow Jones Sustainability-North America Index'에 2년 연속 선정되었으며 이는 1999년 이후 9번째로 선정된 기록이다.

배당 예상치

회계연도 Fiscal Period Ending	예상 배당금 Consensus Rate	예상 연배당수익률 Consensus Yield	낮은 전망치 Low	높은 전망치 High
2023년 12월	$1.00	3.85%	$1.00	$1.02
2024년 12월	$1.07	4.11%	$1.06	$1.09
2025년 12월	$1.14	4.35%	$1.12	$1.15

배당 안정성 B | **배당 성장성** C | **배당 수익률** C+ | **배당 지속성** A-

유틸리티 기업은 미국 내 거의 모든 가정과 사업체에 전기, 천연가스, 물을 공급하는 서비스를 제공한다. 엄격한 규제를 받는 회사는 주식시장에서 이용 가능한 가장 크고 안정적인 주식투자를 가능하게 만든다. 배당투자로 많은 투자자들의 관심을 받는 기업이기도 하다. 니소스도 약 350만 명의 천연가스 고객과 50만 명의 전기 고객에게 서비스를 제공하면서 연배당수익률 4%대를 자랑했지만 지금은 금리인상으로 이런 배당에 대한 매력이 떨어지는 상황이다. 가뜩이나 성장성 없는 유틸리티 기업이니 투자자들의 외면 또한 이어지는 상황이다. 언제 금리인상이 멈추고 언제쯤 금리가 인하될지, 걱정이 크다.

093 스타벅스 Starbucks Corporation

배당 개요

심볼	SBUX	배당 성향	47.88%	배당 주기	분기
연간 배당금	$2.28	연배당수익률	2.44%	연속배당인상	14년
동종업계 배당수익률	1.89%	최근 배당지급일	24.02.23	Avg Price Recovery	2.8일

기업 개요

워싱턴주 시애틀에 본사를 두고 있는 세계 최대의 다국적 커피전문점으로 2021년 11월 기준 80개국에 3만 3,833개의 매장을 보유하고 있다. 이 중 1만 5,444개가 미국에 있으며 8,900개 이상이 직영 매장이다. 스타벅스는 다양한 커피 경험을 도입함으로써 커피 문화에 제2의 물결을 가져왔다고 평가받는다. 최초의 스타벅스는 제리 볼드윈과 고든 보커, 지브 시글이 1971년 시애틀에서 개점했다. 이때는 커피 원두를 판매하는 소매점이었으며, 1987년에 하워드 슐츠가 인수한 이후 커피 전문점으로 새롭게 탄생했다.

배당 예상치

회계연도 Fiscal Period Ending	예상 배당금 Consensus Rate	예상 연배당수익률 Consensus Yield	낮은 전망치 Low	높은 전망치 High
2023년 12월	$2.30	2.18%	$2.12	$2.44
2024년 12월	$2.46	2.33%	$2.12	$2.80
2025년 12월	$2.94	2.78%	$2.72	$3.22

배당 안정성 D- | **배당 성장성** A | **배당 수익률** D | **배당 지속성** B+

스타벅스의 놀라운 성공 요소 중 하나는 고객 기반 서비스로 일궈낸 탁월한 충성도이다. 전 세계 어디를 가든지 스타벅스에는 사람이 늘 많다. 마치 내 집에 있는 듯한 그런 느낌이다. 현재 활성 리워드 회원 수는 3,140만 명이다. 가끔 무료 음료나 음식을 제공받는 리워드 회원은 더 많은 금액을 지출하는 경향이 있다. 더욱 중요한 점은 리워드 회원이 모바일 주문을 사용하거나 신용카드 정보를 휴대폰에 저장할 가능성이 더 높다는 점인데, 이는 고객들의 대기 시간을 짧게 만들어 매장이 보다 효율적으로 운영되는 데 도움이 된다. 이 정도로 고객 충성도가 높은 기업이 또 있을까 싶다.

094 APA 코퍼레이션 *APA Corporation*

배당 개요

심볼	APA	배당 성향	17.76%	배당 주기	분기
연간 배당금	$1.00	연배당수익률	3.23%	연속배당인상	0년
동종업계 배당수익률	4.24%	최근 배당지급일	24.02.22	Avg Price Recovery	2.1일

기업 개요

자회사 아파치 코퍼레이션(Apache Corporation)을 통해 석유 및 가스를 발굴, 생산하고 있으며 미국, 이집트, 영국, 수리남 근해에서 탐사 활동을 하고 있다. 또한 서부 텍사스에서 수집, 가공, 수송 자산을 운영하고 있고 페르시안~걸프 해안의 4개의 파이프라인에 대한 소유권을 보유하고 있다. 1954년에 설립되었고, 휴스턴에 본사가 있으며, 포춘지 선정 500대 기업 431위에 올랐다.

배당 예상치

회계연도 Fiscal Period Ending	예상 배당금 Consensus Rate	예상 연배당수익률 Consensus Yield	낮은 전망치 Low	높은 전망치 High
2023년 12월	$0.91	2.46%	$0.25	$1.00
2024년 12월	$1.07	2.90%	$1.00	$1.50
2025년 12월	$1.09	2.95%	$1.00	$1.21

배당 안정성 B | **배당 성장성** A- | **배당 수익률** C | **배당 지속성** B

석유 및 가스 탐사 생산산업의 수많은 주식 중 눈에 띄는 것을 선별하는 일은 지루할 수 있다. 중요한 부분만 체크하고 되도록 단순하게 보자. APA 코퍼레이션은 천연가스, 원유 및 천연가스액체(NGL)를 탐색, 개발, 생산하는 독립 에너지 회사로 업스트림 사업(탐사 및 생산 작업)과 미드스트림 사업(운송)을 담당하고 있다. 보통 북해에서 사업을 영위하고 있다.

이런 에너지 기업들의 최근 이슈는 무엇일까? 바로 높은 유가로 매출과 이익이 증가한 에너지 기업 대한 정부의 일명 횡재세 부과다. 한 예로 영국은 2023년 5월 석유 및 가스 생산업체에 횡재세를 부과했는데, 11월에는 35%로 인상되어 해당 부문의 총 세금은 세계 최고 수준인 75%가 되었다. 결국 북해에서 시추 작업을 중단하고 영국의 노동 인력을 감축한다고 밝혔는데, 이러면 기업의 실적은 추락한다. 실제로 2023년 2분기에 APA 코퍼레이션은 이런 이슈로 실적이 감소했다. 정책을 평가하는 사람이 아닌 경우, 이런 기사를 접하면 난감해진다. 필자인 나도 마찬가지다.

095 웨스트락 컴퍼니 *WestRock Company*

배당 개요

심볼	WRK	배당 성향	35.01%	배당 주기	분기
연간 배당금	$1.21	연배당수익률	2.76%	연속배당인상	3년
동종업계 배당수익률	2.82%	최근 배당지급일	24.02.21	Avg Price Recovery	4.8일

기업 개요

미국 골판지 포장회사로 미드웨스트바코(MeadWestvaco)와 락텐(RockTenn)의 합병으로 2015년에 설립되었다. 미국에서 2위인 패키징 회사로 연간 수익이 150억 달러, 30개 국에 4만 2,000명의 직원을 두고 있는 세계 최대의 제지 및 포장회사 중 하나이다. 조지아주 샌디 스프링스에 본사가 있다.

배당 예상치

회계연도 Fiscal Period Ending	예상 배당금 Consensus Rate	예상 연배당수익률 Consensus Yield	낮은 전망치 Low	높은 전망치 High
2023년 9월	$1.12	2.96%	$0.99	$1.21
2024년 9월	$1.15	3.03%	$1.08	$1.21
2025년 9월	$1.17	3.09%	$1.17	$1.17

배당 안정성 - | **배당 성장성** - | **배당 수익률** B | **배당 지속성** -

웨스트락은 합병을 통해 북미 최대의 표백펄프(SBS, Solid Bleached Sulfate) 생산업체가 되었다. 표백펄프는 한마디로 백판지의 일종인데 흔히 과자, 약, 화장품 포장재로 쓰이는 산업용지다. 겉면은 맨들거리는 과자 사진이 그려져 있고, 내부는 폐지처럼 거친 재질이다. 코로나19 시기를 거쳐오면서 온라인 주문이 폭증하는 사이에 너무 많은 기업들이 이 분야에 뛰어들었다. 솔직히 지금은 글로벌 포장산업의 경쟁이 너무 치열하다. 또 중국기업의 경쟁 참여가 본격화되고 있는 상황이다.

결론을 말하자면 골판지 업계는 경기를 탄다. 즉, 소비가 살아나야 생산이 증가한다. 그러니 지금처럼 고물가, 고금리로 소비가 부진한 시기에는 이 업계에 대한 평가가 부정적일 수밖에 없다.

096 찰스 슈왑 코퍼레이션 The Charles Schwab Corp

배당 개요

심볼	SCHW	배당 성향	22.95%	배당 주기	분기
연간 배당금	$1.00	연배당수익률	1.57%	연속배당인상	2년
동종업계 배당수익률	3.18%	최근 배당지급일	24.02.23	Avg Price Recovery	1.6일

기업 개요

자산관리, 증권업, 은행업, 수탁, 금융자문 서비스 등을 제공하는 미국의 다국적 금융회사이다. 주로 미국과 영국의 금융 중심지에 360개 이상의 지점을 보유하고 있다. 1971년에 설립되었으며 본사는 텍사스주 웨스트레이크에 있다. 1982년에 업계 최초로 24/7시간 견적 및 주문입력 서비스를 시작하기도 했다.

배당 예상치

회계연도 Fiscal Period Ending	예상 배당금 Consensus Rate	예상 연배당수익률 Consensus Yield	낮은 전망치 Low	높은 전망치 High
2023년 12월	$0.98	1.73%	$0.94	$1.10
2024년 12월	$1.05	1.85%	$0.96	$1.42
2025년 12월	$1.15	2.02%	$1.00	$1.89

배당 안정성 B | **배당 성장성** D | **배당 수익률** D- | **배당 지속성** B+

찰스 슈왑은 미국 최대 브로커리지 회사 중 하나이며, 관리 중인 고객 자산 규모가 8조 달러에 달한다. 하지만 이미 찰스 슈왑도 다른 금융주와 마찬가지로 실리콘밸리 은행의 파산과 같은 유동성 위기에 직면할 것이라는 우려로 하락세를 보였다. 결국 과장으로 판명되었지만, 2023년 2분기 매출과 순이익은 전년 동기 대비 각각 9%와 25%로 감소했다. 이제 찰스 슈왑이 할 일은 위의 우려가 과도했다는 것을 이후 실적으로 보여주는 것이다.

필자가 개인적으로 좋아했던 금융주였기에 다소 안타까운 마음이 있다. 아쉬운 마음에 좀더 찰스 슈왑 편을 들자면, 찰스 슈왑의 자산 관리 및 관리 수수료는 전체 매출의 약 4분의 1을 차지하며 이러한 수수료는 주식시장의 성과와 관계없이 발생한다. 한편, 순이자이익은 매출의 절반 정도를 안정적으로 차지한다. 결국 매출의 70% 이상이 안정적으로 유지되는 기업이라고 보면 되겠다.

097 시티그룹 *Citigroup Inc.*

배당 개요

심볼	C	배당 성향	29.93%	배당 주기	분기
연간 배당금	$2.12	연배당수익률	3.83%	연속배당인상	1년
동종업계 배당수익률	3.18%	최근 배당지급일	24.02.23	Avg Price Recovery	3.9일

기업 개요

미국의 다국적 투자은행 및 금융회사로, 1998년 거대 은행 시티그룹(Citicorp)과 금융 대기업 트래블러스 그룹(Travellers Group)의 합병으로 설립되었다. 이후 2002년에 트래블러스는 회사에서 분리되었다. 미국에서 3번째로 큰 금융기관이며, JP모건체이스(JPMorgan Chase), 뱅크오브아메리카(Bank of America), 웰스파고(Wells Fargo)와 함께 미국의 'Big 4' 금융기관 중 하나이다. 2021년 기준 포춘지 500대 기업에서 33위에 올랐다. 약 2억 명의 고객 계정을 보유하고 있으며 160개 이상의 국가에서 비즈니스를 수행한다. 금융위기 당시 미국 정부의 대규모 부양책으로부터 구제금융을 받기도 했다.

배당 예상치

회계연도 Fiscal Period Ending	예상 배당금 Consensus Rate	예상 연배당수익률 Consensus Yield	낮은 전망치 Low	높은 전망치 High
2023년 12월	$2.08	4.58%	$2.04	$2.08
2024년 12월	$2.15	4.74%	$2.11	$2.20
2025년 12월	$2.24	4.95%	$2.12	$2.40

배당 안정성 B | **배당 성장성** D | **배당 수익률** B | **배당 지속성** C

시티그룹은 관리 자산 기준 미국 내 3번째로 큰 은행으로 금융주 내에서 저평가 되어 있다는 이야기를 많이 듣곤 한다. 틀린 말은 아니지만 현재 시티그룹은 멕시코에서 소비자 사업을 매각하고 강점인 투자, 기업 금융 및 부에 재투자하는 등 전략적 재배치를 진행하면서 사업을 단순화하고 비핵심 부문을 매각하고 있다. 경영진은 지금으로부터 2~4년이 지나야 수익률 목표를 달성할 것으로 예상하고 있고, 아쉽지만 우리나라에서의 철수도 2028년쯤 완료할 것으로 보인다. 결론적으로 구조조정이 가시화되면 관심을 줄 수 있는 은행주이다.

[2월] 5주차 ~ [3월] 1주차

098 CF 인더스트리스 홀딩스 *CF Industries Holdings, Inc.*

배당 개요

심볼	CF	배당 성향	35.35%	배당 주기	분기
연간 배당금	$2.00	연배당수익률	2.59%	연속배당인상	1년
동종업계 배당수익률	2.82%	최근 배당지급일	24.02.29	Avg Price Recovery	3.7일

기업 개요

일리노이주 디어필드에 본사를 둔 암모니아, 요소, 질산암모늄 제품, 농업용 비료 등의 미국 제조업체 및 유통업체이다. 1946년에 설립되었으며, 처음 56년 동안은 지역 농업 협동조합의 연합체였으나, 이후 주식회사가 되어 상장되었고 2008년부터 S&P500에 포함되었다.

배당 예상치

회계연도 Fiscal Period Ending	예상 배당금 Consensus Rate	예상 연배당수익률 Consensus Yield	낮은 전망치 Low	높은 전망치 High
2023년 12월	$1.60	2.06%	$1.53	$1.61
2024년 12월	$1.59	2.05%	$1.30	$1.76
2025년 12월	$1.61	2.08%	$1.60	$1.68

배당 안정성 A | **배당 성장성** A+ | **배당 수익률** B | **배당 지속성** B-

미국의 유명한 질소 비료 생산 및 유통업체이다. 이 회사는 북미 지역에서 7개의 질소 시설을 운영하고 있으며 영국과 트리니다드 토바고의 추가 생산 능력에 대한 합작 투자 지분을 보유하고 있다. CF는 주로 저비용 미국 천연가스를 공급원료로 사용하고 있는데 전 세계적으로 가장 저렴한 질소 생산업체 중 하나로 농업 업계의 대표 주자이다. 한마디로 농사에 쓰이는 비료가 핵심 제품인데, 언제 비료가 많이 쓰일지 고민하면 투자 시점이 보이지 않을까 싶다.

099 코그니전트 테크놀로지 솔루션스 Cognizant Technology Solutions Corporation

배당 개요

심볼	CTSH	배당 성향	24.21%	배당 주기	분기
연간 배당금	$1.20	연배당수익률	1.56%	연속배당인상	5년
동종업계 배당수익률	1.37%	최근 배당지급일	24.02.28	Avg Price Recovery	2.3일

기업 개요

금융, 보건의료, 제품 및 자원 커뮤니케이션, 미디어 및 기술 4가지 분야에 걸쳐서 정보기술, 컨설팅, 아웃소싱 서비스를 제공하는 미국의 다국적 기업이며, 본사는 뉴저지 티넥에 있다. 또한, 디지털 대출, 사기적발, 차세대 지불과 같은 영역에서 고객경험 향상, 로봇프로세스 자동화, 분석 및 AI 서비스를 제공한다. 1994년 던 앤 브래드스트리트(Dun&Bradstreet)의 사내 기술 부문으로 설립되었으며, 1996년에 외부 고객에게 서비스를 제공하기 시작했다. 2011년에 포춘지 500대 기업이 되었고, 2021년 기준 순위는 185위이다.

배당 예상치

회계연도 Fiscal Period Ending	예상 배당금 Consensus Rate	예상 연배당수익률 Consensus Yield	낮은 전망치 Low	높은 전망치 High
2023년 12월	$1.15	1.65%	$1.01	$1.18
2024년 12월	$1.26	1.82%	$1.15	$1.40
2025년 12월	$1.35	1.94%	$1.16	$1.60

배당 안정성 B+ | **배당 성장성** A | **배당 수익률** C+ | **배당 지속성** C-

인공지능보다 앞선 기술이 로봇공학이다. 인공지능이 로봇을 커버할 수 있다는 의견도 있지만 로봇공학은 현재 보편적으로 쓰이는 기술이다. 로봇을 물리적으로 만드는 것보다 로봇을 움직이게 만드는 소프트웨어도 중요한데 이를 로보틱 프로세스 오토메이션(Robotic process automation, RPA) 소프트웨어라고 한다. 이 RPA 부문의 대표적인 기업이 바로 코그니전트 테크놀로지 솔루션스다. 핵심 프로그램인 코그니전트 오토메이션 센터 로봇 애즈 어 서비스(Cognizant Automation Center Robots as a Service, RaaS) 소프트웨어는 로봇을 인간 혹은 그 이상으로 만들어 인간 프로세스를 대체할 수 있다고 한다.

MSCI *MSCI Inc.*

배당 개요

심볼	MSCI	배당 성향	37.71%	배당 주기	분기
연간 배당금	$6.40	연배당수익률	1.15%	연속배당인상	10년
동종업계 배당수익률	1.37%	최근 배당지급일	24.02.29	Avg Price Recovery	5.2일

기업 개요

주식, 채권, 펀드 관련 지수들과 주식 포트폴리오 분석도구를 제공하며, 2004년 모건 스탠리 캐피탈 인터내셔널(Morgan Stanley Capital International, MSCI)이 바라(Barra Inc.)를 인수하여 설립되었다. 모건 스탠리(Morgan Stanley)는 바라의 최대주주이다. MSCI의 자회사로는 'ISS Corporate Services(ICS)'가 있다. MSCI 국제 및 세계 자본 지수들은 1970년 이래로 산출되어 왔으며, 대표적인 지수로는 MSCI World, MSCI All Country World Index(ACWI), MSCI Emerging Markets Indexes 등이 있다. 뉴욕 맨해튼의 제7세계무역센터에 본사를 두고 있다.

배당 예상치

회계연도 Fiscal Period Ending	예상 배당금 Consensus Rate	예상연배당 수익률 Consensus Yield	낮은 전망치 Low	높은 전망치 High
2023년 12월	$5.56	1.07%	$5.52	$5.66
2024년 12월	$5.99	1.15%	$5.17	$6.35
2025년 12월	$6.80	1.30%	$6.32	$7.30

배당 안정성 A | **배당 성장성** A+ | **배당 수익률** F | **배당 지속성** B-

MSCI는 이용자들이 더 나은 투자 결정을 내릴 수 있도록 지원하는 회사로 연구, 데이터 및 기술 분야에 50년이 넘는 전문지식을 갖추고 있다. 대표 매출은 지수(Index)에서 나오는데, 아시다시피 지수는 모든 투자자들이 참고하는 투자의 기본이다.

예를 들어 미국에서 거래되는 대한민국 대표 ETF로 'iShares MSCI South Korea ETF(심볼 EWY)'가 있는데, iShares(블랙록의 ETF 브랜드)가 운용하는 한국주식 ETF로 가장 중요한 벤치마크지수는 MSCI의 MSCI Korea 25/50 Index를 추종한다. 결국 한번 만든 MSCI Korea 25/50 Index가 많이 사용되면 매출이 증가하는 구조이다. 그래서 MSCI의 큰 걱정은 거시적 불확실성이 확대되어 고객 예산이 감소하는 것인데, 어찌 보면 지금이 그런 시기가 아닌가 싶다. 하지만 비용 통제, 원가 절감이 기업들의 목표이지 않나?

101 바이오테크네 *Bio-Techne Corp*

배당 개요

심볼	TECH	배당 성향	15.71%	배당 주기	분기
연간 배당금	$0.32	연배당수익률	0.45%	연속배당인상	0년
동종업계 배당수익률	1.58%	최근 배당지급일	24.02.26	Avg Price Recovery	3.1일

기업 개요

전 세계 연구, 진단, 바이오프로세싱 시장을 위한 생명과학 시약, 기기 및 서비스를 개발, 제조, 판매한다. 1976년 리서치 앤 다이그노스틱 시스템(Research and Diagnostic Systems, Inc.)으로 설립되었고, 1985년 테크네(Techne Corporation)에 합병되어 공개 회사가 되었다. 이 회사의 브랜드로는 R&D 시스템즈(R&D Systems), 프로틴심플(ProteinSimple) 및 노부스 바이오로지컬(Novus Biologicals) 등이 있다. 본사는 미네소타주 미니애폴리스에 있다.

배당 예상치

회계연도 Fiscal Period Ending	예상 배당금 Consensus Rate	예상 연배당수익률 Consensus Yield	낮은 전망치 Low	높은 전망치 High
2023년 6월	$0.32	0.52%	$0.32	$0.32
2024년 6월	$0.32	0.52%	$0.32	$0.32
2025년 6월	$0.32	0.52%	$0.32	$0.32

배당 안정성 A | **배당 성장성** B- | **배당 수익률** D- | **배당 지속성** C+

바이오테크네는 투자자들에게 잘 알려져 있지 않을 수 있지만, 생명공학 회사는 본질적으로 제약 회사의 신약 발견을 촉진하는 데 도움이 되는 제품을 만들기 때문에 강력한 잠재력을 가지고 있다. 쉽게 설명하면 이는 공연을 계속 진행하는 데 결정적인 도움을 주는 무대 감독과 같은 역할이다. 다만 중국 매출 비중이 약 10%로 최근 중국의 경제부진이 기업 매출의 부정적인 요인이다.

102 센코라 Cencora Inc.

배당 개요

심볼	COR	배당 성향	13.95%	배당 주기	분기
연간 배당금	$2.04	연배당수익률	0.88%	연속배당인상	0년
동종업계 배당수익률	4.46%	최근 배당지급일	24.02.26	Avg Price Recovery	1.3일

기업 개요

미국 의약품 도매회사로 미국 전역의 의료서비스 제공자에게 브랜드 및 일반 의약품 라인, 건강관리 제품 및 가정 건강관리 용품 및 장비를 배포한다. 미국에서 판매되는 모든 의약품의 약 20%를 처리하며 연매출이 1,790억 달러 이상에 달한다. 2020년 포춘지 500대 기업에서 10위에 올랐다. 본사는 펜실베니아에 있다.

배당 예상치

회계연도 Fiscal Period Ending	예상 배당금 Consensus Rate	예상 연배당수익률 Consensus Yield	낮은 전망치 Low	높은 전망치 High
2023년 9월	$2.02	1.04%	$1.94	$2.07
2024년 9월	$2.09	1.07%	$2.02	$2.16
2025년 9월	$2.16	1.11%	$2.08	$2.25

배당 안정성 A+ | **배당 성장성** B | **배당 수익률** C+ | **배당 지속성** A

2023년 8월 아메리소스 버진(AmerisourceBergen)에서 센코라로 사명이 바뀌었다. 센코라는 약품 유통, 도매회사이다. 기본적으로 실적이 아주 좋은 기업이라고 보면 된다. 최근 체중감량 약물의 인기로 실적이 더 좋아졌다. 이 산업에 대한 자세한 내용은 앞서 설명한 맥케슨, 카디널 헬스를 참고하면 된다. 모두 같은 약국 도매업체이다.

103 하우멧 에어로스페이스 *Howmet Aerospace, Inc.*

배당 개요

심볼	HWM	배당 성향	7.52%	배당 주기	분기
연간 배당금	$0.20	연배당수익률	0.32%	연속배당인상	2년
동종업계 배당수익률	2.36%	최근 배당지급일	24.02.26	Avg Price Recovery	3.0일

기업 개요

펜실베이니아주 피츠버그에 본사를 둔 항공우주 회사이다. 제트엔진용 부품, 항공우주 응용분야용 패스너, 티타늄 구조물, 대형트럭용 단조 알루미늄휠을 제조한다. 미국, 캐나다, 멕시코, 프랑스, 영국, 헝가리, 일본에서 27개 시설을 운영하고 있다.

배당 예상치

회계연도 Fiscal Period Ending	예상 배당금 Consensus Rate	예상 연배당수익률 Consensus Yield	낮은 전망치 Low	높은 전망치 High
2023년 12월	$0.17	0.34%	$0.17	$0.18
2024년 12월	$0.21	0.40%	$0.17	$0.26
2025년 12월	$0.24	0.47%	$0.17	$0.34

배당 안정성 A | **배당 성장성** B | **배당 수익률** F | **배당 지속성** D-

하우멧 에어로스페이스는 항공기 및 항공우주 최종 품목을 위한 다양한 재료와 부품을 제조 및 생산하는 항공우주 회사이다. 인플레이션 시기임에도 상업용 항공기 주문 및 예비 부품의 강력한 수요 증가로 인해 상업용 항공우주 수익은 2023년에도 계속해서 증가할 것으로 예상된다. 특히 이 기업은 록히드 마틴이 만든 5세대 F-35 스텔스 전투기에 단조 알루미늄 및 티타늄 격벽을 제공한다. 당연히 여기서 이익을 많이 올릴 것이고, 또 F-35는 향후 10년간 수요가 높을 것이다. 여기에 트럭 운송산업의 다양한 제품을 통해 트럭 자체 부품을 생산함으로써 트럭 운송회사가 무인 및 자율주행으로 전환하도록 도움을 주고 있다. 이런 수익성이 좋은 기업들은 배당금과 자사주매입을 통해 주주들에게 보답하기 위해 노력해 왔는데, 앞으로 주주친화정책의 진가가 발휘되지 않을까 싶다.

104 페이첵스 Paychex, Inc.

배당 개요

심볼	PAYX	배당 성향	66.07%	배당 주기	분기
연간 배당금	$3.56	연배당수익률	2.86%	연속배당인상	13년
동종업계 배당수익률	1.37%	최근 배당지급일	24.02.27	Avg Price Recovery	1.1일

기업 개요

중소기업에 인적자원, 급여, 복리후생 등의 아웃소싱 서비스를 제공하는 미국 기업으로, 뉴욕주 로체스터에 본사가 있다. 미국과 유럽에 약 67만 명의 급여 고객에게 서비스를 제공하는 100개 이상의 사무실을 가지고 있다.

배당 예상치

회계연도 Fiscal Period Ending	예상 배당금 Consensus Rate	예상 연배당수익률 Consensus Yield	낮은 전망치 Low	높은 전망치 High
2023년 5월	$3.60	3.06%	$3.56	$3.65
2024년 5월	$3.74	3.18%	$3.16	$4.04
2025년 5월	$3.94	3.36%	$3.16	$4.42

배당 안정성 A- | **배당 성장성** A+ | **배당 수익률** B+ | **배당 지속성** B-

페이첵스는 인적자원 서비스를 전문으로 하는 소프트웨어 회사로 이들 서비스에는 급여 관리, 복리후생 관리, 보험 서비스 및 기업을 위한 규정 준수 지원이 포함된다. 간단하게 말하면 보통 기업의 인사팀의 업무를 수행하는 회사라고 생각하면 쉽다. 필자는 이런 기업들에 대한 투자판단 기준이 있는데, 제일 먼저 경기둔화에 대한 우려에도 불구하고 미국 실업률이 3%대 후반인지, 고용이 여전히 탄탄한지 봐야 한다. 둘째, 노동 수요가 여전히 높은지도 봐야 한다. 회사가 건재하고 직원들이 건재해야 좋아지는 기업이다.

105 화이자 *Pfizer, Inc.*

배당 개요

심볼	PFE	배당 성향	61.58%	배당 주기	분기
연간 배당금	$1.68	연배당수익률	6.09%	연속배당인상	14년
동종업계 배당수익률	1.58%	최근 배당지급일	24.03.01	Avg Price Recovery	19.9일

기업 개요

뉴욕 맨해튼에 본사를 둔 미국의 다국적 제약 및 생명공학 기업으로 1849년 두 명의 독일 기업가인 찰스 화이자(Charles Pfizer)와 그의 사촌인 찰스 에르하트(Charles F. Erhart)에 의해 설립되었다. 화이자는 면역학, 종양학, 심장학, 내분비학, 신경학용 의약품과 백신을 개발, 생산한다. 연간 매출이 10억 달러 이상인 여러 블록버스터 의약품들을 보유하고 있으며 2020년 기준 회사 매출의 52%가 미국에서, 6%는 중국과 일본에서, 36%는 기타 국가에서 발생했다. 화이자는 2004년부터 2020년 8월까지 다우존스 산업평균지수의 구성 요소였다.

배당 예상치

회계연도 Fiscal Period Ending	예상 배당금 Consensus Rate	예상 연배당수익률 Consensus Yield	낮은 전망치 Low	높은 전망치 High
2023년 12월	$1.67	5.58%	$1.64	$1.77
2024년 12월	$1.67	5.59%	$1.19	$1.85
2025년 12월	$1.75	5.85%	$1.67	$1.92

배당 안정성 B | **배당 성장성** A- | **배당 수익률** A+ | **배당 지속성** A

전 세계 사람들은 화이자(Pfizer)가 자사의 코로나19 약품을 사용하여 수십억 달러의 수익을 창출하는 것을 이미 보았다. 그러나 전염병이 지나가면서 매출이 줄어들고 수익이 감소하고 있다. 이에 화이자는 35억 달러 상당의 일자리와 비용을 삭감할 것이라고 밝혔지만 필자가 보기에 제약주는 기복은 있어도 언젠가 회복하는 기업이다. 경영진이 비용절감 달성의 해로 선언했던 2024년에 같이 지켜보도록 하자.

106 비자 *Visa Inc.*

배당 개요

심볼	V	배당 성향	18.63%	배당 주기	분기
연간 배당금	$2.08	연배당수익률	0.76%	연속배당인상	16년
동종업계 배당수익률	3.18%	최근 배당지급일	24.03.01	Avg Price Recovery	5.9일

기업 개요

샌프란시스코에 본사를 두었으며, 1958년에 마스터 카드보다 앞서 창립되었다. 경쟁자인 마스터차지(현 마스터 카드)에 대응하여 뱅크오브아메리카(BofA)는 1966년에 뱅크아메리카드(BankAmericard) 프로그램의 라이센스를 다른 금융기관에 주기 시작했으며, 1976년에 비자로 이름이 변경되었다. 2022년, 비자는 연간 카드결제금액과 발급된 카드 수를 기준으로 차이나 유니온페이(China UnionPay)에 추월당했다. 그러나 유니온페이(UnionPay)는 주로 중국 내수시장에 기반하기 때문에 비자는 여전히 전체 카드결제의 50% 시장 점유율을 차지하고 있는, 세계에서 지배적인 카드회사로 평가받는다.

배당 예상치

회계연도 Fiscal Period Ending	예상 배당금 Consensus Rate	예상 연배당수익률 Consensus Yield	낮은 전망치 Low	높은 전망치 High
2024년 9월	$2.08	0.83%	$1.90	$2.28
2025년 9월	$2.29	0.92%	$2.08	$2.50
2026년 9월	$2.53	1.01%	$2.08	$3.00

배당 안정성 A | **배당 성장성** A | **배당 수익률** F | **배당 지속성** A-

카드회사와 관련한 내용은 앞서 설명한 것을 참고하자. 요약하자면 우리는 현금 없는 사회로 가고 있고, 카드사는 진입장벽이 높아 한번 깔아 놓은 전산망으로 꾸준한 수수료 수입을 얻는다. 그러면서도 비자는 카드론처럼 위험한 사업은 하지 않는다. 현재 순이익률이 52%인데, 이 정도면 미래의 주가는 말하지도 않아도 상상이 되지 않는가?

107 웰스파고 *Wells Fargo & Company*

배당 개요

심볼	WFC	배당 성향	26.18%	배당 주기	분기
연간 배당금	$1.40	연배당수익률	2.70%	연속배당인상	3년
동종업계 배당수익률	3.18%	최근 배당지급일	24.03.01	Avg Price Recovery	6.8일

기업 개요

캘리포니아 샌프란시스코에 본사가 있는 미국의 다국적 금융회사로, 전 세계 35개 국에서 7,000만 명 이상의 고객을 보유하고 있다. 국립은행인 웰스파고 뱅크(Wells Fargo Bank)가 주요 자회사이다. 총 자산 기준으로 미국 은행 4위이며 예금 및 시가총액 기준으로도 가장 큰 은행이다. 포춘지 선정 500대 기업에서 41위에도 올랐다.

배당 예상치

회계연도 Fiscal Period Ending	예상 배당금 Consensus Rate	예상 연배당수익률 Consensus Yield	낮은 전망치 Low	높은 전망치 High
2023년 12월	$1.30	3.03%	$1.30	$1.30
2024년 12월	$1.47	3.43%	$1.40	$1.60
2025년 12월	$1.61	3.76%	$1.40	$1.80

배당 안정성 A | **배당 성장성** C- | **배당 수익률** C | **배당 지속성** B

대부분이 웰스파고를 떠올릴 때면 2016년 수백만 건의 은행 및 신용카드 계좌 불법개설에 대한 희미한 기억을 되살린다. 당시 이 문제로 은행의 장점인 신뢰가 무너지면서 주가도 많이 하락했다. 지금도 특별히 평판이 좋은 은행은 아니다. 하지만 최근 배당금을 $0.30에서 $0.35로 인상했고, 자사주매입도 300억 달러로 승인했다. 필자가 보기에는 조만간 과거의 흑역사를 떨쳐버릴 것으로 예상한다.

108 인텔 *Intel Corporation*

배당 개요

심볼	INTC	배당 성향	22.38%	배당 주기	분기
연간 배당금	$0.50	연배당수익률	1.12%	연속배당인상	0년
동종업계 배당수익률	1.37%	최근 배당지급일	24.03.01	Avg Price Recovery	4.3일

기업 개요

캘리포니아주 산타클라라에 본사를 두었다. 매출 기준 세계 최대의 반도체 칩 제조사이며, 대부분 개인용 컴퓨터(PC)에서 볼 수 있는 명령어 세트인 x86 시리즈 명령어 세트의 개발자 중 하나이다. 2020년 포춘지 500대 기업 중 45위를 차지했다. 인텔은 에이서(Acer), 레노버(Lenova), HP, 델(Dell) 등의 컴퓨터 시스템 제조업체에 마이크로프로세서를 공급한다. 또한 마더보드 칩셋, 네트워크 인터페이스 컨트롤러 및 집적 회로, 플래시 메모리, 그래픽 칩, 임베디드 프로세서, 통신 및 컴퓨팅과 관련된 기타 장치를 제조한다.

배당 예상치

회계연도 Fiscal Period Ending	예상 배당금 Consensus Rate	예상 연배당수익률 Consensus Yield	낮은 전망치 Low	높은 전망치 High
2023년 12월	$0.68	1.55%	$0.50	$0.98
2024년 12월	$0.50	1.15%	$0.48	$0.58
2025년 12월	$0.51	1.17%	$0.48	$0.66

배당 안정성 B- | **배당 성장성** C- | **배당 수익률** C | **배당 지속성** C+

인텔은 미국을 대표하는 종합 반도체 기업이다. 하지만 문제가 세 가지 있는데, 첫 번째로 고질적인 생산 문제다. 두 번째는 글로벌 PC시장이 밝지 않다는 점이다. 세 번째, 그로 인해 배당 삭감이 최근 결정됐다. ($0.365에서 $0.125로) 이 세 가지 문제는 절대 단기간 해결되지 않을 것이다. 필자가 생각하기에 최근 8분기 연속 매출 감소세를 돌려세우는 게 가장 시급해 보인다.

109 조에티스 *Zoetis Inc.*

배당 개요

심볼	ZTS	배당 성향	26.37%	배당 주기	분기
연간 배당금	$1.73	연배당수익률	0.93%	연속배당인상	12년
동종업계 배당수익률	1.58%	최근 배당지급일	24.03.01	Avg Price Recovery	2.8일

기업 개요

반려동물과 가축을 위한 세계 최대의 의약품 및 백신 생산업체인 미국의 제약회사이다. 화이자의 자회사였지만, 2013년 화이자의 회사 지분 83%가 분사되면서 완전히 독립된 회사가 되었다. 100개 국 이상에서 제품을 판매하고 있으며, 약 45개 국에서는 직접 판매하고 있다. 미국 외 사업이 총 수익의 50%를 차지한다.

배당 예상치

회계연도 Fiscal Period Ending	예상 배당금 Consensus Rate	예상 연배당수익률 Consensus Yield	낮은 전망치 Low	높은 전망치 High
2023년 12월	$1.48	0.85%	$1.42	$1.50
2024년 12월	$1.71	0.98%	$1.51	$1.82
2025년 12월	$1.95	1.12%	$1.62	$2.16

배당 안정성 A- | **배당 성장성** A+ | **배당 수익률** D | **배당 지속성** C

조에티스는 반려동물 및 기타 가축을 위한 의료기술을 개발하는 기업으로 포춘지 500대 기업에 들어 있다. 2022년에 81억 달러의 매출을 창출하여 애완동물 건강관리 분야에서 상당한 수익 마진을 보여주었다. 2022년 기준 미국 전체 가구의 44.5%가 개를 키우고 있는 것으로 나타나며, 개를 위해 평균 730달러를 지출하며 그중 거의 절반이 수의학 치료에 사용된다는 통계자료가 있다. 이것만 봐도 조에티스의 미래는 밝다고 볼 수 있다. 반려동물을 키우는 필자도 여기에 동의하는 바이다.

110 포드 모터 컴퍼니 *Ford Motor Co*

배당 개요

심볼	F	배당 성향	32.57%	배당 주기	분기
연간 배당금	$0.60	연배당수익률	4.90%	연속배당인상	0년
동종업계 배당수익률	1.89%	최근 배당지급일	24.03.01	Avg Price Recovery	7.2일

기업 개요

미국의 자동차 제조업체로 1903년에 설립되었다. 포드 브랜드로 자동차와 상용차를 판매하고 럭셔리 브랜드 링컨(Lincoln)으로 고급 자동차를 판매한다. 또한 브라질 SUV 제조업체인 트롤러(Troller), 영국 애스톤 마틴(Aston Martin)의 지분 8%, 중국 장링 모터스(Jiangling Motors)의 지분 32%를 소유하고 있다. 움직이는 조립라인으로 대표되는 제조시퀀스를 사용하여 자동차의 대량 제조 및 산업인력 관리법을 도입했다. 2007~2008년 금융위기로 재정적 어려움을 겪었지만 연방정부의 구제를 받을 필요까지는 없었으며, 이후 수익성을 되찾고 2018년 포춘지 500대 기업에서 11위를 차지했다.

배당 예상치

회계연도 Fiscal Period Ending	예상 배당금 Consensus Rate	예상 연배당수익률 Consensus Yield	낮은 전망치 Low	높은 전망치 High
2023년 12월	$1.25	12.17%	$1.24	$1.26
2024년 12월	$0.60	5.88%	$0.60	$0.64
2025년 12월	$0.63	6.14%	$0.60	$0.85

배당 안정성 F | **배당 성장성** D | **배당 수익률** A | **배당 지속성** D-

포드는 언제나 그래왔듯이 휘발유 차량과의 치열한 경쟁에 직면해 있다. EV 부문의 성장은 인상적이지만, 언제 수익을 낼지 누가 알겠는가? 단적으로 보여주는 것이 지난 10년 평균 영업이익률이 7.5%에 불과하다는 사실인데, 매출은 절대 단기적으로 증가하지 않을 것이다. 이게 필자가 아는 최근 휘발유 자동차 업체의 주요 특징이다.

111 KLA 코퍼레이션 *KLA Corp*

배당 개요

심볼	KLAC	배당 성향	20.87%	배당 주기	분기
연간 배당금	$5.80	연배당수익률	0.89%	연속배당인상	14년
동종업계 배당수익률	1.37%	최근 배당지급일	24.03.01	Avg Price Recovery	0.6일

기업 개요

캘리포니아주 밀피타스에 본사를 둔 미국 자본설비 회사이다. 반도체 산업 및 관련 나노전자 산업에 공정제어 및 수율관리 시스템을 공급한다. 이 회사의 제품 및 서비스는 연구개발에서 최종 대량생산에 이르기까지 웨이퍼, 레티클, 집적 회로(IC), 패키징 등 생산의 모든 단계를 대상으로 한다. 1997년 반도체 장비 및 수율관리 시스템 업계의 두 회사인 'KLA Instruments'와 'Tencor Instruments'의 합병을 통해 설립되었다.

배당 예상치

회계연도 Fiscal Period Ending	예상 배당금 Consensus Rate	예상 연배당수익률 Consensus Yield	낮은 전망치 Low	높은 전망치 High
2023년 6월	$5.69	1.04%	$5.36	$5.80
2024년 6월	$6.22	1.14%	$5.80	$6.78
2025년 6월	$6.62	1.22%	$5.80	$7.40

배당 안정성 A+ | **배당 성장성** A+ | **배당 수익률** C- | **배당 지속성** A-

KLA 코퍼레이션은 반도체 장비기업으로 웨이퍼, 레티클, 집적회로, 패키징 생산의 모든 단계를 대상으로 폭 넓은 장비산업을 커버한다. 특히 정밀검사에 중점을 두고 있다. 반도체 업계에서는 장비업체를 갑중의 갑으로 부르고 있으니 그 중요성이 크다고 할 수 있겠다. 시간이 지나면서 새로운 칩 기술이 AI 및 자동차 기술(차량 전기화 등)에 맞춰 확장할 가능성도 있기에 전망이 밝다고 할 수 있겠다.

112 필립스 66 *Phillips 66*

배당 개요

심볼	PSX	배당 성향	29.42%	배당 주기	분기
연간 배당금	$4.20	연배당수익률	2.98%	연속배당인상	12년
동종업계 배당수익률	4.24%	최근 배당지급일	24.03.01	Avg Price Recovery	8.9일

기업 개요

텍사스 휴스턴에 본사를 둔 미국의 다국적 에너지 기업으로, 천연가스액체(NGL) 석유화학 제품의 정제, 운송, 판매를 담당한다. 2022년 기준 포춘지 500대 기업 중 29위, 포춘 글로벌 500대 기업 중 74위에 올랐으며 매출은 1,150억 달러 이상이다. 필립스 66은 미국, 영국, 독일, 오스트리아, 스위스에서 활동하고 있으며, 현재 미국에서 76 및 콘티넨털 오일(Conoco), 유럽에서는 JET와 같은 다양한 주유소 브랜드를 소유하고 라이선스를 부여하고 있다.

배당 예상치

회계연도 Fiscal Period Ending	예상 배당금 Consensus Rate	예상 연배당수익률 Consensus Yield	낮은 전망치 Low	높은 전망치 High
2023년 12월	$4.21	3.61%	$4.18	$4.28
2024년 12월	$4.36	3.75%	$4.20	$4.61
2025년 12월	$4.56	3.92%	$4.20	$4.89

배당 안정성 A- | **배당 성장성** B+ | **배당 수익률** C | **배당 지속성** C-

필립스 66은 파이프라인을 포함한 다양한 에너지 사업을 진행 중이다. 최근 지역사회가 점차 코로나19 팬데믹의 그림자에서 벗어나면서 도로 교통량이 급증하는 것이 목격되고 있다. 이로 인해 필립스 66 주유소의 수요가 필연적으로 증폭하고 있는 상황이다. 이런 석유산업에서는 두 가지가 중요하다. 첫째, OPEC+의 원유 감산을 통한 유가 상승(OPCE 카르텔) 요소고 둘째는 친환경 규제로 석유 생산 능력을 추가하지 못하게 되었다는 점이다. 필자는 이런 상황에 대해 몇 가지 의문이 든다. 최근처럼 어려운 경제 상황 속에서도 국가, 기업, 개인이 이전처럼 재생에너지에 대한 투자와 지원을 할 수 있을까? 필자가 어릴 때 들었던 석유 고갈은 대체 언제 될까, 반대로 영원히 뿜어 나오는 것은 아닌가 모르겠다.

113 아플락 *Aflac Incoporated*

배당 개요

심볼	AFL	배당 성향	28.88%	배당 주기	분기
연간 배당금	$2.00	연배당수익률	2.54%	연속배당인상	0년
동종업계 배당수익률	3.18%	최근 배당지급일	24.03.01	Avg Price Recovery	9.6일

기업 개요

미국 보험회사이며 미국 최대의 보충보험 제공업체이다. 1955년에 설립되었고, 조지아주 콜럼버스에 본사가 있다. 아플락은 보험 가입자가 사고나 질병에 걸렸을 때 현금 혜택을 지급하는 급여공제 보험으로 더 유명하다. 2009년에 콘티넨탈 아메리칸 인슈어런스 컴퍼니(Continental American Insurance Company)를 인수함으로써 개인 및 그룹 플랫폼 모두에서 추가 보험을 판매할 수 있었다. 미국과 일본에서 사업을 운영하고 있으며, 일본에서는 가장 큰 보험회사이다. 2018년 포춘지 500대 미국 기업 중 수익 기준으로 137위에 올랐다.

배당 예상치

회계연도 Fiscal Period Ending	예상 배당금 Consensus Rate	예상 연배당수익률 Consensus Yield	낮은 전망치 Low	높은 전망치 High
2023년 12월	$1.68	2.05%	$1.68	$1.68
2024년 12월	$1.88	2.30%	$1.76	$2.00
2025년 12월	$1.93	2.36%	$1.80	$2.15

배당 안정성 B | **배당 성장성** B- | **배당 수익률** D | **배당 지속성** A+

보험주는 배당 성장 투자자에게 매력적인 장기투자처이다. 비즈니스 모델의 투자 매력도가 높기 때문이다. 최고의 보험회사는 두 가지 방법으로 돈을 벌기 때문에 매년 높은 수준의 수익을 창출한다. 먼저 보험사는 자사 보험에 대해 보험료 수익을 거둬들일 뿐만 아니라, 누적 보험료를 투자해 수익을 창출한다. 최근처럼 금리가 높으면 채권투자를 선호하는 투자자들의 운용수익이 아주 좋을 것이다. 여기에 아플락도 당연하게 해당된다. 아플락은 미국 최대 보험사 중 하나로 특히 암, 뇌졸중, 장기부전 등 중대한 질병을 보장하는 중증전문 보험사다. 특징이 있다면 전체 수익의 70%가 일본, 30%는 미국이라는 점이다.

114 WW 그레인저 *W.W. Grainger, Inc.*

배당 개요

심볼	GWW	배당 성향	17.31%	배당 주기	분기
연간 배당금	$7.44	연배당수익률	0.80%	연속배당인상	53년
동종업계 배당수익률	2.36%	최근 배당지급일	24.03.01	Avg Price Recovery	2.1일

기업 개요

1927년 설립한 산업재 공급업체로, 일리노이주 레이크 포레스트에 본사가 있다. 전 세계에 안전 및 보안용품, 자재 취급 보관 장비, 펌프 및 배관 장비, 청소 및 유지보수 용품, 금속가공 및 수공구를 공급하며, 재고관리 및 기술지원 서비스도 제공한다. 주로 수익은 소매가 아닌 B2B 판매에서 발생한다.

배당 예상치

회계연도 Fiscal Period Ending	예상 배당금 Consensus Rate	예상 연배당수익률 Consensus Yield	낮은 전망치 Low	높은 전망치 High
2023년 12월	$7.29	0.91%	$7.14	$7.36
2024년 12월	$7.84	0.98%	$7.30	$8.73
2025년 12월	$8.41	1.05%	$7.80	$9.35

배당 안정성 A+ | **배당 성장성** A+ | **배당 수익률** D+ | **배당 지속성** A+

WW 그레인저는 유지 관리, 수리 및 운영(MRO) 제품 및 서비스를 제공하는 광범위한 B2B 유통업체로 주로 북미, 일본 및 영국에서 사업을 운영하고 있다. 취급하는 제품에는 자재 취급 장비, 안전 및 보안 용품, 조명 및 전기 제품, 전동 및 수공구, 펌프 및 배관 용품, 청소 및 유지 관리 용품, 금속 가공 도구가 포함된다. 간단하게 풀어 설명하자면 기업에서 필요한 소모성 자재를 만들어서 중간 유통업체에게 조달하는 기업이라는 말이다. 결국 수많은 유통기업으로부터 주문을 받고 있고, 소모성 자재가 많아서 불황에 강하고 매출이 꾸준하다.

115 아메리칸 워터 웍스 *American Water Works Company, Inc.*

배당 개요

심볼	AWK	배당 성향	50.03%	배당 주기	분기
연간 배당금	$2.83	연배당수익률	2.34%	연속배당인상	16년
동종업계 배당수익률	3.75%	최근 배당지급일	24.03.01	Avg Price Recovery	2.7일

기업 개요

미국에서 상하수도 서비스를 제공하는 미국 공공 유틸리티 회사이다. 14개 주의 약 1,700개 커뮤니티에서 약 1,400만 명의 인구에게 상하수도 서비스를 제공한다. 1886년에 설립되었으며 본사는 뉴저지주 캠든에 있다.

배당 예상치

회계연도 Fiscal Period Ending	예상 배당금 Consensus Rate	예상 연배당수익률 Consensus Yield	낮은 전망치 Low	높은 전망치 High
2023년 12월	$2.80	2.12%	$2.77	$2.83
2024년 12월	$3.01	2.28%	$2.96	$3.06
2025년 12월	$3.26	2.47%	$3.23	$3.30

배당 안정성 A | **배당 성장성** C | **배당 수익률** D- | **배당 지속성** A-

아메리칸 워터 웍스는 미국 최대 상하수 처리 시설로 공공재 성격의 대표적인 유틸리티 기업이다. 하지만 최근 고금리 상황으로 역풍이 불고 있다. 첫째 유틸리티 기업의 배당 매력도가 높은 금리로 인해서 감소하고 있다. 둘째, 지속적으로 증가하는 물 수요를 충족하려면 인프라 확장이 필수인데, 지금은 막대한 지출을 할 수 있는 상황이 아니다. 그래서 한국수자원공사 같은 공기업이 아닌 이상 민간기업은 지금 같은 상황이 어려운 시기라고 볼 수 있다. 또 날씨가 추워지면 소비가 줄기 때문에 계절성도 있는 기업이다.

116 엔터지 *Entergy New Orleans, LLC*

배당 개요

심볼	ETR	배당 성향	58.53%	배당 주기	분기
연간 배당금	$4.52	연배당수익률	4.52%	연속배당인상	9년
동종업계 배당수익률	3.75%	최근 배당지급일	24.03.01	Avg Price Recovery	3.8일

기업 개요

포춘지 500대 기업에 속하는 통합 에너지 회사로 주로 미국 남부 지역에서 전력 생산과 소매유통에 종사하고 있다. 1913년에 설립되었고, 루이지애나주 뉴올리언스에 본사가 있으며, 아칸소, 루이지애나, 미시시피, 텍사스에서 300만 명의 고객에게 전력을 공급한다. 연간 매출이 110억 달러이고 직원 수는 1만 3,000명 이상이다.

배당 예상치

회계연도 Fiscal Period Ending	예상 배당금 Consensus Rate	예상 연배당수익률 Consensus Yield	낮은 전망치 Low	높은 전망치 High
2023년 12월	$4.31	4.35%	$4.10	$4.52
2024년 12월	$4.55	4.59%	$4.29	$4.79
2025년 12월	$4.79	4.83%	$4.39	$5.08

배당 안정성 A | **배당 성장성** B- | **배당 수익률** C+ | **배당 지속성** A-

엔터지는 전력 생산 및 소매 배전사업을 영위하는 종합 에너지 회사로 쉽게 말해 전기를 공급하는 유틸리티 기업이라고 생각하면 된다. 특징으로는 원자력 발전소를 소유, 운영하면서 7,000메가와트의 원자력을 포함하여 약 30,000메가와트의 발전 용량을 갖추고 있다는 점이다. 발전 구성은 가스/석유 또는 수력 67%, 원자력 23%, 석탄 10%로 구성된다. 다만 유틸리티 기업은 최근과 같은 고금리 상황에서 주가 상승의 재미가 없다. 반복적으로 언급했지만 4%가 넘어가는 엔터지의 연배당수익률도 고금리 상황에서는 덜 매력적으로 보이니 투자자들이 선뜻 매수를 못하는 상황이다.

117 퍼스트에너지 *FirstEnergy Corp*

배당 개요

심볼	FE	배당 성향	57.45%	배당 주기	분기
연간 배당금	$1.64	연배당수익률	4.41%	연속배당인상	1년
동종업계 배당수익률	3.75%	최근 배당지급일	24.03.01	Avg Price Recovery	6.2일

기업 개요

오하이오주 애크런에 본사를 두고 있는 전기 유틸리티 회사이다. 1997년 설립되었고, 전력 발전 및 분배, 송전, 에너지 관리와 기타 에너지 관련 서비스에 종사한다. 2018년 포춘지 선정 500대 미국 최대 공기업 목록에서 수익 기준으로 219위에 올랐다.

배당 예상치

회계연도 Fiscal Period Ending	예상 배당금 Consensus Rate	예상 연배당수익률 Consensus Yield	낮은 전망치 Low	높은 전망치 High
2023년 12월	$1.58	4.25%	$1.57	$1.60
2024년 12월	$1.67	4.48%	$1.62	$1.73
2025년 12월	$1.76	4.74%	$1.67	$1.82

배당 안정성 B | **배당 성장성** C- | **배당 수익률** B- | **배당 지속성** B

퍼스트에너지는 전력의 배전, 송전, 발전 등을 제공하는 전력회사다. 이런 유틸리티 기업의 큰 문제는 고객에게 안정적인 서비스를 제공하기 위해 송배전선을 업그레이드하고, 새로운 변전소를 개발하는 데 체계적인 투자를 하면서, 미국 전역의 수백만 고객에게 적절한 전기 공급을 보장해야 한다는 것이다. 쉽게 말하면 자본투입이 크고 지속적이다. 지금처럼 고금리 상황에서는 쉽지 않은 업종이고 기업이다.

118 처치 앤 드와이트 *Church & Dwight Co., Inc.*

배당 개요

심볼	CHD	배당 성향	30.46%	배당 주기	분기
연간 배당금	$1.14	연배당수익률	1.16%	연속배당인상	28년
동종업계 배당수익률	1.89%	최근 배당지급일	24.03.01	Avg Price Recovery	2.2일

기업 개요

처치 앤 드와이트는 퍼스널 케어, 가정용품 및 특수제품 위주의 미국 소비재 회사이다. 1846년에 설립되었으며 본사는 뉴저지주 유잉에 있다. 암앤해머(Arm&Hammer), 트로이(Trojan), 옥시클린(OxiClean), 퍼스트 리스폰스(First Response)와 같은 유명 브랜드의 모회사이다. 2021년 기준 36억 달러의 연간 수익을 보고했으며 이 회사의 제품 및 서비스에는 세탁세제, 공기청정제, 베이킹소다, 콘돔, 임신테스트기, 구강위생 제품 등의 광범위한 소비재가 포함된다.

배당 예상치

회계연도 Fiscal Period Ending	예상 배당금 Consensus Rate	예상 연배당수익률 Consensus Yield	낮은 전망치 Low	높은 전망치 High
2023년 12월	$1.09	1.18%	$1.07	$1.09
2024년 12월	$1.15	1.24%	$1.12	$1.18
2025년 12월	$1.21	1.31%	$1.17	$1.27

배당 안정성 B+ | **배당 성장성** A- | **배당 수익률** D- | **배당 지속성** A+

처치 앤 드와이트는 미국 가정용 제품, 즉 치약 등을 만드는 암앤해머(Arm&Hammer) 브랜드 등을 소유한 소비재 기업이다. 대부분의 소비재 기업이 지금과 같은 고금리 상황에서 투자자에게 외면을 받고 있는데, 이 기업은 선전하고 있다. 나름의 노하우 있는 것 같다. 재미있는 과거 이력을 보면 베이킹 소다를 치약부터 고양이 모래까지 모든 분야에 성공적으로 확장했다는 사실인데, 혁신 능력이 있지 않나 싶다.

첨언을 하자면 이런 소비재 기업은 물가가 올라가면 가격을 인상하고, 그러는 과정에서 고객이 다른 브랜드로 전환될 수 있다. 하지만 필자가 보기에 이 기업은 나름 오래된 팬이 있는 것으로 보인다. 배당을 인상 지급한 해는 28년이지만 순수한 전체 지급기간은 122년이기 때문이다.

119 콘아그라 브랜즈 *ConAgra Brands, Inc.*

배당 개요

심볼	CAG	배당 성향	49.41%	배당 주기	분기
연간 배당금	$1.40	연배당수익률	4.92%	연속배당인상	4년
동종업계 배당수익률	1.89%	최근 배당지급일	24.02.29	Avg Price Recovery	4.6일

기업 개요

일리노이주 시카고에 본사를 둔 미국의 포장 소비재 지주회사로 1919년에 설립되었다. 콘아그라는 '통합된(consolidated)'과 '농사(agriculture)'의 합성어이다. 식용유, 냉동식품, 핫코코아, 핫도그, 땅콩버터 등과 같은 다양한 제품을 만들고 판매하고 있으며 주요 브랜드로는 액트 2(Act II), 헌츠(Hunt's), 헬시초이스(Healthy Choice), 매리 캘린더(Marie Callender's), 우디스 글루텐 프리(Udi's Gluten-Free), 오르빌(Orville Redenbacher's), 슬림짐(Slim Jim) 등이 있다. 매출 기준으로 2022년 포춘지 500대 기업에서 331위에 올랐다.

배당 예상치

회계연도 Fiscal Period Ending	예상 배당금 Consensus Rate	예상 연배당수익률 Consensus Yield	낮은 전망치 Low	높은 전망치 High
2023년 5월	$1.38	4.88%	$1.31	$1.42
2024년 5월	$1.42	5.04%	$1.30	$1.48
2025년 5월	$1.47	5.21%	$1.30	$1.58

배당 안정성 B | **배당 성장성** C+ | **배당 수익률** A- | **배당 지속성** A-

콘아그라 브랜즈는 가공 및 포장 식품회사다. 헬시초이스(Healthy Choice)의 치킨 냉동식품류, 던칸하인즈(Duncan Hines)의 초콜릿 케익류가 전체 매출의 80%를 차지한다. 물론 그동안 먹어왔고, 먹고 있는 일반 포장식품이지만 최근 미국에서 불고 있는 체중감량의 붐으로 콘아그라 브랜즈의 식품을 사람들이 점점 기피하고 있다. 이런 추세가 더욱 거세지고 있으니, 투자 시 꼭 기억하기 바란다.

120 JM 스머커스 컴퍼니 *J. M. Smucker Co*

배당 개요

심볼	SJM	배당 성향	39.02%	배당 주기	분기
연간 배당금	$4.24	연배당수익률	3.37%	연속배당인상	26년
동종업계 배당수익률	1.89%	최근 배당지급일	24.03.01	Avg Price Recovery	3.3일

기업 개요

스머커스(Smuckers)로도 알려진 이 회사는 미국의 식품업체로 1897년에 설립되었다. 소비자 식품, 애완동물 식품, 커피의 세 가지 사업부를 보유하고 있다. 주력 브랜드인 스머커스(Smucker's)는 땅콩버터, 냉동 샌드위치, 아이스크림 토핑 등을 생산한다. 커피 브랜드로는 폴저스(Folgers), 카페 부스텔로(Café Bustelo), 던킨(Dunkin') 등이 있고, 반려동물 사료 브랜드에는 나인리브즈(9Lives), 키블스앤비츠(Kibbles'n Bits) 등이 있다. 뉴욕 증권거래소에 상장되어 있고, 2022년 시장 가치는 146억 달러로 추산된다.

배당 예상치

회계연도 Fiscal Period Ending	예상 배당금 Consensus Rate	예상 연배당수익률 Consensus Yield	낮은 전망치 Low	높은 전망치 High
2023년 4월	$4.23	3.79%	$4.19	$4.30
2024년 4월	$4.38	3.92%	$4.24	$4.60
2025년 4월	$4.54	4.07%	$4.24	$4.93

배당 안정성 A | **배당 성장성** C | **배당 수익률** B+ | **배당 지속성** A

북미 지역 소비자 식품 및 음료, 애완동물 사료 및 스낵을 생산하는 선도적인 업체다. 2022년에 런칭한 스머커스 언크러스터블(Smucker's Uncrustables)은 인스턴트 샌드위치인데, 고품질의 고기와 치즈로 가득 찬 냉동스낵의 일종이다. 또 다양한 땅콩버터와 잼 등이 있다.

그리고 최근 2023년 9월에 트윙키(Twinkie) 제조사인 호스테스 브랜즈(Hostess Brands)를 56억 달러에 인수했다. 트윙키는 노란빵에 하얀 크림이 듬뿍 들어간 미국인들의 대표 간식인데 빵 하나에 150칼로리다. 이렇다 보니 앞서 이야기한 미국 내 체중감량의 붐의 피해주로 분류될 수 있다. 1년에 5억 개가 팔리던 빵이 이제와서 외면을 받다니, 역사가 무려 100년이나 됐는데 말이다. 하지만 체중감량의 붐은 금방 식지 않을 것 같다. 투자에 참고하시라.

121 램 웨스턴 *Lamb Weston Holdings, Inc.*

배당 개요

심볼	LW	배당 성향	19.92%	배당 주기	분기
연간 배당금	$1.44	연배당수익률	1.41%	연속배당인상	4년
동종업계 배당수익률	1.89%	최근 배당지급일	24.03.01	Avg Price Recovery	5.2일

기업 개요

냉동감자 제품의 세계 최대 생산자이자 가공업체 중 하나다. 1950년 길버트 램(Gilbert Lamb)에 의해 설립되었고, 1988년 콘아그라 푸드(ConAgra Foods)에 인수되었으나, 2016년 11월 분사되었다. 본사는 아이다호주 이글에 있다.

배당 예상치

회계연도 Fiscal Period Ending	예상 배당금 Consensus Rate	예상 연배당수익률 Consensus Yield	낮은 전망치 Low	높은 전망치 High
2023년 5월	$1.17	1.22%	$1.12	$1.32
2024년 5월	$1.30	1.36%	$1.17	$1.66
2025년 5월	$1.33	1.39%	$1.23	$1.48

배당 안정성 A- | **배당 성장성** A- | **배당 수익률** D- | **배당 지속성** C

맥도널드에 가면 볼 수 있는 냉동감자가 바로 램 웨스턴에서 만든 것이다. 맥도널드 전체 매출의 11%가 램 웨스턴의 몫이니 대단하지 않을 수 없다. 또 냉동감자의 높은 질로 거의 독점적인 납품을 하고 있고, 그래서 가격도 마음대로 올린다. 정말 완벽한 매출 구조가 아닌가? 이래서 순이익률이 22%가 넘는다. 아마 이 정도면 식품 쪽에서는 최고치라고 할 수 있다. 역시 다이어트 붐의 대표적인 피해주로 분류되는 게 유일한 단점이 아닌가 싶다. 하지만 단순한 우려인지, 실제 피해사례가 있는지는 좀 더 시간을 두고 지켜보자.

[3월] 2주차

122 커민스(CMI)

123 TJX(TJX)

124 웰타워(WELL)

125 웨스팅하우스 에어 브레이크 테크놀로지(WAB)

126 존슨앤존슨(JNJ)

127 서던 컴퍼니(SO)

128 암젠(AMGN)

129 일라이 릴리(LLY)

130 아메리칸 일렉트릭 파워(AEP)

131 다우 케미컬(DOW)

132 얌브랜즈(YUM)

133 IBM(IBM)

134 타겟(TGT)

122 커민스 Cummins Inc.

배당 개요

심볼	CMI	배당 성향	31.98%	배당 주기	분기
연간 배당금	$6.72	연배당수익률	2.57%	연속배당인상	18년
동종업계 배당수익률	2.36%	최근 배당지급일	24.03.07	Avg Price Recovery	11.1일

기업 개요

커민스는 엔진, 여과, 전력 발전 제품을 설계, 제조, 유통하는 미국의 다국적 기업이다. 또한, 연료 시스템, 컨트롤, 공기처리, 여과, 배출제어, 전력발전 시스템, 트럭 등의 엔진 및 관련 장비에도 서비스를 제공한다. 1919년에 설립되었고, 인디애나주 콜럼버스에 본사가 있으며, 약 190개의 국가 및 지역에서 제품을 판매한다.

배당 예상치

회계연도 Fiscal Period Ending	예상 배당금 Consensus Rate	예상 연배당수익률 Consensus Yield	낮은 전망치 Low	높은 전망치 High
2023년 12월	$6.49	2.88%	$6.28	$6.58
2024년 12월	$6.87	3.05%	$6.28	$7.24
2025년 12월	$7.31	3.24%	$6.28	$7.97

배당 안정성 A | **배당 성장성** A- | **배당 수익률** B+ | **배당 지속성** A+

커민스는 디젤 및 천연가스 엔진은 물론 전기 및 하이브리드 파워트레인과 관련 부품의 설계, 생산, 유통 및 유지 관리에 종사하고 있다. 이 회사는 배터리, 연료 전지, 수소 생산기술과 같은 요소를 포함한 첨단 전력시스템에 중점을 두고 있고, 또한 여과, 후처리, 제어 시스템, 공기 처리 시스템, 자동 변속기 및 발전 시스템과 같은 서비스를 제공한다. 특히 최근에는 전기 자동차에 주력하고 있다. 2022년 전기 자동차는 전체 신차 판매의 14%를 차지했는데 2020년 5%, 2021년 약 9%에서 계속 증가해 온 고무적인 수치다. 과거의 디젤 엔진 전문 업체에서 변모를 아주 잘한 기업이다.

123 TJX *The TJX Companies, Inc.*

배당 개요

심볼	TJX	배당 성향	28.97%	배당 주기	분기
연간 배당금	$1.33	연배당수익률	1.37%	연속배당인상	2년
동종업계 배당수익률	1.89%	최근 배당지급일	24.03.07	Avg Price Recovery	1.9일

기업 개요

매사추세츠 프레이밍햄에 본사가 있는 미국의 다국적 할인백화점 기업이다. 1987년 자이르사(Zayre Corp.)의 자회사로 설립되었고, 1989년 회사 개편으로 자이르사의 법적 승계자가 되었다. TJX는 2019년 현재 TJ Maxx(미국), TK Maxx(호주, 유럽), 미국의 마셜(Marshalls), 홈굿즈(HomeGoods), 홈센스(HomeSense), 세이라(Sierra), 캐나다의 위너스(Winners) 등과 함께 플래그십 스토어 체인을 운영하고 있고, 9개 국에 4,557개가 넘는 할인점이 있다. 2021년 포춘지 선정 500대 미국 기업 중 총 매출에서 97위를 차지했다.

배당 예상치

회계연도 Fiscal Period Ending	예상 배당금 Consensus Rate	예상 연배당수익률 Consensus Yield	낮은 전망치 Low	높은 전망치 High
2023년 12월	$1.30	1.47%	$1.18	$1.37
2024년 12월	$1.42	1.60%	$1.18	$1.62
2025년 12월	$1.61	1.81%	$1.33	$1.81

배당 안정성 D | **배당 성장성** A | **배당 수익률** D- | **배당 지속성** D

티제이엑스 컴퍼니는 미국과 전 세계에서 의류 및 홈패션을 판매하는 선도적인 할인 소매업체이다. 최근 학자금 대출, 가스비, 보험, 금융 수수료 등의 비용증가와 고금리로 인해 저소득층 소비자들이 어떻게 소비를 줄이고 있는지 설명할 때마다 등장하는 대표적 할인 소매기업이다. 30달러 청바지를 티제이엑스 몰에서는 반값에 판다고 하니 나름 할인에 대한 노하우가 있는 기업인 것 같다.

124 웰타워 Welltower Inc.

배당 개요

심볼	WELL	배당 성향	150.90%	배당 주기	분기
연간 배당금	$2.44	연배당수익률	2.63%	연속배당인상	0년
동종업계 배당수익률	4.46%	최근 배당지급일	24.03.07	Avg Price Recovery	2.6일

기업 개요

1970년에 설립되었고 의료 인프라에 투자하는 부동산 투자 신탁으로 오하이오 톨레도에 본사가 있다. 2021년 매출 기준으로 2021년 포춘지 1000대 기업 중 630위에 올랐으며 S&P500의 구성요소이다. 2021년 초 기준 이 회사의 기업 가치는 500억 달러였다. 세계 최대의 의료용 부동산 투자 신탁인 웰타워는 미국, 캐나다, 영국의 주요 고성장 시장의 부동산에 대한 지분을 소유하고 있으며, 노인주택, 커뮤니티, 외래환자 의료용 시설 등에 투자한다.

배당 예상치

회계연도 Fiscal Period Ending	예상 배당금 Consensus Rate	예상 연배당수익률 Consensus Yield	낮은 전망치 Low	높은 전망치 High
2023년 12월	$2.45	2.80%	$2.44	$2.48
2024년 12월	$2.55	2.92%	$2.44	$2.68
2025년 12월	$2.78	3.18%	$2.44	$2.97

배당 안정성 C | **배당 성장성** C+ | **배당 수익률** D- | **배당 지속성** B+

웰타워는 노인 주택 커뮤니티, 치료 시설, 요양원 등을 전문으로 하고 있다. 지금 수많은 베이비붐 세대가 은퇴하고 노후에 진입하고 있다는 점을 감안한다면 상당히 유망한 기업이라고 볼 수 있다. 문제는 웰타워가 리츠기업이고 리츠가 앞서 몇 번 언급한 것처럼 금리인상 시기에 취약한 업종이라는 점이다. 하지만 그나마 영향을 덜 받는 리츠기업 중 하나다. 모든 사람은 늙듯이 장기적인 투자로 아주 좋아 보이는 종목이다.

125 웨스팅하우스 에어 브레이크 테크놀로지 Westinghouse Air Brake Technologies Corp.

배당 개요

심볼	WAB	배당 성향	10.55%	배당 주기	분기
연간 배당금	$0.80	연배당수익률	0.60%	연속배당인상	3년
동종업계 배당수익률	2.36%	최근 배당지급일	24.03.08	Avg Price Recovery	1.3일

기업 개요

와브텍(Wabtec)으로도 알려진 이 기업은 1999년 웨스팅하우스 에어 브레이크 컴퍼니(Westinghouse Air Brake Company, WABC)와 모티브파워 인더스트리스 코퍼레이션(MotivePower Industries Corporation)의 합병으로 형성되었으며 본사는 펜실베니아 피츠버그에 있다. 기관차, 화물열차, 여객운송 차량 등의 부품을 제조하고 최대 6,000마력(4MW)의 새로운 기관차를 제작한다. 2019년에 GE 트랜스포테이션(GE Transportation)을 인수하기도 했다.

배당 예상치

회계연도 Fiscal Period Ending	예상 배당금 Consensus Rate	예상 연배당수익률 Consensus Yield	낮은 전망치 Low	높은 전망치 High
2023년 12월	$0.69	0.59%	$0.68	$0.70
2024년 12월	$0.76	0.69%	$0.68	$0.89
2025년 12월	$0.80	0.69%	$0.68	$0.89

배당 안정성 A | **배당 성장성** B | **배당 수익률** D- | **배당 지속성** B+

회사의 이름은 웨스팅하우스 에어 브레이크 테크놀로지이지만 줄여서 왑텍이라고도 부른다. 왑텍은 기관차와 기타 다양한 기차의 부품을 제공한다. 기차 이야기를 들으면 최첨단 기술이 판치는 미국에서 너무 낙후된 거 아니냐고 생각하겠지만 두 가지 관점에서 미국의 철도산업은 잘되고 있다. 첫째, 유가가 상승하면서 많은 국가에서 여객열차와 화물열차의 이용을 확대할 가능성이 높다. 둘째, 다수의 정부가 더 많은 전기 자동차 판매를 의무화하고 있지만 전기 자동차 가격이 상당히 비싸기에 많은 소비자들은 이를 감당할 수 없다. 이에 여객열차의 활용도가 높아질 가능성이 높다. 듣다 보면 낙후된 산업이 아니라는 것을 알게 될 것이다.

126 존슨앤존슨 Johnson&Johnson

배당 개요

심볼	JNJ	배당 성향	43.28%	배당 주기	분기
연간 배당금	$4.76	연배당수익률	3.02%	연속배당인상	62년
동종업계 배당수익률	1.58%	최근 배당지급일	24.03.05	Avg Price Recovery	12.2일

기업 개요

1886년에 설립되었고, 의료기기, 의약품, 기타 소비자 제품을 개발한다. 세계에서 가장 신용 있는 회사이며, 미국 정부보다 높은 신용등급인 AAA를 받은 단 2개의 미국 기업 중 하나이다. 소비자 제품 브랜드에는 밴드에이드(Band-Aid), 타이레놀(Tylenol), 존슨즈베이비(Johnson's Baby), 뉴트로지나(Neutrogena), 클린앤클리어(Clean&Clear), 아큐브(Acuvue) 등이 있다. 제약 부문은 얀센(Janssen Pharmaceuticals)이 있다. 2021년 11월, 존슨앤존슨은 소비자 제품과 제약 및 의료기술 부문을 두 개의 공개 거래 회사로 분할할 것이라고 발표하기도 했다.

배당 예상치

회계연도 Fiscal Period Ending	예상 배당금 Consensus Rate	예상 연배당수익률 Consensus Yield	낮은 전망치 Low	높은 전망치 High
2023년 12월	$4.73	3.16%	$4.69	$4.76
2024년 12월	$4.89	3.27%	$4.61	$5.09
2025년 12월	$5.14	3.43%	$4.66	$5.45

배당 안정성 - | **배당 성장성** - | **배당 수익률** B+ | **배당 지속성** -

2023년 5월 존슨앤존슨은 타이레놀, 뉴트로지나, 존슨즈 베이비 등의 소비자 건강 부문 브랜드들을 켄뷰(Kenvue Inc.)로 분리 상장하며 현재 제약 및 의료 기기 부분에 집중하는 식으로 사업을 간소화하고 있다. 존슨앤존슨은 미국 기업 중 단 두 기업만 소유한 최고의 신용등급 AAA 기업(또 하나는 마이크로소프트)이고, 또 존경받는 제약회사 1위에도 여러 번 등재되었다. 딱 한 가지 단점이라면 바로 베이비 파우더를 포함한 회사의 활석 제품에서 때때로 나오는 석면으로 인한 암 관련 소송이다. 벌써 수년째 소송이 이어지고 있고, 아직 마무리가 안 되고 있다.

127 서던 컴퍼니 *Southern Company*

배당 개요

심볼	SO	배당 성향	64.73%	배당 주기	분기
연간 배당금	$2.80	연배당수익률	4.18%	연속배당인상	23년
동종업계 배당수익률	3.75%	최근 배당지급일	24.03.06	Avg Price Recovery	2.9일

기업 개요

미국 남부에 본사를 둔 가스 및 전기 유틸리티 지주회사이다. 조지아주 애틀랜타에 본사가 있으며, 2021년 현재 고객 기반 측면에서 미국 2위의 유틸리티 회사이다. 6개 주에서 900만 고객에게 유틸리티 서비스를 제공한다.

배당 예상치

회계연도 Fiscal Period Ending	예상 배당금 Consensus Rate	예상 연배당수익률 Consensus Yield	낮은 전망치 Low	높은 전망치 High
2023년 12월	$2.78	3.99%	$2.78	$2.80
2024년 12월	$2.87	4.12%	$2.86	$2.94
2025년 12월	$2.99	4.28%	$2.94	$3.10

배당 안정성 B | **배당 성장성** C+ | **배당 수익률** C- | **배당 지속성** A+

서던 컴퍼니는 전기를 공급하는 유틸리티 기업으로 대부분의 전기를 석탄(2007년 69%)에서 생산하고 있었다. 하지만 최근에는 훨씬 더 청정한 혼합 에너지(천연가스 52%, 원자력 에너지 16%, 재생에너지 18%, 석탄 14%)로 사업을 전환하며 탄소 배출을 스스로 줄이고 있는 기업이다. 또 보글(Vogtle) 프로젝트로 통칭되는 두 개의 새로운 원자력 발전소 건설을 진행 중인데 하나는 마무리돼서 현재 가동 중이고, 다른 하나는 2025년에 가동할 예정이다. 그렇게 되면 더 청정한 전기를 공급하는 유틸리티 기업이 될 것이다.

배당을 23년간 인상 지급했고, 지급기간이 77년이나 되는 기업이니 좋은 요소를 모두 갖춘 유틸리티 기업이 아닌가 싶다.

128 암젠 Amgen Inc.

배당 개요

심볼	AMGN	배당 성향	42.30%	배당 주기	분기
연간 배당금	$9.00	연배당수익률	3.17%	연속배당인상	12년
동종업계 배당수익률	1.58%	최근 배당지급일	24.03.07	Avg Price Recovery	17.4일

기업 개요

암젠(이전에는 A plied Molecular Genetics Inc.)은 세계 최대의 생명공학 기업 중 하나로 1980년 캘리포니아주 사우전드 오크스에 설립된 미국의 다국적 바이오 제약회사이다. 집중분자 생물학 및 생화학을 기반으로 재조합 DNA 기술을 이용한 의료사업을 제공하는 것을 목표로 한다. 최대 판매 제품 라인으로는 화학치료를 받는 암환자의 감염을 예방하는 데 사용되는 면역자극제인 뉴라스타와 류마티스 관절염 및 기타 자가면역질환 치료에 사용되는 종양괴사인자 차단제 엔브렐이 있다.

배당 예상치

회계연도 Fiscal Period Ending	예상 배당금 Consensus Rate	예상 연배당수익률 Consensus Yield	낮은 전망치 Low	높은 전망치 High
2023년 12월	$8.55	3.22%	$8.42	$8.75
2024년 12월	$9.31	3.51%	$9.03	$9.58
2025년 12월	$10.02	3.78%	$9.57	$10.44

배당 안정성 A+ | **배당 성장성** A- | **배당 수익률** B+ | **배당 지속성** B+

암젠은 아주 훌륭한 제약회사다. 다만 투자자들이 이 업계의 특징이나 상황, 그리고 약 이름도 잘 모른다. 필자는 여기서 제약회사가 돈 버는 과정을 쉽게 설명하려 한다. 이를 이해하려면 암젠의 류마티스 관절염 치료제 엔브렐(Enbrel)이 2022년 41억 달러의 매출을 올렸다는 점을 생각해야 한다. 그러나 10년이 지나기 전, 특허 보호가 상실되어 앞으로의 수익이 감소할 것으로 예상된다. 이런 상황에서 암젠이 테페자(Tepezza)를 인수하면 미래의 매출 감소를 상쇄하고 대체하는 데 도움이 될 수 있다. 테페자는 갑상선 안과 질환에 사용하는 유망한 약물로 호라이즌 테라퓨틱스(Horizon Therapeutics)의 제품이다. 암젠은 주력 약품의 매출을 특허 독점 허용기간까지 최대화하고, 특허 만료가 되면 새로운 먹거리가 될 다른 회사를 인수한다. 이제 이해가 되는가? 그래서 제약회사에 M&A가 많은 것이다. 필자가 보기에 암젠은 M&A를 잘하는 회사다.

129 일라이 릴리 *Eli Lilly and Company*

배당 개요

심볼	LLY	배당 성향	28.89%	배당 주기	분기
연간 배당금	$5.20	연배당수익률	0.69%	연속배당인상	10년
동종업계 배당수익률	1.58%	최근 배당지급일	24.03.08	Avg Price Recovery	9.7일

기업 개요

인디애나주 인디애나폴리스에 본사를, 18개 국에 지사를 둔 미국 제약회사로 1876년 제약화학자 일라이 릴리(Eli Lilly)에 의해 설립되었다. 일라이 릴리는 임상 우울증 약인 프로작(Prozac), 심발타(Cymbalta), 항정신병 약물 자이프렉사(Zyprexa)로 유명하지만, 주요 수익원은 당뇨약 휴마로그(Humalog)와 및 둘라글루타이드(Trulicity)이다. 소아마비 백신과 인슐린을 대량 생산한 최초의 회사로 2019년에 포춘지 500대 기업에서 123위, 포브스 글로벌 2000에서 221위, 포브스 선정 미국 최고의 직장 목록에서 252위를 차지했다.

배당 예상치

회계연도 Fiscal Period Ending	예상 배당금 Consensus Rate	예상 연배당수익률 Consensus Yield	낮은 전망치 Low	높은 전망치 High
2023년 12월	$4.35	0.73%	$3.18	$4.52
2024년 12월	$5.17	0.87%	$4.70	$6.00
2025년 12월	$5.93	1.00%	$4.99	$7.95

배당 안정성 A+ | **배당 성장성** A | **배당 수익률** D | **배당 지속성** A

당뇨병 치료제인 마운자로(Mounjaro)의 흥행과 체중 감량 약의 잠재력에 대한 투자자들의 전망이 믿을 수 없을 정도로 낙관적인 모습을 보이며 주가가 2023년에만 60% 상승했다. 이에 일라이 릴리는 시가총액 5,500억 달러가 넘는 세계에서 가장 가치 있는 의료회사로 발돋움했다. 우리는 최근 가장 큰 테마로 떠오른 인공지능만큼 장기적인 테마가 될지 아닐지를 지켜보기만 하면 된다.

130 아메리칸 일렉트릭 파워 American Electric Power Company, Inc.

배당 개요

심볼	AEP	배당 성향	59.02%	배당 주기	분기
연간 배당금	$3.52	연배당수익률	4.35%	연속배당인상	14년
동종업계 배당수익률	-	최근 배당지급일	24.03.08	Avg Price Recovery	3.2일

기업 개요

미국의 투자자 소유 전기 유틸리티 기업으로 11개 주에서 500만 명 이상의 고객에게 전기를 공급한다. 미국 최대의 송전 시스템을 소유하고 있으며, 이것은 모든 미국 송전 시스템을 합친 것보다 많다. 본사는 오하이오주 콜럼버스에 있으며, 2018년 포춘지 선정 500대 미국 기업 중 수익 기준으로 185위에 올랐다.

배당 예상치

회계연도 Fiscal Period Ending	예상 배당금 Consensus Rate	예상 연배당수익률 Consensus Yield	낮은 전망치 Low	높은 전망치 High
2023년 12월	$3.36	4.35%	$3.30	$3.53
2024년 12월	$3.55	4.59%	$3.35	$3.77
2025년 12월	$3.78	4.89%	$3.64	$4.04

배당 안정성 A- | **배당 성장성** C | **배당 수익률** B- | **배당 지속성** A

중서부 대규모 전력회사인 아메리칸 일렉트릭 파워는 석탄을 통한 전력 비중이 2023년 41%에서 2030년까지 19%로 떨어질 것이라 보고 있다. 반면 재생에너지는 23%에서 53%로 뛰어올랐다. 과거에는 이런 문제만 지켜본 것이 바로 유틸리티 업종이었다. 하지만 지금은 높은 금리로 인해 투자자들이 유틸리티 업종을 선호하지 않는다. 또 시장에서는 신규 발전소, 노후 인프라, 재생 가능 기술에 대한 투자 비용이 더 높아질 것으로 예상하고 있는데, 관련 기업들이 재무적으로 어려워지지 않을까 우려된다. 예전의 유틸리티 기업만의 매력을 되찾는 데는 시간이 오래 걸리지 않을까 싶다.

131 다우 케미컬 Dow Inc.

배당 개요

심볼	DOW	배당 성향	65.24%	배당 주기	분기
연간 배당금	$2.80	연배당수익률	5.12%	연속배당인상	0년
동종업계 배당수익률	2.82%	최근 배당지급일	24.03.08	Avg Price Recovery	4.6일

기업 개요

미시간주 미들랜드에 본사를 둔 미국의 다국적 화학회사이며, 세계 3대 화학 생산업체 중 하나이다. 플라스틱, 화학제품, 농업제품을 제조하고, 약 160개 국에 진출하고 있다. 다우는 최종 소비자가 아닌 다른 산업체에 판매하기 때문에 '화학회사의 화학회사'라고도 불린다. 2017년 다우(Dow)와 듀퐁(DuPont)이 합병하여 다우듀퐁(DowDuPont)이 되었으며, 재료과학 부문이 분사된 이후 2019년 4월 다우 케미컬 컴퍼니(Dow Chemical Company)라는 이름을 사용하게 되었다.

배당 예상치

회계연도 Fiscal Period Ending	예상 배당금 Consensus Rate	예상 연배당수익률 Consensus Yield	낮은 전망치 Low	높은 전망치 High
2023년 12월	$2.82	5.45%	$2.79	$2.94
2024년 12월	$2.87	5.55%	$2.79	$3.09
2025년 12월	$2.97	5.75%	$2.80	$3.37

배당 안정성 B- | **배당 성장성** C+ | **배당 수익률** A- | **배당 지속성** D

화학사업을 이해하는 가장 좋은 방법은 주유소에서 휘발유를 구입하는 것과 비교하는 것이다. 주유소에서 휘발유를 구입할 때 차별화 요소는 브랜드가 아니라 가격이다. 큰 에너지 회사는 원유를 가능한 최저 가격으로 정제하여 가능한 좋은 가격에 판매하려 한다. 다우 케미컬 역시 똑같다. 다우 케미컬의 목표는 수요를 정확하게 예측하고 104개 제조 현장을 효율적으로 운영하는 것이다. 하지만 경제 전망과 흐름을 통제할 수 없기 때문에 투자자는 회사가 비용과 자본 투자를 어떻게 관리하는지 관찰해야 한다. 지금은 금리가 높아 많은 기업들이 어려워하는 거시경제 상황이다. 다우 케미컬 역시 비용을 줄이고 통제하는 모습인데 1897년부터 지금까지 살아남은 노하우를 활용해 어려운 거시경제를 잘 이겨내고 있다. 그 증거가 지속적인 자사주매입과 배당 지급이다. 연배당수익률 5% 후반으로 장기투자 할 만한 종목이다.

132 얌브랜즈 *Yum! Brands, Inc.*

배당 개요

심볼	YUM	배당 성향	41.22%	배당 주기	분기
연간 배당금	$2.68	연배당수익률	2.00%	연속배당인상	7년
동종업계 배당수익률	1.89%	최근 배당지급일	24.03.08	Avg Price Recovery	9.8일

기업 개요

얌브랜즈(이전에는 Tricon Global Restaurants, Inc.)는 포춘지 1000대 기업에 오른 미국 패스트푸드 기업이다. 중국 이외의 지역에서 KFC, 피자헛(Pizza Hut), 타코벨(Taco Bell), 해빗버거그릴(The Habit Burger Grill)을 운영하며, 중국에서는 얌차이나(Yum China)라는 별도의 회사를 운영한다. 이전에는 롱 존 실버(Long John Silver's)와 A&W도 소유했었다. 본사는 켄터키주 루이빌에 위치하며, 1997년에 펩시콜라의 모기업인 펩시코에서 분사되었다.

배당 예상치

회계연도 Fiscal Period Ending	예상 배당금 Consensus Rate	예상 연배당수익률 Consensus Yield	낮은 전망치 Low	높은 전망치 High
2023년 12월	$2.42	1.90%	$2.37	$2.45
2024년 12월	$2.65	2.08%	$2.42	$2.86
2025년 12월	$2.92	2.29%	$2.73	$3.20

배당 안정성 D | **배당 성장성** A+ | **배당 수익률** D | **배당 지속성** B

최근 고금리 상황이 이어지면서 외식산업의 소비부진 우려가 높다. 기본적으로 소비자는 값비싼 식당에서 좀 더 저렴한 식당으로 이동해 소비를 낮추게 될 것이며, 이때 저렴한 식당은 얌브랜즈의 프랜차이즈가 될 확률이 높다. 이론적으로 지금의 고금리 상황은 얌브랜즈에게 이익이 될 것이다. 이는 단순한 논리가 아니다. 실제 실적으로 그 성과가 나타나고 있다.

133 **IBM** *International Business Machines Corporation*

배당 개요

심볼	IBM	배당 성향	62.31%	배당 주기	분기
연간 배당금	$6.64	연배당수익률	4.00%	연속배당인상	28년
동종업계 배당수익률	1.37%	최근 배당지급일	24.03.09	Avg Price Recovery	10.7일

기업 개요

빅 블루(Big Blue)라고도 불리며 컴퓨터 하드웨어, 미들웨어, 소프트웨어를 전문으로 메인프레임 컴퓨터에서 나노기술에 이르기까지 호스팅 및 컨설팅 서비스를 제공한다. 1911년 설립되었고, 1924년에 지금의 사명인 'International Business Machines'으로 이름이 바뀌었다. 이후 수십 년 동안 컴퓨터를 비롯한 여러 신기술 분야에서 업계 선두가 되었다. 1990년대부터 상대적으로 쇠퇴했고 2005년에 개인용 컴퓨터 사업부를 레노버 그룹(Lenovo Group)에 매각했다. IBM은 다우존스 산업평균지수에 상장된 30개 기업 중 하나이며, 포춘지 선정 매출 기준 7위의 기술회사이다.

배당 예상치

회계연도 Fiscal Period Ending	예상 배당금 Consensus Rate	예상 연배당수익률 Consensus Yield	낮은 전망치 Low	높은 전망치 High
2023년 12월	$6.63	4.34%	$6.62	$6.64
2024년 12월	$6.76	4.42%	$6.66	$6.89
2025년 12월	$6.94	4.54%	$6.70	$7.20

배당 안정성 B- | **배당 성장성** B+ | **배당 수익률** A | **배당 지속성** A+

여러분들은 과거의 IBM을 기억할 것이다. IBM은 메인프레임을 위주로 한 하드웨어 업체였으나, 1990년대부터 소프트웨어, 서비스 등으로 분야를 넓혀 왔다. 현재 IBM은 빠르게 성장하는 회사가 아니다. 주가도 재미없다. 2023년에는 '왓슨X(watsonX)'이라는 인공 지능(AI) 플랫폼을 출시하기도 했다. 이후 새로운 게임체인저가 될지는 아직 모르겠지만 기대가 되는 바이다.

134 타겟 *Target Corporation*

배당 개요

심볼	TGT	배당 성향	42.74%	배당 주기	분기
연간 배당금	$4.40	연배당수익률	2.94%	연속배당인상	53년
동종업계 배당수익률	1.89%	최근 배당지급일	24.03.10	Avg Price Recovery	7.8일

기업 개요

미네소타주 미니애폴리스에 본사를 둔 미국 대형 백화점 체인으로, 미국 7위의 소매업체이며 S&P500지수의 구성 요소이다. 1902년 설립되었고, 2022년 기준 미국 전역에 약 2,000개의 매장을 운영하고 있으며 총 수익 기준으로 2020년 포춘지 500대 미국 기업 중 37위에 올랐다.

배당 예상치

회계연도 Fiscal Period Ending	예상 배당금 Consensus Rate	예상 연배당수익률 Consensus Yield	낮은 전망치 Low	높은 전망치 High
2023년 1월	$4.39	3.38%	$4.32	$4.68
2024년 1월	$4.50	3.46%	$4.40	$4.57
2025년 1월	$4.70	3.62%	$4.53	$4.98

배당 안정성 A | **배당 성장성** B- | **배당 수익률** B- | **배당 지속성** A+

타겟은 미국의 대표 소매업체로 최근 금리가 높아지고 소비가 부진하자 고객이 많이 줄어든 모습이다. 지난 분기에도 고객 트래픽은 5% 감소했는데, 이는 주요 성장지표가 2023년 초에 비해 악화되었음을 나타낸다. 하지만 월마트, 코스트코처럼 식료품과 같은 필수소비재의 비율이 높은 소매업체는 2023년 들어 트래픽이 증가한 것으로 나타났다. 즉 당장 필요한 채소, 과일, 육류를 사러 월마트나 코스트코에는 가는데 타겟은 가지 않는 것이다. 타겟이 임의소비재에 더 많이 의존하고 식료품과 같은 필수품은 경쟁사인 월마트만큼 큰 부분을 차지하지 않기 때문이다. 장기적으로 생각해 보자. 언젠가 소비가 살아나면 식료품보다 의류나 가전제품이 더 팔리지 않을까?

[3월] 3주차

135	마라톤 오일(MRO)
136	록웰 오토메이션(ROK)
137	PPG 인더스트리(PPG)
138	마라톤 페트롤리엄 코퍼레이션(MPC)
139	S&P 글로벌(SPGI)
140	쉐브론(CVX)
141	스냅온(SNA)
142	롤린스(ROL)
143	CDW 코퍼레이션(CDW)
144	월그린스 부츠 얼라이언스(WBA)
145	에머슨 일렉트릭(EMR)
146	엑슨모빌(XOM)
147	센터포인트 에너지(CNP)
148	마이크로소프트(MSFT)
149	트랙터 서플라이 컴퍼니(TSCO)
150	노스럽그루먼(NOC)
151	메트라이프(MET)
152	넥스트에라 에너지(NEE)
153	에스티로더(EL)
154	어플라이드 머티리얼스(AMAT)
155	CSX 코퍼레이션(CSX)
156	허쉬 컴퍼니(HSY)
157	코르테바(CTVA)
158	신타스(CTAS)

[3월] 3주차

159 콘솔레이티드 에디슨(ED)

160 듀퐁(DD)

161 타이슨 푸드(TSN)

162 켈라노바(K)

163 에퀴팩스(EFX)

164 도버(DOV)

165 볼 코퍼레이션(BALL)

166 키코프(KEY)

167 스카이웍스 솔루션스(SWKS)

168 인터내셔널 페이퍼(IP)

169 몰슨 쿠어스(TAP)

170 맥도날드(MCD)

135 마라톤 오일 *Marathon Oil Corporation*

배당 개요

심볼	MRO	배당 성향	13.78%	배당 주기	분기
연간 배당금	$0.44	연배당수익률	1.90%	연속배당인상	3년
동종업계 배당수익률	4.24%	최근 배당지급일	24.03.11	Avg Price Recovery	3.9일

기업 개요

텍사스주 휴스턴에 본사를 둔 미국의 탄화수소 탐사기업이다. 스탠다드 오일(Standard Oil)의 후신으로 포춘지 500에서 534위에 올랐다. 1887년에 오하이오 오일 컴퍼니(The Ohio Oil Company)로 시작되었으며, 1889년에 돈 록펠러(John D. Rockefeller)의 스탠다드 오일에 인수되었고, 1962년 회사 이름을 지금의 사명으로 변경했다. 회사의 확인된 매장량은 석유 52%, 천연가스 30% 및 액체천연가스 18%이다.

배당 예상치

회계연도 Fiscal Period Ending	예상 배당금 Consensus Rate	예상 연배당수익률 Consensus Yield	낮은 전망치 Low	높은 전망치 High
2023년 12월	$0.41	1.59%	$0.40	$0.41
2024년 12월	$0.45	1.76%	$0.40	$0.56
2025년 12월	$0.49	1.90%	$0.40	$0.65

배당 안정성 B | **배당 성장성** B+ | **배당 수익률** D | **배당 지속성** D

마라톤 오일은 미국에 초점을 맞춘 석유 및 가스 탐사 회사로 회사의 자산은 페르미안(Permian), 이글포드(Eagle Ford), 바켄(Bakken) 및 오클라호마(Oklahoma)에 있다. 2022년 12월 기준, 마라톤에서는 확인된 석유 매장량은 1,338백만 배럴이고, 이는 중동의 분쟁으로부터 자유롭다. 한마디로 경제 상황이 좋아지고 유가가 오르면 자사주매입을 늘리고 배당을 늘리는 기업이라고 생각하면 된다. 지난 7분기 동안 42억 달러의 자사주매입을 했는데, 이는 현재 시가총액의 1/4 규모이다.

136 록웰 오토메이션 Rockwell Automation, Inc.

배당 개요

심볼	ROK	배당 성향	36.87%	배당 주기	분기
연간 배당금	$5.00	연배당수익률	1.83%	연속배당인상	14년
동종업계 배당수익률	2.36%	최근 배당지급일	24.03.11	Avg Price Recovery	4.3일

기업 개요

알렌브래들리(Allen-Bradley), 팩토리토크(FactoryTalk) 소프트웨어, 라이프사이클IQ 서비스(LifecycleIQ Services) 등의 브랜드를 보유한 미국 산업자동화 공급업체이다. 위스콘신주 밀워키에 본사가 있으며, 전 세계 100개 이상의 국가에서 활동하고 있다.

배당 예상치

회계연도 Fiscal Period Ending	예상 배당금 Consensus Rate	예상 연배당수익률 Consensus Yield	낮은 전망치 Low	높은 전망치 High
2023년 9월	$5.02	1.82%	$4.41	$5.60
2024년 9월	$5.39	1.96%	$4.41	$6.67
2025년 9월	$6.00	2.18%	$5.49	$6.50

배당 안정성 A+ | **배당 성장성** A | **배당 수익률** C | **배당 지속성** A

장우석의 말말말

록웰은 세계 최대의 산업자동화 솔루션 공급업체 중 하나로 지난 몇 년 동안 제조 분야의 자본투자 물결을 탔다. 주로 제조고객을 대상으로 자동화 장비 및 서비스를 제공하는 회사다.

국제로봇연맹(International Federation of Robotics)에 따르면 2017년부터 2022년까지 산업용 로봇의 판매량은 연평균 7% 증가했다. 제조업에서 로봇, 산업자동화는 거역할 수 없는 흐름이 아닌가 싶다. 특히 산업용 로봇에 대한 수요가 높은 이유 중 하나는 자동차 제조 시설에 대한 상당한 투자와 전반적인 현대화다. 그리고 리서치그룹 모도인텔리전스(Mordor Intelligence)에 따르면 의료 부문에서도 산업용 로봇에 대한 수요가 높다. 또 다른 부문은 건물 유지관리 산업이다. 필자가 보기에 가장 중요한 부분은 고령화와 인구감소가 아닐까 싶다. 결국 사람이 줄면 로봇이 그 빈자리를 메꿀 수밖에 없다. 어찌 보면 난해할 수 있는 AI보다 실질적으로 커질 수 있는 산업으로 보인다.

137 PPG 인더스트리 *PPG Industries, Inc.*

배당 개요

심볼	PPG	배당 성향	27.86%	배당 주기	분기
연간 배당금	$2.60	연배당수익률	1.84%	연속배당인상	53년
동종업계 배당수익률	2.82%	최근 배당지급일	24.03.12	Avg Price Recovery	4.8일

기업 개요

포춘지 선정 500대 기업이자 페인트, 코팅 및 특수재료를 생산하는 글로벌 업체이다. 1883년에 설립되었으며 펜실베이니아주 피츠버그에 본사가 있는 PPG는 전 세계 70개 국 이상에서 운영하고 있다. 매출 기준으로 세계 최대의 코팅회사이다.

배당 예상치

회계연도 Fiscal Period Ending	예상 배당금 Consensus Rate	예상 연배당수익률 Consensus Yield	낮은 전망치 Low	높은 전망치 High
2023년 12월	$2.54	1.87%	$2.49	$2.58
2024년 12월	$2.65	1.95%	$2.50	$2.81
2025년 12월	$2.78	2.05%	$2.50	$3.10

배당 안정성 B+ | **배당 성장성** B+ | **배당 수익률** C- | **배당 지속성** A+

PPG 인더스트리는 페인트, 코팅 및 특수 재료를 제조 및 유통하는 기업으로 미국 내에선 셔윈 윌피엄스(Sherwin-Williams)와 라이벌 관계이다. 이러한 경쟁 구도는 두 기업 모두 이익에 마이너스를 준다. 그나마 PPG는 금리가 높아서 어려운 주택산업보다는 산업현장에 대한 매출이 높고, 다소 경기가 좋은 미국보다 최근 어려움을 겪는 유럽에서 매출이 높다. 종합적으로 보면 셔윈 윌리엄스가 약간 더 우위를 보이고 있는데, 아무래도 미국의 강한 경제가 승패를 가른 것 같다. 이제 PPG 인더스트리의 가야 할 방향이 약간 수정되지 않을까 싶다.

138 마라톤 페트롤리엄 코퍼레이션 *Marathon Petroleum Corporation*

배당 개요

심볼	MPC	배당 성향	22.70%	배당 주기	분기
연간 배당금	$3.30	연배당수익률	2.01%	연속배당인상	2년
동종업계 배당수익률	4.24%	최근 배당지급일	24.03.11	Avg Price Recovery	10.9일

기업 개요

오하이오 핀들레이에 본사가 있는 미국의 석유 정제, 마케팅 및 운송회사이다. 2011년 기업분할 전까지 마라톤 오일(Marathon Oil)의 전액 출자 자회사였다. 2018년 엔데버(Endeavour)를 인수한 후 16개의 정제 공장과 하루 300만 배럴 이상의 정제 용량을 갖춘 미국 최대의 정유회사가 되었고, 2018년 포춘지 선정 500대 미국 기업 중 총 수익 기준으로 41위를 차지했다.

배당 예상치

회계연도 Fiscal Period Ending	예상 배당금 Consensus Rate	예상 연배당수익률 Consensus Yield	낮은 전망치 Low	높은 전망치 High
2023년 12월	$3.10	2.10%	$3.07	$3.15
2024년 12월	$3.40	2.30%	$3.30	$3.60
2025년 12월	$3.56	2.41%	$3.30	$3.95

배당 안정성 B | **배당 성장성** A- | **배당 수익률** C+ | **배당 지속성** C+

마라톤 페트롤리엄 코퍼레이션은 선도적인 정유업체이자 운송 및 마케팅까지 겸하는 종합 에너지 기업이다. 한마디로 원유를 정제해서 운송과 판매까지 모두 담당한다는 뜻이다. 이 회사의 이점은 페르미안(Permian), 바켄(Bakken), 캐나다(Canada) 등에서 더 싼 원유를 공급받기 때문에 실적이 좋다는 점이다. 이것만 기억하자. 주유소를 갈 때 기준이 기름의 질인가 아니면 가격인가? 당연히 가격이 아닌가 싶다.

139 S&P 글로벌 S&P Global Inc.

배당 개요

심볼	SPGI	배당 성향	22.69%	배당 주기	분기
연간 배당금	$3.64	연배당수익률	0.85%	연속배당인상	52년
동종업계 배당수익률	1.37%	최근 배당지급일	24.03.12	Avg Price Recovery	0.7일

기업 개요

2016년 4월 이전까지는 'McGraw Hill Financial, Inc.'로 불렸던 S&P 글로벌은 뉴욕 맨해튼에 본사가 있는 미국 상장기업으로 재무정보 및 분석을 주로 한다. S&P 글로벌 레이팅(Global Ratings), S&P 글로벌 마켓 인텔리전스(Global Market Intelligence), S&P 글로벌 모빌리티(Global Mobility), S&P 글로벌 엔지니어링 솔루션스(Global Engineering Solutions), S&P 글로벌 서브스텐셜(Global Sustainable1), S&P 글로벌 커머디티 인사이츠(Global Commodity Insights), CRISIL의 모회사이며, S&P Dow Jones Indices 회사의 대주주이다. S&P는 'Standard and Poor's'의 줄임말이다.

배당 예상치

회계연도 Fiscal Period Ending	예상 배당금 Consensus Rate	예상 연배당수익률 Consensus Yield	낮은 전망치 Low	높은 전망치 High
2023년 12월	$3.60	0.88%	$3.60	$3.61
2024년 12월	$3.83	0.94%	$3.53	$4.20
2025년 12월	$4.12	1.01%	$3.60	$4.80

배당 안정성 A+ | **배당 성장성** C+ | **배당 수익률** F | **배당 지속성** A+

S&P 글로벌은 시장 점유율이 40%에 달하는 미국 최고의 신용평가기관이다. 매출 구성을 자세히 보면 절반이 신용평가 매출, 26%가 재무정보 및 분석매출, 그리고 S&P500지수 관련 매출이 13%로 구성되어 있다. 들어보면 뭐 하나 매출이 크게 감소할 것이 없다. 조금 과장하면 경쟁자도 별로 없고, 해자도 있어 보인다. 그래서 2023년 배당왕 리스트에 이름을 올리기도 했다.

140 쉐브론 *Chevron Corp*

배당 개요

심볼	CVX	배당 성향	46.37%	배당 주기	분기
연간 배당금	$6.52	연배당수익률	4.23%	연속배당인상	37년
동종업계 배당수익률	4.24%	최근 배당지급일	24.03.11	Avg Price Recovery	9.5일

기업 개요

미국의 다국적 에너지 기업이다. 스탠다드 오일(Standard Oil)에서 파생된 기업 중 엑슨모빌에 이어 두 번째로 큰 기업으로, 정부가 소유하지 않은 석유회사 가운데 세계 5위의 석유회사이다. 1879년에 설립되었고, 탄화수소 탐사 및 생산, 정제, 마케팅, 운송, 화학물질 제조 및 판매, 전력 생산 등 석유 및 천연가스 산업의 모든 측면에 관여하고 있다. 2020년에 엑슨모빌(ExxonMobil)이 탈퇴한 이후 다우존스 산업평균지수에 마지막으로 남은 석유 및 가스 구성요소이다.

배당 예상치

회계연도 Fiscal Period Ending	예상 배당금 Consensus Rate	예상 연배당수익률 Consensus Yield	낮은 전망치 Low	높은 전망치 High
2023년 12월	$6.03	4.17%	$5.95	$6.07
2024년 12월	$6.42	4.44%	$6.16	$6.66
2025년 12월	$6.75	4.67%	$6.37	$7.05

배당 안정성 B | **배당 성장성** A | **배당 수익률** C | **배당 지속성** A+

쉐브론은 거대 에너지 기업으로 청정 에너지원과는 재정적 이해관계를 갖고 있다. 하지만 가까운 미래에 회사의 빵과 버터가 화석 연료 수익이 될 것이라고 굳게 믿고 있다. 2023년 10월 쉐브론은 미국의 석유 가스 생산업체 헤스를 530억 달러에 인수하기로 합의했는데, 이는 쉐브론 역사상 최대 규모의 M&A다. 또 2024년에 베네수엘라의 원유 생산을 일일 6만 5,000배럴가량 늘릴 계획을 가지고 있다. 이후 쉐브론이 미국 석유산업의 강력한 중심이 될 수 있을지는 좀 더 지켜봐야겠다.

141 스냅온 Snap-on Inc

배당 개요

심볼	SNA	배당 성향	37.06%	배당 주기	분기
연간 배당금	$7.44	연배당수익률	2.77%	연속배당인상	14년
동종업계 배당수익률	1.89%	최근 배당지급일	24.03.11	Avg Price Recovery	9.0일

기업 개요

자동차, 중장비, 해양, 항공, 철도 등의 운송산업에서 사용되는 고급 전문 장비를 설계, 제조 및 판매하는 미국 기업이다. 1920년에 설립되었고, 위스콘신주 케노샤에 본사가 있으며, 블루포인트(Blue-Point)라는 브랜드의 저가형 도구도 판매한다.

배당 예상치

회계연도 Fiscal Period Ending	예상 배당금 Consensus Rate	예상 연배당수익률 Consensus Yield	낮은 전망치 Low	높은 전망치 High
2023년 12월	$6.55	2.36%	$6.47	$6.68
2024년 12월	$6.97	2.51%	$6.26	$7.68
2025년 12월	$7.54	2.71%	$6.58	$8.83

배당 안정성 A+ | **배당 성장성** A+ | **배당 수익률** B+ | **배당 지속성** A

스냅온은 운송산업에서 전문적으로 사용되는 고급 도구 및 장비를 설계, 제조, 마케팅하는 미국기업으로 여기에는 자동차, 중장비, 장비, 해양, 항공 및 철도산업을 위한 솔루션이 포함된다. 솔직하게 말하면, 스냅온은 지루하지만 저평가된 기업 중 하나이다. 자동차나 중장비의 성능에 관심을 갖지만 그것들을 고치고 수리하는 공구에는 관심이 없기 때문이다. 1970년대 기업공개 이후 조용히 9,000%가 넘는 총 수익률을 달성했다. 그러나 이러한 성공 기록과 지난 10년 동안 주당순이익(EPS)이 3배 증가했음에도 불구하고 회사는 매력적인 P/E 비율 14로 거래된다. 우리는 조용히 돈을 벌기만 하면 된다.

최근의 우려는 주로 내연기관 차량에 국한된 공구나 장비가 EV시대에는 뒤떨어진다는 것인데, 잘 모르는 분들의 기우이다. 보통 수리의 80%는 엔진 쪽이 아니라, 단순 부품 쪽이다. EV시대는 스냅온에게 더 큰 기회가 될 것이다.

142 롤린스 Rollins, Inc.

배당 개요

심볼	ROL	배당 성향	54.37%	배당 주기	분기
연간 배당금	$0.60	연배당수익률	1.47%	연속배당인상	3년
동종업계 배당수익률	1.89%	최근 배당지급일	24.03.11	Avg Price Recovery	7.3일

기업 개요

1948년에 설립되었으며, 조지아주 애틀랜타에 본사를 두고 있는 북미 해충 방제회사이다. 미국, 캐나다, 영국, 멕시코, 중앙아메리카, 카리브해, 중동, 아시아의 500개 이상의 지역에서 200만 명 이상의 고객에게 흰개미, 설치류, 곤충, 야생동물 등으로부터의 보호 서비스를 제공한다.

배당 예상치

회계연도 Fiscal Period Ending	예상 배당금 Consensus Rate	예상 연배당수익률 Consensus Yield	낮은 전망치 Low	높은 전망치 High
2023년 12월	$0.55	1.38%	$0.52	$0.59
2024년 12월	$0.62	1.56%	$0.57	$0.66
2025년 12월	$0.70	1.77%	$0.60	$0.74

배당 안정성 B- | **배당 성장성** A | **배당 수익률** D | **배당 지속성** A-

장우석의 말말말

전쟁보다 무서운 것이 해충이고 벌레다. 그리고 또 매년 사라지지 않고, 극성을 부린다. 해충 방제시장은 사실상 경기침체에 영향을 받지 않는다. 회사는 대불황과 코로나19 대유행 기간 동안 오히려 매출이 각각 5%와 7% 증가했다.

유엔식량농업기구(FAO)에 따르면 매년 전 세계 작물 수확량의 최대 40%가 해충 및 질병으로 손실되며, 식물 질병으로 무려 2,200억 달러, 해충으로 200억 달러에 달하는 피해가 발생한다. 제초제 사용의 헥타르당 평균 용량이 1950년대 2.4킬로그램에서 2010~2014년 75그램으로 감소했으며 신제품을 개발하는 데 걸리는 평균 리드 타임이 1995년 8.3년에서 2014년 10.1년으로 늘어났다. 동시에 자사 제품이 인간에게 해를 끼치지 않도록 보장해야 하는 기업에 대한 규제 압력도 증가하고 있다.

듣다 보니 롤린스가 할 일이 많아 보인다. 일반적으로 집에 벌레가 있는 것을 좋아하는 사람은 거의 없다. 이 명제가 변하지 않는 한 롤린스는 잘될 것이다.

143 CDW 코퍼레이션 *CDW Corp*

배당 개요

심볼	CDW	배당 성향	21.56%	배당 주기	분기
연간 배당금	$2.48	연배당수익률	1.03%	연속배당인상	10년
동종업계 배당수익률	1.37%	최근 배당지급일	24.03.12	Avg Price Recovery	0.6일

기업 개요

일리노이주 링컨셔에 본사를 둔 CDW는 기업, 정부, 교육기관을 위한 기술제품과 서비스 제공업체이다. 이 회사에는 미국의 초등학교, 대학, 비영리 의료기관, 주 및 지방 정부, 연방 정부와 같은 미국 정부기관만 전담하는 CDW-G라고 하는 보조부서가 있다. 1984년에 설립되었으며, 나중에 컴퓨터 디스카운드 웨어하우스(Computer Discount Warehouse)가 되었다가 CDW가 되었다.

배당 예상치

회계연도 Fiscal Period Ending	예상 배당금 Consensus Rate	예상 연배당수익률 Consensus Yield	낮은 전망치 Low	높은 전망치 High
2023년 12월	$2.39	1.11%	$2.35	$2.42
2024년 12월	$2.56	1.19%	$2.48	$2.66
2025년 12월	$2.75	1.28%	$2.48	$2.93

배당 안정성 A- | **배당 성장성** A- | **배당 수익률** C- | **배당 지속성** B-

2000년대 초반 CDW는 주로 데스크톱, 노트북, 프린터를 판매했고 오늘날에는 데이터 센터, 사이버 보안, 모빌리티, 자동화, 퍼블릭/프라이빗/하이브리드 클라우드 및 SaaS(Software as a Service)용 제품까지 확장해 판매하고 있다. CDW는 다양한 기술제품의 부가가치 리셀러이자 B2B 정보기술 솔루션 제공업체로 애플, 아마존, 마이크로소프트, 엔비디아 등 다양한 회사 서비스를 제공하고 있다. 제품을 제조하지 않기 때문에 자본 지출이 거의 없으며 연구 개발에는 전혀 지출하지 않는다.

CDW는 기술 공급업체와 고객 간의 중개자 역할을 하며 돈 버는 구조를 구축했다. 특정 대기업이 사무용 PC 1,000대를 구입할 때면 서버와 사이버 보안프로그램 등도 필요할 것이다. 그럼 이 과정을 누군가에게 맡긴다면 손쉽게 PC를 구입하고 또 다양한 서비스까지 받을 수 있지 않을까? 추가 계약을 통해서 PC를 교체하거나 사내 클라우드 설치에 대한 도움도 받을 수 있을 것이다. 바로 이 역할을 CDW가 한다고 보면 된다. 한마디로 1,000개 이상의 공급업체 파트너가 제공하는 100,000개 이상의 제품을 250,000명 이상의 일반 고객에게 판매한다. CDW의 고객사는 보통 10년 이상의 장기계약을 한다. 시간이 지날수록 IT에 지식이 없는 정부, 교육 및 의료기관, 종교기관과 대기업 등이 고객사로 유입되고 있다.

144 월그린스 부츠 얼라이언스 *Walgreens Boots Alliance, Inc.*

배당 개요

심볼	WBA	배당 성향	28.21%	배당 주기	분기
연간 배당금	$1.00	연배당수익률	4.48%	연속배당인상	0년
동종업계 배당수익률	1.89%	최근 배당지급일	24.03.12	Avg Price Recovery	14.4일

기업 개요

일리노이주 디어필드에 본사를 둔 미국-영국-스위스 지주회사로 소매 약국 체인인 월그린스(Walgreens), 부츠(Boots) 등 여러 제약제조 및 유통회사를 소유하고 있다. 2014년 설립되었고, 2022년 기준 총 수익으로 포춘지 500대 기업 순위에서 18위에 올랐고, 현재 9개 국에서 사업을 운영하고 있다. 2018년 월그린스 부츠는 다우존스 산업평균지수에서 제너럴 일렉트릭 (General Electric)을 대체했으며, 또한, 나스닥100(Nasdaq-100), S&P100 및 S&P500지수의 구성요소이다.

배당 예상치

회계연도 Fiscal Period Ending	예상 배당금 Consensus Rate	예상 연배당수익률 Consensus Yield	낮은 전망치 Low	높은 전망치 High
2023년 8월	$1.95	9.21%	$1.91	$2.09
2024년 8월	$1.98	9.32%	$1.91	$2.19
2025년 8월	$1.98	9.33%	$1.93	$2.03

배당 안정성 C+ | **배당 성장성** F | **배당 수익률** A+ | **배당 지속성** A+

월그린스 부츠 얼라이언스는 미국의 대표 약국 체인점이다. 약국 소매 공간은 여전히 경쟁이 치열하며 거시경제적 압박으로 인해 전반적인 수익성이 저하될 수 있다. 여기에 오피오이드 소송은 문제를 더욱 악화시킬 뿐이다. 한마디로 지금 월그린스를 보유하는 것은 엄청나게 위험한 투자로 생각된다. 회사는 재무 건전성을 강화하기 위해 보다 과감한 조치를 취해야 한다. 투자자들은 자신감을 잃었고, 월마트, 아마존, CVS 헬스와 경쟁하려면 배당금이 줄어들 가능성이 높으며 결국 회사는 더 뼈 아픈 비용통제를 해야 할 것이다. 하지만 새로운 CEO를 임명하면서 어느 정도 변화의 물결이 일 듯하다. 같이 지켜보자.

145 에머슨 일렉트릭 Emerson Electric Co.

배당 개요

심볼	EMR	배당 성향	36.33%	배당 주기	분기
연간 배당금	$2.10	연배당수익률	2.00%	연속배당인상	67년
동종업계 배당수익률	2.36%	최근 배당지급일	24.03.11	Avg Price Recovery	12.7일

기업 개요

미주리주 퍼거슨에 본사를 둔 미국의 다국적 기업이다. 이 회사는 자동화 솔루션, 애스펜테크(AspenTech), 상업 및 주거 솔루션 부문으로 운영되며, 석유 및 가스, 정제, 화학, 발전, 생명 과학, 식품 및 음료, 자동차, 펄프 및 제지, 금속 및 광업, 도시 수도 공급 시장에 서비스를 제공하며, 가스 및 전기난방 시스템용 모니터링 장비 및 전자 제어 장치, 용광로 및 온수기용 가스 밸브, 용광로용 점화 시스템 등을 생산한다. 1890년에 설립되었고, 215개 국에서 생산시설을 운영하고 있으며 약 8만 7,500명의 직원을 고용하고 있다.

배당 예상치

회계연도 Fiscal Period Ending	예상 배당금 Consensus Rate	예상 연배당수익률 Consensus Yield	낮은 전망치 Low	높은 전망치 High
2023년 9월	$2.14	2.40%	$2.10	$2.19
2024년 9월	$2.20	2.46%	$2.10	$2.30
2025년 9월	$2.20	2.46%	$2.20	$2.20

배당 안정성 B+ | **배당 성장성** B+ | **배당 수익률** B | **배당 지속성** A+

에머슨 일렉트릭은 미주리에 본사를 둔 제조 및 기술회사로 측정 계기, 산업 및 공장 자동화, 제어 및 안전 시스템, 밸브, 액추에이터 및 레귤레이터, 유체 제어 및 공압, 용접, 조립 및 세척기 등 다양한 산업제품을 제조한다. 1890년에 설립했고, 배당도 67년간 인상 지급했다. 그럼 이러한 기업들을 분석할 때, 무엇이 중요할까? 바로 제조업 관련 지표를 통해 이들 기업들의 상황을 정확히 파악하는 것이다. 예를 들면 공급관리연구소(Institute for Supply Management)의 제조업 구매관리자지수(Manufacturing Purchasing Manager's Index)를 보면 된다. 현재 수치는 49%로 50% 이하는 위축 국면을 의미한다. 50% 이상이 되어야 확장 국면으로 관련 산업과 기업들이 좋아질 것으로 판단한다. 관련 지수와 함께 기업을 살펴보는 자세가 필요하다.

146 엑슨모빌 *Exxon Mobil Corporation*

배당 개요

심볼	XOM	배당 성향	40.00%	배당 주기	분기
연간 배당금	$3.80	연배당수익률	3.70%	연속배당인상	41년
동종업계 배당수익률	4.24%	최근 배당지급일	24.03.11	Avg Price Recovery	11.1일

기업 개요

미국의 석유회사로 본사는 텍사스주 어빙에 있으며, 1870년 록펠러가 동업자들과 함께 오하이오주의 클리블랜드에서 설립한 스탠더드 오일의 후신이다. 1999년 엑슨(Exxon)이 모빌(Mobil)을 835억 달러에 흡수 합병하여 매출액 기준 세계 최대의 석유기업으로 재탄생했다. 엑슨모빌의 상품은 엑슨(Exxon), 모빌(Mobil), 에쏘(Esso), 타이거 마트(Tiger Mart)라는 이름으로 유통되고 있다.

배당 예상치

회계연도 Fiscal Period Ending	예상 배당금 Consensus Rate	예상 연배당수익률 Consensus Yield	낮은 전망치 Low	높은 전망치 High
2023년 12월	$3.70	3.53%	$3.67	$3.81
2024년 12월	$3.88	3.69%	$3.72	$4.36
2025년 12월	$3.98	3.79%	$3.80	$4.08

배당 안정성 B- | **배당 성장성** A- | **배당 수익률** C | **배당 지속성** A+

엑슨모빌은 오래되고 더러운 탄소 연료 세계에서 확고하게 자리잡고 있는 미국의 에너지 대기업이다. 최근 있었던 엑슨모빌의 파이오니어 내츄럴 리소스(Pioneer Natural Resources)와의 합병 배경으로는 파이오니어의 자산을 활용하여 2027년까지 이 지역의 일일 생산량을 하루 약 200만 배럴로 늘리는 것이 있다. 여기서 엑슨모빌의 기업운영 방향이 나오는데, 석유와 천연가스가 앞으로도 수년간 중요한 연료로 남을 것이라는 분명한 믿음이 있는 것 같다.

결국 엑슨은 여전히 탄소 경제에 중점을 두고 있고, 현재까지도 잘 운영되고 있는 에너지 회사다. 그것이 당신에게 문제가 된다면, 다른 투자처 선택을 고려해 볼 수 있다. 기업 운영에 옳고 그름도, 선과 악도 없다. 역시 나쁜 것과 좋은 것도 없다. 다만 사회적 책임을 다하는 선에서 매출을 지속적으로 올리면 된다.

147 센터포인트 에너지 CenterPoint Energy, Inc.

배당 개요

심볼	CNP	배당 성향	46.13%	배당 주기	분기
연간 배당금	$0.80	연배당수익률	2.88%	연속배당인상	3년
동종업계 배당수익률	3.75%	최근 배당지급일	24.03.14	Avg Price Recovery	8.0일

기업 개요

미국의 공공 유틸리티 지주회사이며, 전기 및 천연가스 부문을 운영한다. 전기 부문에는 도매 전력 시장의 자산뿐 아니라 전기 고객에 대한 서비스와 송전 및 배전 서비스가 포함된다. 천연가스 부문은 미네소타 고객에게 천연가스 유통과 가전제품 유지보수 및 수리 서비스를 제공하며, 주내 천연가스의 판매와 운송 및 저장에 관여한다. 1866년에 설립되었으며 본사는 텍사스주 휴스턴에 있다.

배당 예상치

회계연도 Fiscal Period Ending	예상 배당금 Consensus Rate	예상 연배당수익률 Consensus Yield	낮은 전망치 Low	높은 전망치 High
2023년 12월	$0.76	2.75%	$0.75	$0.77
2024년 12월	$0.82	2.93%	$0.78	$0.83
2025년 12월	$0.87	3.14%	$0.81	$0.89

배당 안정성 B | **배당 성장성** C | **배당 수익률** D+ | **배당 지속성** B

센터포인트는 송배전, 천연가스 유통, 경쟁력 있는 천연가스 판매 및 서비스 운영을 제공하는 미국 내 에너지 공급회사다. 이 회사는 휴스턴 광역 지역과 인디애나 남서부 지역의 250만 명 이상의 계량 고객에게 서비스를 제공하는 전선, 전주 및 전기 인프라를 유지 관리한다. 또한 인디애나에서 약 1,300메가와트에 달하는 발전 용량을 소유 및 운영하고 있다. 사실 유틸리티 업종은 공공재 성격으로 경기에 영향을 받지 않는다. 하지만 최근 들어 연료 발전에서 벗어나 현대식 전력망에 투자하기 위해 저탄소 프로젝트에 투자하고 있고, 계속되는 온화한 날씨와 이자 비용 압박으로 인해 당분간은 고전할 것으로 예상된다.

148 마이크로소프트 *Microsoft Corporation*

배당 개요

심볼	MSFT	배당 성향	22.45%	배당 주기	분기
연간 배당금	$3.00	연배당수익률	0.74%	연속배당인상	22년
동종업계 배당수익률	1.37%	최근 배당지급일	24.03.14	Avg Price Recovery	6.1일

기업 개요

컴퓨터 소프트웨어, 가전제품, 개인용 컴퓨터 및 관련 서비스를 제공하는 미국의 다국적 기술회사이다. 윈도우즈(Windows) 운영체제 제품군, 마이크로소프트 오피스(Microsoft Office) 제품군, 인터넷 익스플로러(Internet Explorer) 및 엣지(Edge) 웹 브라우저 등으로 유명하다. 주요 하드웨어 제품은 엑스박스(Xbox) 비디오게임 콘솔과 터치스크린 PC의 마이크로소프트 서피스(Microsoft Surface) 라인업이 있다. 2020년 포춘지 500대 미국기업 중 총 수익 기준 21위를 차지했으며 2019년에는 매출 기준으로 세계 최대 소프트웨어 제조업체였다.

배당 예상치

회계연도 Fiscal Period Ending	예상 배당금 Consensus Rate	예상 연배당수익률 Consensus Yield	낮은 전망치 Low	높은 전망치 High
2023년 6월	$2.96	0.80%	$2.73	$3.10
2024년 6월	$3.22	0.87%	$2.74	$3.50
2025년 6월	$3.55	0.96%	$2.74	$3.90

배당 안정성 A+ | **배당 성장성** A+ | **배당 수익률** D | **배당 지속성** A

대한민국에서 매일 PC를 켜면 만나는 기업 중 하나가 단연코 마이크로소프트다. 마치 카드사처럼 정말 매일 우리 일상에서 만난다. 마이크로소프트는 다양한 프로그램 사업 외에도 최근 미래 먹거리로 AI에 집중하고 있다.

소비자 및 IT 지출이 둔화되는 가운데도 2023 회계연도 재무 성과는 매우 인상적이었다. 마이크로소프트의 주가 걱정은 하지 마소?

149 트랙터 서플라이 컴퍼니 *Tractor Supply Company*

배당 개요

심볼	TSCO	배당 성향	38.99%	배당 주기	분기
연간 배당금	$4.40	연배당수익률	1.86%	연속배당인상	15년
동종업계 배당수익률	1.89%	최근 배당지급일	24.03.12	Avg Price Recovery	6.4일

기업 개요

1938년에 설립된 회사로 주택개조, 농업, 잔디 및 정원관리, 가축, 말 및 반려동물 관리를 위한 제품을 판매하는 미국 소매점 체인이다. 2,000개의 매장을 보유하고 있으며 본사는 테네시주 브렌트우드에 있다. 포춘지 선정 500대 기업이다.

배당 예상치

회계연도 Fiscal Period Ending	예상 배당금 Consensus Rate	예상 연배당수익률 Consensus Yield	낮은 전망치 Low	높은 전망치 High
2023년 12월	$4.11	2.03%	$4.05	$4.12
2024년 12월	$4.41	2.17%	$4.05	$4.60
2025년 12월	$4.69	2.31%	$4.05	$5.06

배당 안정성 C- | **배당 성장성** A | **배당 수익률** D | **배당 지속성** B

트랙터 서플라이는 농촌 생활장비 전문업체로 여가용 농부, 목장주 및 주택 소유자에게 다양한 제품(반려동물 용품부터 전동 공구, 잔디 깎는 기계 등)을 판매한다. 그리고 그 결과 최근 몇 년 동안 수익과 주가가 상승했다. 특히 전염병으로 인해 점점 더 많은 사람들이 집에서 시간을 보내고 심지어 도시에서 시골로 이동하게 되면서 더욱 그랬다. 하지만 지금은 고물가, 고금리 상황 속에서 모두가 소비를 줄이고 있다. 그래도 트랙터 서플라이는 현재 2,100개의 매장에서 2023년 70개, 2024년에 80개, 2025년에 90개의 신규 매장을 오픈하는 것을 목표로 하고 있으며, 이후 매년 90개를 추가로 오픈할 계획이다. 결국 시간이 지나면 상황은 개선되고, 매출은 증가할 것으로 예상되는 기업이다.

150 노스럽그루먼 Northrop Grumman Corp

배당 개요

심볼	NOC	배당 성향	27.06%	배당 주기	분기
연간 배당금	$7.48	연배당수익률	1.65%	연속배당인상	20년
동종업계 배당수익률	2.36%	최근 배당지급일	24.03.13	Avg Price Recovery	6.0일

기업 개요

미국의 다국적 항공우주 및 방위기술 회사이다. 2022년 포춘지 500대 기업 중 101위를 차지했으며, 9만 명의 직원과 300억 달러가 넘는 연간 수익을 보유한 이 회사는 세계 최대의 무기 제조업체 및 군사기술 제공업체 중 하나이다. 세계 유일의 스텔스 폭격기인 B-2 Spirit을 생산하며, 최근에는 재래식 무기와 핵무기를 투하할 수 있는 장거리 스텔스 전략폭격기인 B-21 Raider를 개발하고 있다. 또한, 우주 망원경의 개발 및 생산과 NASA의 우주 발사 프로그램을 위한 고체 로켓부스터를 생산한다.

배당 예상치

회계연도 Fiscal Period Ending	예상 배당금 Consensus Rate	예상 연배당수익률 Consensus Yield	낮은 전망치 Low	높은 전망치 High
2023년 12월	$7.28	1.57%	$6.92	$7.37
2024년 12월	$7.90	1.70%	$7.66	$8.08
2025년 12월	$8.50	1.83%	$8.15	$8.84

배당 안정성 A+ | **배당 성장성** A | **배당 수익률** C | **배당 지속성** A+

최근 이스라엘과 하마스 간의 갈등은 이미 금리인상, 러시아-우크라이나 전쟁, 중국 경제의 새로운 도전 등의 영향과 싸우고 있는 투자자들에게 다시 지정학적 위험에 대한 우려를 불러일으키고 있다. 이러한 분쟁, 전쟁은 방산주에 관심을 갖게 만든다. 노스럽그루먼은 그 유명한 스텔스기를 만든 기업으로 그 외에도 다양한 정찰기, 미사일, 레이더 등을 만든다. 각국의 국방 예산이 줄지 않는 상황에서 방산주에 대한 관심도 필요해 보인다.

151 메트라이프 *MetLife, Inc.*

배당 개요

심볼	MET	배당 성향	20.95%	배당 주기	분기
연간 배당금	$2.08	연배당수익률	3.03%	연속배당인상	6년
동종업계 배당수익률	3.18%	최근 배당지급일	24.03.13	Avg Price Recovery	4.8일

기업 개요

메트로폴리탄 라이프 인슈어런스 컴퍼니(Metropolitan Life Insurance Company)와 그 계열사의 지주회사이며, 60개 국 이상에서 9,000만 명의 고객을 보유하고 있는 세계 최대의 보험, 연금, 직원 복리후생 프로그램 제공업체 중 하나다. 1868년에 설립되었고, 2018년 포춘지 500대 미국기업 중 총 수익 기준으로 43위에 올랐다. 본사는 뉴욕의 메트라이프 빌딩에 있다.

배당 예상치

회계연도 Fiscal Period Ending	예상 배당금 Consensus Rate	예상 연배당수익률 Consensus Yield	낮은 전망치 Low	높은 전망치 High
2023년 12월	$2.04	3.27%	$2.00	$2.08
2024년 12월	$2.12	3.39%	$2.05	$2.17
2025년 12월	$2.20	3.51%	$2.08	$2.32

배당 안정성 B+ | **배당 성장성** C | **배당 수익률** C | **배당 지속성** A-

보험회사의 문제는 많은 보험사가 보험 판매로 큰 돈을 벌지 못한다는 것이다. 청구서와 사업운영 비용이 보통 한 해 동안의 보험료 수입을 초과하는 경우도 있다. 그 차이를 메우기 위해 보험사는 국채와 회사채, 보통주와 우선주, 모기지 대출과 증권, 부동산 부채와 주식, 기타 투자로 구성된 크고 다양한 포트폴리오에 자본을 투자하여 수익을 창출해야 한다. 메트라이프도 직원 복리후생 프로그램은 물론 보다 전통적인 생명 보험, 치과 보험, 장애 보험에 초점을 맞추면서 보험료를 채권, 주식, 헤지펀드 및 사모펀드에 재투자하고 있다.

그럼 현재 메트라이프의 문제는 무엇일까? 두 가지로 요약하면 이렇다. 첫째, 아시아 매출이 약 16%인데, 아시아는 최근 경기부진에 의해 사업이 영 안 좋다. 둘째, 보험료를 운용하는 과정에서 주식 부문의 성과 부진도 한 몫하고 있다. 이런 문제가 있다고 해도 인간은 누구나 미래의 사고에 대비를 해야 한다. 필자가 생각했을 때 장기적인 투자자 입장에서 보면 보험 주식은 나쁘지 않다.

152 넥스트에라 에너지 *NextEra Energy, Inc.*

배당 개요

심볼	NEE	배당 성향	56.18%	배당 주기	분기
연간 배당금	$2.06	연배당수익률	3.64%	연속배당인상	30년
동종업계 배당수익률	3.75%	최근 배당지급일	24.03.15	Avg Price Recovery	3.3일

기업 개요

미국과 캐나다에 약 1만 4,900명의 직원을 보유한 미국 에너지 회사이며, 시가총액 기준으로 최대 규모의 전력 유틸리티 지주회사이다. 가장 큰 자회사인 FPL은 미국 3위인 전기 유틸리티 회사이며, 또 다른 자회사인 NEER(NextEra Energy Resources)는 풍력, 태양광, 천연 가스, 원자력 에너지 및 석유로 구동되는 발전소를 운영하는 세계 최대 규모의 전기발전 회사이다. 1925년에 설립되었고, 본사는 플로리다주 팜비치 카운티에 있다.

배당 예상치

회계연도 Fiscal Period Ending	예상 배당금 Consensus Rate	예상 연배당수익률 Consensus Yield	낮은 전망치 Low	높은 전망치 High
2023년 12월	$1.87	3.26%	$1.69	$2.06
2024년 12월	$2.06	3.59%	$1.86	$2.25
2025년 12월	$2.23	3.91%	$2.05	$2.44

배당 안정성 B+ | **배당 성장성** D+ | **배당 수익률** D | **배당 지속성** A+

넥스트에라 에너지는 미국에서 가장 큰 전력 유틸리티 기업인 플로리다 파워 앤 라이트(Florida Power&Light)를 소유하고 있다. 뿐만 아니라 세계 최대의 태양광 및 풍력 발전 생산업체 중 하나라는 점을 고려하면 이는 매력적인 조합으로 보인다. 풍력, 태양광이라는 신재생 에너지는 많은 전력회사가 가야 할 미래의 청사진이다. 문제는 이 자율이 높을수록 회사의 자본투자 계획에 있어 자금을 조달하는 데 더 많은 비용이 들게 된다는 것이다. 적어도 지금과 같은 고금리 상황에서는 아무리 건실한 기업도 자금 조달이 꾸준하게 발생하면 재무상태가 어려워진다. 그런데 이런 고금리 상황이 얼마나 더 이어질까? 아무도 알 수 없다.

153 에스티로더 *The Estée Lauder Companies Inc.*

배당 개요

심볼	EL	배당 성향	62.06%	배당 주기	분기
연간 배당금	$2.64	배당수익률	1.82%	연속배당인상	0년
동종업계 배당수익률	1.89%	최근 배당지급일	24.03.15	Avg Price Recovery	1.6일

기업 개요

뉴욕 맨해튼에 본사를 둔 미국의 다국적 화장품 기업이며, 로레알에 이어 세계 2위의 화장품 회사다. 이 회사는 라메르(La Mer), 조말론런던(Jo Malone London), 크리니크(Clinique), 톰포드 뷰티(Tom Ford Beauty) 등 다양한 브랜드를 보유하고 있다. 1946년에 설립되었고, 1995년에 뉴욕 증권거래소에 상장되었다. 2018년 총 매출 기준으로 포춘지 500대 미국기업 중 258위에 올랐다.

배당 예상치

회계연도 Fiscal Period Ending	예상 배당금 Consensus Rate	예상 연배당수익률 Consensus Yield	낮은 전망치 Low	높은 전망치 High
2024년 6월	$2.66	2.15%	$2.62	$2.83
2025년 6월	$2.83	2.29%	$2.64	$3.13
2026년 6월	$3.04	2.46%	$2.64	$3.41

배당 안정성 B+ | **배당 성장성** C- | **배당 수익률** D | **배당 지속성** D-

에스티로더는 스킨케어, 메이크업, 향수 및 헤어케어 제품으로 유명한 화장품 기업이다. 이 기업에 대한 특징을 알면 주가가 보인다. 첫째, 해외매출 비중이 75%로 달러 가치 상승에 무척 취약하다. 둘째, 중국매출이 전체 매출에서 가장 많은 30%를 차지하고 있다. 이 두 가지 만으로도 주가가 그려질 것이다. 일단 달러가 안정화되고, 중국의 소비부진이 회복되고 나면 다음 문제도 해결할 수 있다.

에스티로더의 고질적인 문제는 너무 올드하다는 것이다. 지금은 매장에서 제품을 파는 것과 같은 전통적인 광고 캠페인이 아닌 소셜 미디어 인플루언서가 등장하는 캠페인을 통해 온라인으로 홍보 및 판매하는 시대이다. 하지만 여전히 에스티로더는 매장에서 제품을 팔고 있다. 남자인 내가 봐도 좀 답답하다.

154 어플라이드 머티리얼스 *Applied Materials, Inc.*

배당 개요

심볼	AMAT	배당 성향	13.49%	배당 주기	분기
연간 배당금	$1.28	연배당수익률	0.68%	연속배당인상	6년
동종업계 배당수익률	1.37%	최근 배당지급일	24.03.14	Avg Price Recovery	0.5일

기업 개요

1967년에 설립되었고, 캘리포니아주 산타클라라에 본사가 있는 다국적 미국기업으로, 반도체, 디스플레이 및 관련 산업에 제조용 장비, 서비스, 소프트웨어를 제공한다. 주로 반도체칩 또는 집적회로를 제조하는 데 사용되는 제조장비, 액정 디스플레이 제조용 제품을 개발, 제조 및 판매한다.

배당 예상치

회계연도 Fiscal Period Ending	예상 배당금 Consensus Rate	예상 연배당수익률 Consensus Yield	낮은 전망치 Low	높은 전망치 High
2023년 8월	$1.25	0.84%	$0.81	$1.44
2024년 8월	$1.39	0.93%	$0.81	$1.76
2025년 8월	$1.55	1.04%	$0.96	$1.88

배당 안정성 A | **배당 성장성** A+ | **배당 수익률** D+ | **배당 지속성** B

철강산업은 1901년에 세계 최초로 10억 달러 규모의 회사를 탄생시켰고, 117년이 지나서야 기술기업 애플(Apple)이 기업 가치 1조 달러에 도달한 최초의 회사가 되었다. 다음은 인공지능(AI)이 가치의 창출 속도를 가속화할 것이라고 말하면 어떻게 될까? AI는 미래에 수조 달러 규모의 기업을 생산할 수 있는 잠재력을 갖고 있으며, 향후에도 한 세대를 이끌어갈 테마라고 본다. 이상 엔비디아를 좋아하는 필자의 생각이었다.
여기서 인공지능 칩을 생산하는 모든 반도체는 여러 제조 단계를 거쳐야 하고, 반도체 장비산업 역시 기술적으로 복잡하고 상당히 통합되어 있다. 이는 프로세스의 각 단계마다 실제로 1~3개의 경쟁 공급업체만 존재하므로 투자하기에 매력적인 산업이라는 것을 의미한다. 그 중에 한 기업이 바로 어플라이드 머티리얼스다. 최근 반도체 장비업체의 미세공정 기술이 점점 뛰어나지고 있는데, 예를 들어, 어플라이드의 주요 식각 및 증착 사업은 2025년에 출시될 예정인 2nm 노드에서 크게 향상될 것이다. (1나노미터는 10억 분의 1미터) 더 쉽게 설명드리면 반도체는 설계, 위탁생산, 테스트 및 패키징 등 여러 단계가 있는데, 어플라이드 머트리얼스는 소위 갑중에 갑이라고 불리는 반도체 장비를 만드는 기업이라는 말이다. 이런 장비는 미세공정이 중요하다. 어플라이드가 각광 받을 수밖에 없는 환경이 펼쳐지고 있다.

155 CSX 코퍼레이션 *CSX Corporation*

배당 개요

심볼	CSX	배당 성향	21.85%	배당 주기	분기
연간 배당금	$0.48	연배당수익률	1.30%	연속배당인상	20년
동종업계 배당수익률	2.36%	최근 배당지급일	24.03.15	Avg Price Recovery	5.5일

기업 개요

북미 철도운송 및 부동산에 중점을 둔 미국 지주회사이다. 체시시스템(Chessie System)과 시보드 코스트 라인 인더스트리스(Seaboard Coast Line Industries)의 합병으로 1980년에 설립되었으며, 플로리다주 잭슨빌에 본사가 있다. 합병 전 회사들이 소유하던 철도는 1986년에 단일 노선으로 합병되어 CSX 트랜스포테이션(CSX Transportation)으로 알려지게 되었다. CSX는 현재 CSX 트랜스포테이션 외에도 여러 자회사를 보유하고 있다.

배당 예상치

회계연도 Fiscal Period Ending	예상 배당금 Consensus Rate	예상 연배당수익률 Consensus Yield	낮은 전망치 Low	높은 전망치 High
2023년 12월	$0.43	1.37%	$0.38	$0.45
2024년 12월	$0.46	1.47%	$0.34	$0.51
2025년 12월	$0.51	1.62%	$0.33	$0.78

배당 안정성 B | **배당 성장성** B+ | **배당 수익률** C | **배당 지속성** A+

장우석의 말말말

CSX 코퍼레이션은 철도회사이다. 철도산업에는 북미 전역에서 화물(예: 농산물, 산업제품, 석탄, 복합운송, 자동차, 소비재, 금속 및 광물)을 운송하는 철도 운영업체가 포함된다. 이들 회사는 물류 및 공급망 전문 서비스 제공에 중점을 두고 있다.

공부하는 차원에서 철도회사의 수익을 결정하는 두 가지 요인을 알아보자. 첫째, 유가의 상승이다. 연료비는 모든 운송업체의 주요 투입 비용을 나타내기 때문에 이러한 비용의 증가는 운송업체의 수익에 타격을 입힐 가능성이 높다. 둘째, 경제적 불확실성이다. 많은 기업들이 인플레이션이 높아지고 경기가 안 좋으면 화물 배송을 줄이거나 연기한다. 그래서 보통 운송지수는 경기에 선행한다고 한다. 그럼 지금은 위의 두 가지 결정 요인에서 자유로운 때인가? 그래서 CSX는 트럭의 화물배송 점유율을 빼오기 위해 많은 노력을 하고 있다.

156 허쉬 컴퍼니 *The Hershey Company*

배당 개요

심볼	HSY	배당 성향	53.74%	배당 주기	분기
연간 배당금	$5.48	연배당수익률	2.83%	연속배당인상	15년
동종업계 배당수익률	1.89%	최근 배당지급일	24.03.15	Avg Price Recovery	1.2일

기업 개요

세계 최대 초콜릿 제조업체 중 하나로, 쿠키 및 케이크와 같은 베이커리 제품, 밀크쉐이크와 같은 음료 등의 제품도 판매한다. 본사는 미국 펜실베이니아주 허쉬에 있으며 허쉬파크와 허쉬초콜렛월드가 있는 곳이기도 하다. 1894년 설립되었으며 유명 브랜드로는 허쉬(Hershey's), 키세스(Kisses), 졸리랜처(Jolly Rancher), 아몬드조이(Almond Joy), 킷캣(Kit Kat), 브룩사이드(Brookside), 트위즐러(Twizzlers), 아이스브레이커(Ice Breakers), 스키니팝(SkinnyPop), 닷츠 홈스타일 프레즐(Dot's Homestyle Pretzels) 등이 있다.

배당 예상치

회계연도 Fiscal Period Ending	예상 배당금 Consensus Rate	예상 연배당수익률 Consensus Yield	낮은 전망치 Low	높은 전망치 High
2023년 12월	$4.42	2.25%	$4.30	$4.61
2024년 12월	$4.83	2.47%	$4.52	$5.61
2025년 12월	$5.13	2.62%	$4.69	$6.17

배당 안정성 A | **배당 성장성** A+ | **배당 수익률** C- | **배당 지속성** A

허쉬 컴퍼니는 미국시장의 지배적인 플레이어로 미국 내 제과사업 매출의 약 80%를 차지하고 있다. 사람들이 과자를 좋아한다는 점을 고려하면 이것은 상당히 강력한 사업이다. 이 밖에도 스키니팝, 도트프레첼 등의 브랜드를 통해 짠맛 스낵 분야로도 영역을 확장하고 있다. 이 사업 부문은 매출의 약 10%를 차지하는데 짭짤한 스낵은 상대적으로 작은 부문이지만 미국의 핵심 제과사업을 넘어 회사에 새로운 성장 기회를 제공하는 부문이다. 간단하게 말하면 미국인들이 선호하는 강력한 제과사업을 하고 있고, 미래 먹거리로 짠맛 스낵 매출을 확장하는 좋은 전략을 제시하며 전혀 문제가 없는 기업으로 보인다. 단 현재 불고 있는 체중감량의 붐이 있기 전까지는 말이다. 노보노 디스크, 일라이 릴리의 체중감량 약물이 급속하게 팔리면서 주가가 최근 크게 하락했고, 여전히 우려는 남아 있다. 개인적으로 허쉬가 이 상황을 어떻게 이겨낼지 궁금하다. 독자 분들의 생각은 어떠한가?

157 코르테바 *Corteva, Inc.*

배당 개요

심볼	CTVA	배당 성향	18.33%	배당 주기	분기
연간 배당금	$0.64	연배당수익률	1.18%	연속배당인상	2년
동종업계 배당수익률	2.82%	최근 배당지급일	24.03.15	Avg Price Recovery	1.3일

기업 개요

2019년에 설립되었으며, 인디애나주 인디애나 폴리스에 본사가 있는 미국의 주요 농약 및 종자회사이다. 독립 상장기업으로 분사되기 전에는 다우듀퐁(DowDuPont)의 농업 부문이었으며, 2019년 상장기업이 되었다.

배당 예상치

회계연도 Fiscal Period Ending	예상 배당금 Consensus Rate	예상 연배당수익률 Consensus Yield	낮은 전망치 Low	높은 전망치 High
2023년 12월	$0.62	1.32%	$0.61	$0.68
2024년 12월	$0.68	1.44%	$0.63	$0.78
2025년 12월	$0.75	1.59%	$0.67	$0.88

배당 안정성 B | **배당 성장성** C | **배당 수익률** D | **배당 지속성** D+

21세기에는 기후 변화와 온실가스 완화 필요성으로 인해 식품 및 산업재에 대한 수요가 증가할 것이다. 이는 21세기가 합성 생물학의 세기가 될 수 있음을 의미한다. 또 전 세계에 식량을 공급하고, 기후 목표를 달성하려면 합성 생물학 자원이 절실히 필요하다. 합성 생물학 기업은 21세기에 새로운 수익과 비즈니스 모델을 제시할 수 있고, 이는 과학과 제품만큼 중요해질 수 있다. 지금 설명한 합성 생물학의 대표 기업이 바로 코르테바다.

코르테바는 유전자 변형(GMO) 작물 생산을 전문으로 한다. 코르테바의 주요 혁신 중 하나는 GMO 작물 맞춤 특수 살충제로 농부들은 보다 효율적으로 해충을 관리하고 궁극적으로 농약 사용량을 줄일 수 있다. GMO 작물과 관련 살충제 간의 시너지 효과는 농업 생산성을 향상시킬 뿐만 아니라 지속가능한 농업 관행과도 일치한다. 요약하면 코르테바는 더 많은 농작물의 수확을 도와주고, 다양한 비료, 살충제 등 화학 물질에 대한 토지 면역력을 키워주는 기업이다. 우리에게 농업은 없어서는 안 되는 산업이다. 경제가 어려워지면 식량 인플레이션을 막을 수 없고, 가격의 변동은 가계 및 삶의 질에 긍정적 또는 부정적 영향을 미칠 수 있기 때문에 소비자, 금융 전문가 및 정부는 항상 이를 모니터링한다.

158 신타스 *Cintas Corporation*

배당 개요

심볼	CTAS	배당 성향	30.24%	배당 주기	분기
연간 배당금	$5.40	연배당수익률	0.88%	연속배당인상	41년
동종업계 배당수익률	1.89%	최근 배당지급일	24.03.15	Avg Price Recovery	3.2일

기업 개요

1929년에 설립되었으며, 오하이오주 메이슨에 본사를 둔 미국기업으로 유니폼, 매트, 대걸레, 청소용품, 화장실 용품, 응급처치 및 안전제품, 소화기 및 테스트기, 안전용품 등 다양한 제품과 관련 서비스를 제공한다. 2020년에 4만 명 이상의 직원을 고용한 업계 최대 규모의 기업이다.

배당 예상치

회계연도 Fiscal Period Ending	예상 배당금 Consensus Rate	예상 연배당수익률 Consensus Yield	낮은 전망치 Low	높은 전망치 High
2023년 5월	$5.06	0.92%	$4.41	$5.40
2024년 5월	$5.41	0.99%	$4.60	$6.20
2025년 5월	$5.45	0.99%	$4.60	$6.06

배당 안정성 A+ | **배당 성장성** A+ | **배당 수익률** D- | **배당 지속성** A-

신타스는 기업 수준 고객에게 다양한 제품과 서비스를 제공한다. 여기에는 유니폼, 매트, 청소용품, 소화기, 테스트 장비 등 안전용품이 포함된다. 시가총액은 500억 달러로 작지 않은 기업이고, 매출도 매년 90억 달러가량을 기록 중이다. 하지만 필자가 보기에는 규모에 비해 사업이 섹시하지 않다. 그다지 흥미롭지도 않다. 회사에 유니폼을 제공하고, 안전장비를 갖추면 '업무에 대비'할 수는 있지만 AI 주식처럼 투자자의 관심을 끌지는 못하기 때문이다. 신타스는 뒤에서 조용히 앉아서 자신의 일을 하는 거대 산업 기업이다. 하지만 어떤 기업에게나 필요한 제품을 다루기 때문에 수익이 안정적이다.

지루한 사업을 운영하지만 결과는 결코 지루하지 않다. 그리고 경영진은 지난 54년 중 52년 동안 매출과 이익이 증가했다는 사실을 자랑스럽게 생각한다. 미국주식 역사상 지루한 기업들의 성과는 꽤 좋았다는 것을 잊지 말자.

159 콘솔레이티드 에디슨 Consolidated Edison, Inc.

배당 개요

심볼	ED	배당 성향	59.49%	배당 주기	분기
연간 배당금	$3.32	연배당수익률	3.79%	연속배당인상	51년
동종업계 배당수익률	3.75%	최근 배당지급일	24.03.15	Avg Price Recovery	8.5일

기업 개요

콘 에디슨(Con Edison) 또는 콘이디(ConEd)로도 알려진 이 기업은 미국의 에너지 회사로 전기, 가스, 증기를 공급하고, 재생에너지 인프라 프로젝트를 운영한다. 2017년 기준 연 매출이 약 120억 달러, 자산이 620억 달러 이상이다. 자회사는 콘솔레이티드 에디슨 컴퍼니 오브 뉴욕(Consolidated Edison Company of New York, CECONY), 오렌지 앤 록랜드 유틸리티(Orange and Rockland Utilities), 콘 에디슨 솔루션스(Con Edison Solutions), 콘 에디슨 에너지(Con Edison Energy) 등이 있다.

배당 예상치

회계연도 Fiscal Period Ending	예상 배당금 Consensus Rate	예상 연배당수익률 Consensus Yield	낮은 전망치 Low	높은 전망치 High
2023년 12월	$3.27	3.58%	$3.24	$3.50
2024년 12월	$3.36	3.68%	$3.28	$3.66
2025년 12월	$3.48	3.81%	$3.33	$3.90

배당 안정성 B+ | **배당 성장성** B- | **배당 수익률** C | **배당 지속성** A+

콘솔레이티드 에디슨은 뉴욕시와 웨스트체스터 카운티의 고객에게 전기, 천연가스, 증기를 공급하는 지주회사로 이 회사의 연간 매출은 140억 달러가 넘는다. 전력회사다 보니 꾸준한 매출과 안정적인 배당이 특색이다. 콘솔레이티드 에디슨(Consolidated Edison)의 주요 경쟁 우위 중 하나는 소비자가 가장 어려운 경제 기간에도 전력 소비를 줄이지 않기 때문에 경기침체 중에도 재고가 탄력적이라는 것이다. 다만 지금처럼 고금리 상황 전까지는 말이다. 유틸리티 업종, 특히 전력회사에 대한 코멘트(고금리로 인한 투자매력감소)는 앞과 거의 흡사하다는 점을 기억하기 바란다.

160 듀퐁 *DuPont de Nemours, Inc.*

배당 개요

심볼	DD	배당 성향	36.34%	배당 주기	분기
연간 배당금	$1.52	연배당수익률	2.24%	연속배당인상	3년
동종업계 배당수익률	2.82%	최근 배당지급일	24.03.15	Avg Price Recovery	0.6일

기업 개요

1802년에 설립된 미국의 다국적 화학회사로 20세기에 베스펠(Vespel), 네오프렌, 나일론, 테프론(Teflon), 캡톤(Kapton), M5 섬유, 코팸(Corfam), 라이크라(Lycra) 등과 같은 많은 화합물을 개발했다. 또한, 냉매산업을 위한 여러 가지 화학물질, 특히 프레온(염화불화탄소), 페인트용 합성안료와 도료 등도 개발했다. 다우 케미칼 컴퍼니(Dow Chemical Company)와 합병하여 다우듀퐁(DowDuPont)이 되고 농업관련 사업부를 코르테바(Corteva)로 분리했다. 이후 다우듀퐁을 다시 지금의 사명으로 되돌리고 특수제품 부문을 유지했다. 분할 이전에는 매출 측면에서 세계 최대의 화학 회사였다.

배당 예상치

회계연도 Fiscal Period Ending	예상 배당금 Consensus Rate	예상 연배당수익률 Consensus Yield	낮은 전망치 Low	높은 전망치 High
2023년 12월	$1.44	2.02%	$1.40	$1.45
2024년 12월	$1.59	2.24%	$1.37	$2.14
2025년 12월	$1.66	2.33%	$1.44	$1.84

배당 안정성 A- | **배당 성장성** B- | **배당 수익률** C- | **배당 지속성** F

듀퐁은 전자, 운송, 건설, 물 등의 시장에 기술 기반 소재와 솔루션을 제공한다. 특히 물을 더욱 안전하고 쉽게 이용할 수 있도록 돕는 듀퐁 워터 솔루션스(DuPont Water Solutions)가 매출의 절반을 차지하고 나머지 매출의 반은 일반산업을 통해서 얻는다. 결국 이러한 화학기업의 성장과 발전은 다음의 요소에 달려있다.

첫째, 북미 지역에서는 미국 주택시장을 둘러싼 불확실성이 건축 및 건설에 부담을 주고 있다. 산업용 및 소비재 내구재 수요가 둔화되면서 화학물질 생산량이 감소하고 있고 글로벌 경제 활동의 약화로 인해 불확실성이 높아졌으며 이는 단기적으로 화학물질 생산량에 영향을 미칠 수 있다.

둘째, 코로나19 이후 중국의 경제 활동 회복 속도가 느려지면서 해당 국가의 화학제품 수요가 타격을 받고 있다. 우크라이나 전쟁으로 인한 유럽 경기둔화와 높은 인플레이션으로 인한 소비 감소도 해당 지역의 수요둔화로 이어졌다. 그래서 많은 화학기업들이 어려운 환경을 극복하기 위해 운영 비용 절감 및 공격적인 가격 인상 등의 전략적 조치를 취하고 있다. 아직 그 과정에 있으니 여유를 갖고 지켜보자.

161 타이슨 푸드 *Tyson Foods, Inc.*

배당 개요

심볼	TSN	배당 성향	55.49%	배당 주기	분기
연간 배당금	$1.96	연배당수익률	3.63%	연속배당인상	12년
동종업계 배당수익률	1.89%	최근 배당지급일	24.03.15	Avg Price Recovery	7.9일

기업 개요

아칸소주 스프링데일에 본사가 있는 다국적 식품기업이다. 세계 최대 육류 포장업체인 JBS SA 다음으로 큰 닭고기, 소고기, 돼지고기 가공업체이자 마케팅 업체이며, 매년 가장 많은 양의 소고기를 미국 밖으로 수출한다. 1935년에 설립되었고, 2020년 총 수익 기준으로 포춘지 500에서 79위에 올랐다. 타이슨 푸드는 환경, 동물 복지 및 직원 복지와 관련된 여러 논란에 연루되기도 했다.

배당 예상치

회계연도 Fiscal Period Ending	예상 배당금 Consensus Rate	예상 연배당수익률 Consensus Yield	낮은 전망치 Low	높은 전망치 High
2023년 9월	$1.95	4.00%	$1.90	$1.99
2024년 9월	$2.00	4.10%	$1.90	$2.05
2025년 9월	$2.09	4.28%	$2.01	$2.14

배당 안정성 C+ | **배당 성장성** C+ | **배당 수익률** B- | **배당 지속성** A

타이슨 푸드는 미국 최대의 육가공업체로 쇠고기 매출이 전체 매출의 약 35%를 차지하고 치킨은 약 34%를 차지한다. 그리고 돼지고기는 약 11%이다. 이를 모두 합치면 고기 판매의 매출이 약 70%에 달한다. 고기의 문제는 그것이 상품이라는 점이다. 타이슨은 실제로 판매하는 쇠고기, 닭고기, 돼지고기 가격을 통제할 수 없다. 대신 타이슨은 운영 비용 절감 등을 통해 상황을 관리하지만 고객에게 부과할 수 있는 가격은 통제할 수 없는 요인에 의해 결정된다. 인플레이션도 분명히 도움이 되지 않는다. 그래서 타이슨은 최근에 소시지 제조업체를 인수하여 신선한 소시지, 조리된 소시지, 베이컨, 샌드위치를 소매점 및 식품 서비스 고객에게 판매하고 있다. 이는 다른 회사에서 일반 육류를 판매하는 것과는 다르다. 예를 들어 이미 타이슨은 지미 딘(Jimmy Dean), 볼 파크(Ball Park), 힐쉬어 팜(Hillshire Farm)과 같은 브랜드를 소유하고 있다. 이러한 제품은 일반적으로 마진이 더 높으며 분기 매출의 약 18%를 차지했다. 타이슨이 추가로 브랜드를 구매함에 따라 그 숫자는 더욱 높아질 것이다. 너무 고기만 고집하고 말고, 이제는 가공식품에 집중하자. 스스로가 가격을 통제하면 얼마나 사업이 수월해지는지 최근 타이슨 푸드도 느끼는 것 같다.

162 켈라노바 *Kellanova*

배당 개요

심볼	K	배당 성향	58.83%	배당 주기	분기
연간 배당금	$2.24	연배당수익률	3.99%	연속배당인상	0년
동종업계 배당수익률	1.89%	최근 배당지급일	24.03.15	Avg Price Recovery	6.6일

기업 개요

미시간주 배틀 크릭에 본사가 있는 미국의 다국적 식품회사로 콘플레이크(Corn Flakes), 라이스 크리스피(Rice Krispies), 프링글스(Pringles), 에고(Eggo), 치즈잇(Cheez-It) 등 유명 브랜드 제품이 있다. 켈로그의 제품은 180개 국 이상에서 제조 및 판매되고 있으며, 가장 큰 공장은 영국에 있다. 1876년에 켈로그 형제에 의해 콘플레이크가 만들어졌고 이후 켈로그라는 이름의 회사가 설립되었다. 2023년 이후, 켈로그는 두 회사로 분리되며 켈라노바(Kellanova)는 에고 시리얼, 프링글스 등 고성장 고마진 스낵 브랜드를, WK(WK Kellogg)는 콘플레이크, 미니 위트 등 저성장 시리얼 브랜드를 운영한다. 켈라노바가 기존 켈로그의 티커 'K'를 잇게 되었다.

배당 예상치

회계연도 Fiscal Period Ending	예상 배당금 Consensus Rate	예상연배당 수익률 Consensus Yield	낮은 전망치 Low	높은 전망치 High
2023년 12월	$2.36	4.47%	$2.32	$2.40
2024년 12월	$2.36	4.47%	$2.24	$2.46
2025년 12월	$2.42	4.59%	$2.27	$2.58

배당 안정성 - | **배당 성장성** - | **배당 수익률** B+ | **배당 지속성** -

필자가 생각하기에 켈로그의 분사 이유는 성장이 더딘 시리얼에서 성장이 빠른 스낵으로 변하는 과정에서 나온 조치가 아닌가 싶다. 사실 시리얼은 북미에서 판매하기에 좋은 식품이 아니다. 소비자의 식습관이 변화하면서 아침식사의 전성기는 이미 지나간 지 오래다. 2021년에 발생한 시리얼 공장 화재와 직원 파업으로 인해 켈로그는 최근 몇 년간 상당한 시장 점유율을 잃었다. 시리얼 사업은 적어도 북미 지역에서는 회사 전체에 걸림돌이 되었다. 따라서 WK 켈로그는 시장 점유율을 되찾는 것에 대한 집중이 필요해 보인다. 반면 켈라노바는 사업적으로 성공할 가능성이 높아 보인다. 그리고 초기 성공은 분명했다. 매출과 이익 성장이 탄탄했고 수익성이 있다는 것은 분명하다. 보통 다른 식품기업들도 매출이 높은 스낵류를 분사하거나 인수하면 대부분 성공했다. 필자가 생각한 것처럼 진짜 그렇게 나아가는지 함께 지켜보자.

163 에퀴팩스 *Equifax Inc.*

배당 개요

심볼	EFX	배당 성향	15.91%	배당 주기	분기
연간 배당금	$1.56	연배당수익률	0.61%	연속배당인상	0년
동종업계 배당수익률	1.37%	최근 배당지급일	24.03.15	Avg Price Recovery	12.6일

기업 개요

미국의 다국적 소비자신용 조사기관이며 익스페리안(Experian), 트랜스유니온(TransUnion)과 함께 3대 소비자 신용보고기관 중 하나이다. 1899년 조지아주 애틀랜타에서 리테일 크레딧 컴퍼니(Retail Credit Company)로 설립되었으며, 전 세계 8억 명 이상의 개인 소비자와 8,800만 개 이상의 기업에 대한 정보를 수집하고 집계한다. 신용 및 인구 통계 데이터와 비즈니스 서비스 외에도 신용 모니터링 및 사기 방지 서비스를 소비자에게 직접 제공한다.

배당 예상치

회계연도 Fiscal Period Ending	예상 배당금 Consensus Rate	예상 연배당수익률 Consensus Yield	낮은 전망치 Low	높은 전망치 High
2023년 12월	$1.56	0.76%	$1.56	$1.56
2024년 12월	$1.62	0.79%	$1.56	$1.71
2025년 12월	$1.72	0.84%	$1.56	$2.07

배당 안정성 A+ | **배당 성장성** C+ | **배당 수익률** D- | **배당 지속성** C+

에퀴팩스의 신용 보고서는 수백만 명 소비자에 대한 신용 기록을 제공하며 해당 서비스는 대출 기관의 신용 결정에 매우 중요한 역할을 한다. 또한 소득 확인 및 고용주 인적 자원 서비스를 제공하는 인력 솔루션에서 수익의 약 3분의 1을 창출한다. 에퀴팩스의 주요 업무는 대출, 신용 카드 및 기타 금전적 문제에 대한 정보를 수집하는 것이다. 여기서 문제는 주택대출이 비중이 커졌다는 것이다. 최근 고금리 상황에서 집을 매매하는 사례가 늘었을까? 아마도 아주 급한 상황이 아니면 집을 사거나 팔지 않을 것이다. 그럼 이 회사의 매출은 감소한다. 아마 대출기관으로부터 신용정보의 수요가 없었을 것이다. 정리하고 보니 이 기업도 고금리 피해주로 분류가 가능해 보인다.

164 도버 *Dover Corp*

배당 개요

심볼	DOV	배당 성향	20.62%	배당 주기	분기
연간 배당금	$2.04	연배당수익률	1.27%	연속배당인상	69년
동종업계 배당수익률	2.36%	최근 배당지급일	24.03.15	Avg Price Recovery	0.5일

기업 개요

미국의 산업재 제조 대기업으로 일리노이주 다우너스 그로브에 본사가 있으며, 1955년에 설립되었다. 2021년 기준 사업 부문은 엔지니어링 제품, 청정에너지 및 연료 공급, 이미징 및 식별, 펌프 및 프로세스 솔루션, 기후 및 지속가능성 기술 5개로 나뉜다. S&P500지수의 구성 요소이며, 2022년 포춘지 500에서 433위에 올랐다.

배당 예상치

회계연도 Fiscal Period Ending	예상 배당금 Consensus Rate	예상 연배당수익률 Consensus Yield	낮은 전망치 Low	높은 전망치 High
2023년 12월	$2.04	1.48%	$2.02	$2.12
2024년 12월	$2.10	1.52%	$2.02	$2.24
2025년 12월	$2.18	1.58%	$2.02	$2.46

배당 안정성 B+ | **배당 성장성** A | **배당 수익률** C | **배당 지속성** A+

식료품점이나 편의점에서 쇼핑을 하다가 냉장보관된 상자에서 물건을 꺼낸 적 있는가? 아마도 도버가 만든 냉장고일지 모른다. 마찬가지로, 자동차에 휘발유를 채웠다면 펌프도 도버에서 왔을 가능성이 높다. 만약 당신이 무언가를 버린 적이 있다면, 도버가 그것을 수거하는 쓰레기나 재활용 트럭을 만드는 데 관여했을 가능성이 높다. 이렇게 도버는 산업에 쓰이는 다양한 제품을 만드는 기업으로 당신도 모르게 이용하고 있는 회사다. 이렇게 광범위한 제품을 만드는 도버는 69년 연속 배당을 인상한 몇 안 되는 기업 중 하나다.

165 볼 코퍼레이션 *Ball Corporation*

배당 개요

심볼	BALL	배당 성향	23.10%	배당 주기	분기
연간 배당금	$0.80	연배당수익률	1.29%	연속배당인상	0년
동종업계 배당수익률	-	최근 배당지급일	24.03.15	Avg Price Recovery	1.2일

기업 개요

콜로라도주 브룸필드에 본사가 있으며, 음료, 통조림, 에어로졸 용기 등의 알루미늄 포장제품을 공급한다. 또한 항공우주시장을 위한 우주선, 센서 및 기기, 무선주파수 시스템 및 기타 기술을 개발하고, 방위 하드웨어, 우주 하드웨어 및 시스템 엔지니어링, 위성, 원격센서, 지상국 제어 하드웨어 및 소프트웨어, 극저온시스템 및 관련 센서 냉각장치, 별 추적기 등을 제공한다. 1880년 뉴욕주 버팔로에서 설립된 이래 세계 최대의 식품 및 음료 금속 용기 제조업체가 되었고, 1973년 뉴욕 증권거래소에 상장되었다.

배당 예상치

회계연도 Fiscal Period Ending	예상 배당금 Consensus Rate	예상 연배당수익률 Consensus Yield	낮은 전망치 Low	높은 전망치 High
2023년 12월	$0.80	1.53%	$0.80	$0.80
2024년 12월	$0.82	1.56%	$0.80	$0.90
2025년 12월	$0.86	1.64%	$0.80	$1.00

배당 안정성 B+ | **배당 성장성** C- | **배당 수익률** D+ | **배당 지속성** A-

1880년, 가정 내 과일과 채소 보존을 위한 유리병 제조업체로 설립되었던 볼 코퍼레이션은 오늘날 금속 캔 업체로 성장했다. 주로 맥주업체인 앤하우저 부시(Anheuser-Busch)와 몰슨 쿠어스(Molson Coors), 그리고 코카콜라의 캔을 만들고 있다. 이러한 캔은 회사 매출의 거의 90%를 차지한다. 그냥 캔 회사로 봐도 무방하다. 캔은 음료나 맥주기업의 판매와 직결된다. 결국 볼 코퍼레이션은 자체적으로는 매출을 늘릴 요소가 없는 불운한 기업으로 평가받는다. 그나마 가능성이 있는 위성, 센서, 지상국 제어 하드웨어 및 소프트웨어 제조업체인 볼 에어로스페이스(Ball Aerospace)도 매각을 했으니, 더욱 더 난감하다. 부채가 커서 급하게 매각했지만, 재무 건정성을 회복하기에는 아직 역부족이다.

166 키코프 *KeyCorp*

배당 개요

심볼	KEY	배당 성향	49.17%	배당 주기	분기
연간 배당금	$0.82	연배당수익률	5.78%	연속배당인상	0년
동종업계 배당수익률	3.18%	최근 배당지급일	24.03.15	Avg Price Recovery	8.2일

기업 개요

키코프의 주요 자회사인 키뱅크(KeyBank)는 오하이오주 클리블랜드에 본사가 있는 지역 은행이며, 미국의 대형 은행 중 하나로 1825년 뉴욕의 올버니 상업 은행에서 시작되었다. 현재 1,000개 이상의 지점이 있고, 매출 기준으로 2022년 포춘지 500대 기업에서 449위에 올랐다.

배당 예상치

회계연도 Fiscal Period Ending	예상 배당금 Consensus Rate	예상 연배당수익률 Consensus Yield	낮은 전망치 Low	높은 전망치 High
2023년 12월	$0.82	6.67%	$0.82	$0.84
2024년 12월	$0.83	6.70%	$0.82	$0.88
2025년 12월	$0.84	6.79%	$0.82	$0.92

배당 안정성 C+ | **배당 성장성** D- | **배당 수익률** A- | **배당 지속성** A

2023년에 형성된 고금리는 은행이 운영되기 어려운 환경을 조성하는 데 일조했다. 2023년 초 실리콘밸리 은행, 시그니처 뱅크 및 퍼스트 리퍼블릭 뱅크의 갑작스러운 파산과 M&A로 인해 은행 부문에 대한 집중적인 조사가 이루어졌고 여전히 그 우려가 시장에 깔려 있다. 그리고 얼마 전 S&P 글로벌이 키코프의 신용등급을 BBB+에서 BBB로 하향 조정했다는 소식을 전했다. 신용평가기관은 장기적으로 높은 금리가 '대형 은행보다 키코프의 수익성을 더 제한할 것'이라고 밝혔다. 상황이 이렇다 보니 키코프에서 빠져나온 예금이 고수익 저축 계좌나 예금 증서와 같은 기타 고수익 투자 상품으로 이동하고 있다. 키코프가 어떻게 회복할 계획인지는 시간을 두고 봐야 할 것 같다.

167 스카이웍스 솔루션스 *Skyworks Solutions, Inc.*

배당 개요

심볼	SWKS	배당 성향	33.02%	배당 주기	분기
연간 배당금	$2.72	연배당수익률	2.62%	연속배당인상	9년
동종업계 배당수익률	1.37%	최근 배당지급일	24.03.12	Avg Price Recovery	3.1일

기업 개요

반도체 제품을 설계, 개발, 제조, 판매하는 글로벌 기업이다. 증폭기, 안테나 튜너, 감쇠기, 자동차 튜너 및 디지털 라디오, 서큘레이터·절연기 등의 제품뿐만 아니라 항공우주, 자동차, 광대역, 커넥티드 홈, 엔터테인먼트 및 게임, 산업, 의료, 군사, 스마트폰, 태블릿 및 웨어러블 시장의 제품도 공급한다. 1962년에 설립되었으며 본사는 캘리포니아 어바인에 있다.

배당 예상치

회계연도 Fiscal Period Ending	예상 배당금 Consensus Rate	예상 연배당수익률 Consensus Yield	낮은 전망치 Low	높은 전망치 High
2023년 9월	$2.75	2.92%	$2.72	$2.82
2024년 9월	$2.83	3.00%	$2.72	$3.10
2025년 9월	$2.95	3.13%	$2.72	$3.41

배당 안정성 A | **배당 성장성** A- | **배당 수익률** A- | **배당 지속성** C+

스카이웍스 솔루션스는 반도체 기업으로 자동차, 스마트폰, 국방, 커넥티드홈 등 다양한 제품에 쓰인다. 특히 애플의 칩 공급회사로 유명해졌는데, 스마트폰의 판매 둔화가 가시화되면서 최근 고전하고 있다. 스카이웍스 역시 RF칩 제조사로 애플에 대한 매출 비중이 절반으로 애플과 함께하는 기업이다. 개인적으로 보기에 썩 좋은 포지션은 아니다. 또 중국 국내 무선 주파수 부품 제조사들과의 경쟁이 치열해지면 이중고를 겪을 가능성이 크다고 보고 있다. 매출처를 다변화해야 한다는 분석이 이어지자 최근 자동차, 스마트팩토리, 스마트홈, 우주·항공·방위산업 등 스마트폰 이외 다른 분야 매출을 끌어올리려는 시도를 하고 있다.

168 인터내셔널 페이퍼 *International Paper Company*

배당 개요

심볼	IP	배당 성향	66.36%	배당 주기	분기
연간 배당금	$1.85	연배당수익률	5.18%	연속배당인상	0년
동종업계 배당수익률	2.82%	최근 배당지급일	24.03.15	Avg Price Recovery	6.4일

기업 개요

세계 최대의 펄프, 제지, 포장회사로 1898년에 설립되었다. 테네시주 멤피스에 본사가 있으며, 약 5만 6,000명의 직원이 있다. 산업용 포장과 글로벌 셀룰로오스 섬유의 두 부문을 통해 운영되며, 기저귀나 부직포 제품 등에 사용되는 보풀 및 특수 펄프, 티슈 등을 생산한다.

배당 예상치

회계연도 Fiscal Period Ending	예상 배당금 Consensus Rate	예상 연배당수익률 Consensus Yield	낮은 전망치 Low	높은 전망치 High
2023년 12월	$1.85	5.54%	$1.84	$1.86
2024년 12월	$1.87	5.59%	$1.84	$1.91
2025년 12월	$1.87	5.60%	$1.84	$1.94

배당 안정성 B | **배당 성장성** C+ | **배당 수익률** A- | **배당 지속성** C+

인터내셔널 페이퍼는 재생 가능한 섬유 기반 포장재, 펄프, 종이 제품을 생산하는 선도적인 글로벌 생산업체이다. 현재 인플레이션 압력이 소비자에게 영향을 미치고 상품 수요가 감소함에 따라 수요가 약해지는 것을 목격해 왔다. 소비자 우선순위가 상품보다는 서비스 쪽으로 이동함에 따라 포장 수요가 크게 줄었다. 이런 기업들은 일단 관심종목에 입력하고 중간중간마다 수요가 증가하는지 확인하는 것이 좋아 보인다.

169 몰슨 쿠어스 *Molson Coors Beverage Company*

배당 개요

심볼	TAP	배당 성향	29.60%	배당 주기	분기
연간 배당금	$1.76	연배당수익률	2.81%	연속배당인상	3년
동종업계 배당수익률	1.89%	최근 배당지급일	24.03.15	Avg Price Recovery	1.9일

기업 개요

미국-캐나다 다국적 음료 및 양조 회사로 콜로라도주 골든과 퀘벡주 몬트리올에 본사를 두고 있다. 2005년 캐나다의 몰슨(Molson)과 미국의 쿠어스(Coors)가 합병하여 설립되었다. 2016년에 몰슨 쿠어스는 밀러 브루잉 컴퍼니(Miller Brewing Company)의 전체 글로벌 브랜드 포트폴리오를 인수함으로써 당시 세계 3위의 양조업체가 되었다. 이후 뉴욕 증권거래소와 토론토 증권거래소 모두에 상장되었으며, 2005년부터 S&P500의 구성요소였다.

배당 예상치

회계연도 Fiscal Period Ending	예상 배당금 Consensus Rate	예상 연배당수익률 Consensus Yield	낮은 전망치 Low	높은 전망치 High
2023년 12월	$1.64	2.76%	$1.63	$1.64
2024년 12월	$1.74	2.94%	$1.64	$1.92
2025년 12월	$1.81	3.05%	$1.64	$2.02

배당 안정성 B- | **배당 성장성** C+ | **배당 수익률** B | **배당 지속성** F

몰슨 쿠어스는 약 250년의 역사를 지닌 맥주 및 맥아음료 회사로 쿠어스 라이트(Coors Light), 밀러 라이트(Miller Light), 칼링(Carling) 등과 같은 브랜드를 소유하고 있으며 미국 외에 남미, 유럽, 아시아, 아프리카 등 다양한 추가 시장에서도 활발히 활동하고 있다. 세계에서 가장 큰 맥주 회사는 아니지만 오랜 역사와 확고한 브랜드를 보유한 회사다. 하지만 늘 실적이 안 좋아서 주가가 재미있었던 적이 거의 없다. 늘 적자와 흑자를 오가면 주주들의 마음을 아프게 했는데, 지금도 실적에 대한 우려로 배당삭감에 대한 가능성이 솔솔 나오고 있다. 필자가 생각하기에는 여러 번의 인수합병을 거치면서 재정이 악화되고, 최근에는 인플레이션의 영향으로 판매 부진을 겪고 있는 것 같다. 나는 술을 안 마시니 이 기업에 대해서는 딱 여기까지만 언급하겠다.

170 맥도날드 McDonald's Corporation

배당 개요

심볼	MCD	배당 성향	49.30%	배당 주기	분기
연간 배당금	$6.68	연배당수익률	2.28%	연속배당인상	48년
동종업계 배당수익률	1.89%	최근 배당지급일	24.03.15	Avg Price Recovery	6.4일

기업 개요

1940년 캘리포니아주 샌버너디노에서 시작된 미국의 다국적 패스트푸드 체인이다. 맥도날드의 이전 본사는 일리노이주 오크브룩에 있지만 2018년 6월 글로벌 본사를 시카고로 이전했다. 2018년에 발표된 보고서에 따르면 맥도날드는 전 세계에 170만 명의 직원을 보유한 세계 2위의 민간 고용주이다.

배당 예상치

회계연도 Fiscal Period Ending	예상 배당금 Consensus Rate	예상 연배당수익률 Consensus Yield	낮은 전망치 Low	높은 전망치 High
2023년 12월	$6.21	2.25%	$5.99	$6.45
2024년 12월	$6.71	2.44%	$5.99	$7.03
2025년 12월	$7.24	2.62%	$6.79	$7.51

배당 안정성 D+ | **배당 성장성** A+ | **배당 수익률** D+ | **배당 지속성** A

수십 년 동안 존재해 온 맥도날드는 오늘날 우리가 알고 있는 패스트푸드 산업의 대표 기업으로 현재도 전 세계 100개가 넘는 국가에 4만 개 이상의 매장을 보유하고 있다. 독자 분들 중 혹시 보수적인 투자자가 있다면 맥도날드를 선호할 것이다. 우선, 레스토랑 공간에서 기본적인 필수품(버거, 탄산음료, 감자튀김)을 제공하는 오랜 세월에 걸쳐 검증된 컨셉을 가지고 있다. 그것이 유행에 뒤처질 가능성은 거의 없다고 본다. 또 95% 이상을 프랜차이즈로 운영하기 때문에 가맹점으로부터 수수료와 매출의 일정 비율을 징수한다. 이는 상당히 안정적인 수입원을 창출하는 자산 경량형 비즈니스 모델이다.

특별히 흥미롭지는 않지만 신뢰할 수 있다는 강점이 있다. 회사는 48년 연속 매년 배당금을 인상해 왔으며 지난 10년간 연평균 배당금 증가율은 7%로 매우 존경스러운 수치를 보인다. 이는 역사적 인플레이션율의 약 2배로 배당금의 구매력은 시간이 지남에 따라 커졌다. 혹시 최근 불고 있는 체중감량의 붐 때문에 정크푸드를 안 먹는다고 하면 어쩔 수 없지만, 그것 말고 단점이 또 있을까?

[3월] 4주차

171	팩트셋 리서치 시스템(FDS)
172	모자이크 컴퍼니(MOS)
173	에이버리 데니슨(AVY)
174	듀크 에너지(DUK)
175	도미니언 에너지(D)
176	VF 코퍼레이션(VFC)
177	스탠리 블랙 앤 데커(SWK)
178	일렉트로닉 아츠(EA)
179	엘레반스 헬스(ELV)
180	블랙록(BLK)
181	킴코 리얼티(KIM)

171 팩트셋 리서치 시스템 *FactSet Research Systems Inc.*

배당 개요

심볼	FDS	배당 성향	22.25%	배당 주기	분기
연간 배당금	$3.92	연배당수익률	0.86%	연속배당인상	25년
동종업계 배당수익률	-	최근 배당지급일	24.03.21	Avg Price Recovery	5.6일

기업 개요

1978년에 설립되었고, 코네티컷주 노워크에 본사를 둔 금융 데이터 및 소프트웨어 회사이다. 고객 지원 및 학습, 비즈니스 자문, 데이터 전달, 인덱스 서비스, 포트폴리오 데이터 관리 및 전환 서비스를 제공한다. 팩트셋의 경쟁업체로는 블룸버그 LP(Bloomberg LP), 레피니티브(Refinitiv), S&P 글로벌(S&P Global)이 있다. 2021년 8월 기준 사용자는 16만 명이, 가입한 고객의 수는 6,400명이 넘으며, 연간 고객 유지율은 95% 이상이다.

배당 예상치

회계연도 Fiscal Period Ending	예상 배당금 Consensus Rate	예상 연배당수익률 Consensus Yield	낮은 전망치 Low	높은 전망치 High
2023년 8월	$4.05	0.89%	$3.80	$4.43
2024년 8월	$4.27	0.93%	$3.92	$4.94
2025년 8월	$4.70	1.03%	$4.15	$5.42

배당 안정성 A+ | **배당 성장성** A+ | **배당 수익률** F | **배당 지속성** A

팩트셋 리서치 시스템즈는 은행, 헤지펀드, 자산 관리자 및 개인을 포함한 투자자에게 데이터 및 분석을 제공하는 회사다. 수많은 경제 및 투자 데이터에 대한 수요가 높아 강력한 경제적 해자를 보유한 회사로 제공한 데이터 및 소프트웨어의 액세스에 대해 구독료를 청구한다. 아무리 경기가 어려워졌다고 해도 중요한 투자 데이터를 제공받는 걸 게을리할 금융회사는 없다. 필자가 보기에는 완벽한 사업이다.

172 모자이크 컴퍼니 *The Mosaic Company*

배당 개요

심볼	MOS	배당 성향	26.43%	배당 주기	분기
연간 배당금	$0.84	연배당수익률	2.77%	연속배당인상	3년
동종업계 배당수익률	2.82%	최근 배당지급일	24.03.21	Avg Price Recovery	0.9일

기업 개요

다양한 국제 유통망과 함께 인산염, 칼륨을 채굴하고 비료용 요소를 수집하는 미국 최대의 칼륨 및 인산염 비료 생산기업이다. 1909년에 설립된 비료회사인 IMC 글로벌(IMC Global)과 카길(Cargil)의 작물영양 사업부가 합병하여 2004년에 설립되었고, 플로리다주 탬파에 본사가 있다.

배당 예상치

회계연도 Fiscal Period Ending	예상 배당금 Consensus Rate	예상 연배당수익률 Consensus Yield	낮은 전망치 Low	높은 전망치 High
2023년 12월	$1.05	2.89%	$1.01	$1.06
2024년 12월	$0.81	2.24%	$0.59	$1.00
2025년 12월	$0.81	2.25%	$0.80	$0.90

배당 안정성 B+ | **배당 성장성** B | **배당 수익률** C+ | **배당 지속성** C+

칼륨은 식물 성장에 필수적이고 대체할 수 없는 영양소이기 때문에 비료산업에서 중요한 역할을 한다. 토양에 칼륨이 부족한 경우 칼륨 비료를 사용하여 문제를 해결하고 작물 수확량과 품질을 높일 수 있다. 바로 모자이크 컴퍼니가 북미 및 국제적으로 농축된 인산염 및 칼륨 작물 영양분을 생산하고 판매하는 비료 및 농약회사이다.
높은 농산물 가격과 매력적인 농업 경제로 인해 전 세계적으로 비료 수요가 증가하고 있다. 여기까지 들으면 장기적으로 주가가 좋을 것 같지만 그렇지 않다. 문제는 비료의 원료인 유황과 암모니아 가격은 여전히 높은 수준을 유지하고 있으며, 우크라이나 전쟁으로 인해 러시아의 공급 불확실성으로 더욱 악화되었다. 공장 폐쇄와 유지보수로 인해 원자재 공급도 부족해졌다. 이에 따라 회사는 투입 비용 증가로 인한 마진 압박에 직면할 것으로 예상된다. 참 세상에 쉬운 사업은 없는 것 같다.

173 에이버리 데니슨 *Avery Dennison Corporation*

배당 개요

심볼	AVY	배당 성향	30.74%	배당 주기	분기
연간 배당금	$3.24	연배당수익률	1.54%	연속배당인상	13년
동종업계 배당수익률	2.82%	최근 배당지급일	24.03.20	Avg Price Recovery	10.5일

기업 개요

감압성 접착재료(예 접착식 라벨), 의류 브랜딩 라벨, RFID 인레이, 특수 의료제품의 다국적 제조업체이자 유통업체이다. 라벨 및 그래픽 재료 부문은 Fasson, JAC, Avery Dennison 브랜드로 감압라벨 및 포장재료를 제공하고, 산업 및 건강관리 재료 부문은 테이프 및 기타 감압 접착제 재료와 제품, 기계적 패스너 및 고성능 폴리머를 제공한다. 1935년에 설립되었으며 포춘지 선정 500대 기업 중 하나로 오하이오주 멘토에 본사를 두고 있다.

배당 예상치

회계연도 Fiscal Period Ending	예상 배당금 Consensus Rate	예상 연배당수익률 Consensus Yield	낮은 전망치 Low	높은 전망치 High
2023년 12월	$3.11	1.63%	$3.00	$3.24
2024년 12월	$3.18	1.67%	$3.00	$3.47
2025년 12월	$3.39	1.78%	$3.00	$3.81

배당 안정성 A | **배당 성장성** A- | **배당 수익률** D+ | **배당 지속성** A

에이버리 데니슨은 의류, 자동차, 소비자 포장, 제조, 소매 등 여러 산업 분야에 브랜딩 및 정보 라벨링을 제공한다. 주로 감압성 라벨에서 65%의 매출이 발생하는데 음료, 샴푸, 배송 패키지, 의약품 등과 같은 제품에 사용되는데 병에 직접 찍은 듯한 라벨로 생각하면 된다. 쉽게 말하면 음료와 샴푸가 잘 팔릴 때 매출이 올라가는 구조이다. 경제호황과 불황에 민감한 회사이다.

174 듀크 에너지 *Duke Energy Corporation*

배당 개요

심볼	DUK	배당 성향	64.69%	배당 주기	분기
연간 배당금	$4.10	연배당수익률	4.46%	연속배당인상	19년
동종업계 배당수익률	3.75%	24.0318	23.03.18	Avg Price Recovery	5.1일

기업 개요

1900년에 설립되었고, 노스캐롤라이나주 샬롯에 본사를 둔 미국의 전력 및 천연가스 지주회사이다. 자회사인 DERS(Duke Energy Renewable Services)는 미국 전역의 다양한 발전시설의 개발, 소유, 운영을 전문으로 한다.

배당 예상치

회계연도 Fiscal Period Ending	예상 배당금 Consensus Rate	예상 연배당수익률 Consensus Yield	낮은 전망치 Low	높은 전망치 High
2023년 12월	$4.09	4.54%	$4.06	$4.14
2024년 12월	$4.22	4.69%	$4.14	$4.33
2025년 12월	$4.35	4.84%	$4.22	$4.54

배당 안정성 B | **배당 성장성** B- | **배당 수익률** B | **배당 지속성** B+

유틸리티 업종은 전기 공급업체부터 물 공급업체까지 다양한 회사가 속해 있으며 일반적으로 배당금을 제공한다. 그러나 이러한 배당금은 긴축통화 정책 환경에서 치솟는 채권 수익률과 비교할 때 투자자들에게 매력적으로 보이지 않는다. 듀크 에너지도 전력 공급회사로 역시 매력적으로 보이지 않을 것이다. 천만다행인 것은 경제적으로 양호한 캐롤라이나에 자리 잡아 여러 지리적, 경제적 이점이 있다는 점이다.

175 도미니언 에너지 *Dominion Energy, Inc.*

배당 개요

심볼	D	배당 성향	77.39%	배당 주기	분기
연간 배당금	$2.67	연배당수익률	5.89%	연속배당인상	0년
동종업계 배당수익률	3.75%	최근 배당지급일	24.03.20	Avg Price Recovery	7.7일

기업 개요

1983년에 설립되었으며, 버지니아주 리치몬드에 본사를 둔 전력 및 에너지 회사로 버지니아, 노스캐롤라이나, 사우스캐롤라이나 지역에 전기를 공급하고, 유타, 아이다호, 와이오밍, 웨스트버지니아, 오하이오, 펜실베니아, 노스캐롤라이나, 사우스캐롤라이나, 조지아 지역에 천연가스를 공급한다. 또한 인디애나, 일리노이, 코네티컷, 로드아일랜드에 발전 시설을 보유하고 있다.

배당 예상치

회계연도 Fiscal Period Ending	예상 배당금 Consensus Rate	예상 연배당수익률 Consensus Yield	낮은 전망치 Low	높은 전망치 High
2023년 12월	$2.67	5.71%	$2.67	$2.67
2024년 12월	$2.69	5.75%	$2.67	$2.83
2025년 12월	$2.73	5.84%	$2.67	$3.00

배당 안정성 B+ | **배당 성장성** D | **배당 수익률** A | **배당 지속성** B

유틸리티 주식은 비즈니스 주기의 모든 부분에서 적당히 좋은 성과를 거두는 경향이 있다. 그리고 전체 업종 중 변동성이 가장 적고 가치를 잘 유지하는 경향도 있다. 하지만 최근에는 그렇지 않다. 유틸리티 주식의 실적이 최근 매우 저조한데, 뉴스에는 높은 채권 수익률로 인해 유틸리티 주식의 가치가 하락했다는 소식이 넘쳐난다. 채권 수익률이 5%에 가까워지면서 상대적으로 유틸리티 배당금의 매력이 떨어졌기 때문이다. 지금 투자자들의 심리는 배당보다 이자가 이익이라는 논리가 훨씬 강하다.

16개 주에서 700만 명의 고객에게 전력을 공급하는 도미니언 에너지가 더 어려운 이유는 2023년 10월 초 주주들에게 새로운 태양광 프로젝트를 제안했기 때문이다. 최근 금리가 올라가면서 피해가 큰 산업이 바로 친환경 에너지다. 보조금을 받는 과정에서 국가나 가정에서 적은 돈도 쓰기가 힘든 시기이기 때문이다.

176 VF 코퍼레이션 *V.F. Corporation*

배당 개요

심볼	VFC	배당 성향	20.88%	배당 주기	분기
연간 배당금	$0.36	연배당수익률	2.22%	연속배당인상	0년
동종업계 배당수익률	1.89%	최근 배당지급일	24.03.20	Avg Price Recovery	10.9일

기업 개요

1969년까지 배니티 페어 밀스(Vanity Fair Mills)로 불린 VF 코퍼레이션은 1899년에 설립되어 콜로라도주 덴버에 본사가 있는 미국의 글로벌 의류 및 신발 회사이다. 아웃도어, 액티브, 작업 3개 부문으로 구성된 13개 브랜드를 보유하고 있다. 잔스포츠(JanSport), 이스트팩(Eastpak), 팀버랜드(Timberland), 노스페이스(The North Face), 디키즈(Dickies), 슈프림스(Supreme), 키플링(Kipling), 반스(Vans) 등의 브랜드가 있다.

배당 예상치

회계연도 Fiscal Period Ending	예상 배당금 Consensus Rate	예상 연배당수익률 Consensus Yield	낮은 전망치 Low	높은 전망치 High
2024년 3월	$0.78	4.53%	$0.78	$0.78
2025년 3월	$0.40	2.33%	$0.99	$0.82
2026년 3월	$0.41	2.41%	$0.09	$0.86

배당 안정성 F | **배당 성장성** C | **배당 수익률** B+ | **배당 지속성** A+

한때 반스와 노스페이스로 잘 나가던 VF 코퍼레이션은 2023년 들어 갑자기 어려워졌다. 첫 번째 이유는 중국의 소비 부진이다. 중국을 포함한 아시아 지역의 매출이 약 10%를 차지하고 있는데, 소비 부진이 깊어지면서 실적을 갉아먹고 있다. 두 번째는 의류회사의 분사이다. 의류 부문은 기복이 적은 VF 코퍼레이션의 핵심사업 부문이었고, 이러한 기반이 없으면 소비자의 패션 변덕에 더 많이 좌우되는 패션 브랜드 컬렉션만 남게 된다. 세 번째는 상황이 이렇다 보니 실적이 안 좋아지고, 급기야 배당 삭감을 단행했다는 점이다.

특히 배당 삭감은 너무나 뼈아픈 조치였는데, 이로 인해 무려 50년 연속배당을 인상한 배당왕 목록에서 제외가 되었다. 아마 지금까지 언급한 종목 중에서 가장 아쉬운 종목이 아닌가 싶다.

177 스탠리 블랙 앤 데커 Stanley Black & Decker, Inc.

배당 개요

심볼	SWK	배당 성향	56.74%	배당 주기	분기
연간 배당금	$3.24	연배당수익률	3.66%	연속배당인상	57년
동종업계 배당수익률	1.89%	최근 배당지급일	24.03.21	Avg Price Recovery	6.1일

기업 개요

스탠리 웍스(The Stanley Works)였던 이 회사는 포춘지 선정 500대 기업이자 미국 산업 도구 및 가정용 하드웨어 제조업체, 보안제품 공급업체이다. 전동공구, 수공구, 자동차 수리, 배관, 용접, 유압, 농업 등 다양한 인프라에 사용되는 장비를 생산한다. 코네티컷주 뉴브리튼에 본사를 두었으며 2010년 스탠리 웍스(Stanley Works)와 블랙 앤 테커(Black&Decker)가 합병하여 설립되었다.

배당 예상치

회계연도 Fiscal Period Ending	예상 배당금 Consensus Rate	예상 연배당수익률 Consensus Yield	낮은 전망치 Low	높은 전망치 High
2023년 12월	$3.22	3.51%	$3.21	$3.22
2024년 12월	$3.28	3.57%	$3.24	$3.32
2025년 12월	$3.38	3.69%	$3.24	$3.57

배당 안정성 A- | **배당 성장성** B- | **배당 수익률** A- | **배당 지속성** A+

스탠리 블랙 앤 데커는 팬데믹 초기에 엄청난 성장을 누린 선도적인 전동공구 회사다. 집에 머무는 시간이 길어진 사람들은 주택 유지관리 및 개조 프로젝트를 위해 많은 돈을 투자하게 되었는데 그 결과 스탠리는 기록적인 매출과 이익을 누렸다. 그러나 이후 매출은 다시 정상화됐다. 결과적으로 회사의 재고 과잉으로 인해 이익은 더욱 감소했다. 대부분의 사람들은 매년 새로운 전동 공구를 구입할 필요가 없으므로 2020년이나 2021년에 새 장비를 구입한 많은 사람들의 추가 구입이 한동안 없었던 것이다. 이런 부분이 공구업체의 특징인데, 여기에 소비 부진이라는 우려가 하나 더 추가되는 모양세다.

하지만 최근에 보이는 어려움 때문에 스탠리 투자를 기피하는 것은 극히 근시안적이다. 반세기 이상 지속적으로 배당금을 늘려온 회사라는 점을 기억하기 바란다.

178 일렉트로닉 아츠 *Electronic Arts Inc.*

배당 개요

심볼	EA	배당 성향	8.83%	배당 주기	분기
연간 배당금	$0.76	연배당수익률	0.54%	연속배당인상	0년
동종업계 배당수익률	1.37%	최근 배당지급일	24.03.20	Avg Price Recovery	2.3일

기업 개요

캘리포니아 레드우드시티에 본사를 둔 비디오게임 회사로 1982년 애플의 직원 트립 호킨스(Trip Hawkins)가 설립한 이 회사는 초기 가정용 컴퓨터 게임산업의 선구자였다. 현재 EA는 배틀필드(Battlefield), 니드포스피드(Need for Speed), 심즈(The Sims), 메달 오브 아너(Medal of Honor), 스타워즈(Star Wars) 등 기존 프랜차이즈 게임뿐 아니라, 피파(FIFA), NBA 라이브(NBA Live), EA 스포츠 UFC(EA Sports UFC) 등의 스포츠 게임을 개발 및 홍보한다. 또한 EA 벤쿠버(EA Vancouver), 다이스(DICE), 바이오웨어(BioWare) 등과 같은 주요 게임 스튜디오를 소유, 운영하고 있다.

배당 예상치

회계연도 Fiscal Period Ending	예상 배당금 Consensus Rate	예상 연배당수익률 Consensus Yield	낮은 전망치 Low	높은 전망치 High
2024년 3월	$0.77	0.57%	$0.76	$0.80
2025년 3월	$0.83	0.62%	$0.76	$0.92
2026년 3월	$0.87	0.65%	$0.76	$1.01

배당 안정성 B+ | **배당 성장성** B+ | **배당 수익률** F | **배당 지속성** D

필자는 미국기업은 좀 안다해도 게임에 대해서는 잘 모른다. 그래서 여기서는 아주 큰 틀에서의 정리만 하겠다. 필자가 보기에 비디오게임 산업은 계속해서 진화와 성장을 거듭하고 있으며 엔터테인먼트 산업에서 가장 빠르게 성장하는 분야로 남아 있다. 세계경제포럼(World Economic Forum)은 비디오게임 산업이 '호황'을 누리고 있다고 말하며 2026년까지 전 세계 매출이 3,210억 달러에 이를 것이라고 예측하고 있다. 오늘날 전 세계적으로 30억 명의 게이머가 있으며 이는 전 세계 인구의 거의 40%를 차지한다. 오늘날 사람들은 노트북 컴퓨터, TV, 스마트폰, 태블릿을 통해 게임을 한다. 온라인 게임은 특히 뜨거운 시장으로 프로게이머의 수가 기하급수적으로 늘고 있고, 대회를 지켜보는 관객도 늘어나고 있다.

일렉트로닉 아츠는 다양한 스포츠 비디오 게임으로 널리 알려져 있다. 하지만 최근 온라인 게임에 대한 추세가 커지고 플레이스테이션(PlayStation)과 같은 콘솔에 밀리면서 주가가 타격을 입었다. 또 다른 위험요인은 팬데믹 이후 비디오 게임에 대한 소비자 지출이 전반적으로 감소했다는 점이다.

179 엘레반스 헬스 *Elevance Health Inc.*

배당 개요

심볼	ELV	배당 성향	15.71%	배당 주기	분기
연간 배당금	$6.52	연배당수익률	1.28%	연속배당인상	13년
동종업계 배당수익률	-	최근 배당지급일	24.03.22	Avg Price Recovery	6.6일

기업 개요

미국 건강보험 회사이며, 앤덤 블루 크로스(Anthem Blue Cross) 및 블루 실드(Blue Shield) 등과 같은 계열사를 통하여 의료, 제약, 치과, 행동 건강, 장기치료, 장애에 관한 플랜을 제공한다. 2022년 앤섬(Anthem, Inc.)에서 엘레반스 헬스(Elevance Health)로 이름이 변경되었으며, 2022년 포춘지 500대 기업에서 20위에 올랐다.

배당 예상치

회계연도 Fiscal Period Ending	예상 배당금 Consensus Rate	예상 연배당수익률 Consensus Yield	낮은 전망치 Low	높은 전망치 High
2023년 12월	$5.74	1.24%	$5.12	$5.92
2024년 12월	$6.12	1.32%	$5.61	$6.52
2025년 12월	$6.58	1.42%	$6.14	$7.12

배당 안정성 A+ | **배당 성장성** A- | **배당 수익률** B- | **배당 지속성** B

전 세계적으로 의료산업은 인상적인 회복력을 보여주었고, 의료제품 및 서비스에 대한 수요가 상대적으로 안정적임이 입증되었다. 그래서 이 산업은 방어적인 업종으로 분류된다. 블랙록에 따르면 2022년 헬스케어 주식은 전체 시장에 비해 변동성이 23% 감소한 것으로 나타났다. 또한, 지난 7번의 경기침체 기간 동안 의료 부문은 꾸준히 평균 10%의 마진으로 시장을 능가했고, 지난 6번의 경기침체 동안 업계는 평균 21%의 수익성장을 경험했다.

의료산업이 방어적인 업종으로 자리잡은 이유는 개인의 웰빙이 협상할 수 없는 우선순위라는 점과 의료에 대한 수요가 꾸준히 유지되고 있다는 점이다. 이는 2023년 기준 전 세계 성인 3명 중 1명이 심장병, 암, 당뇨병과 같은 만성 질환을 앓고 있다는 사실을 통해 입증됐다 또, 의료비 상승으로 비용을 자체 부담하는 것이 거의 불가능해지면서 건강보험의 중요성이 부각되고 있다. 이에 부합하는 민영 건강보험 회사가 엘레반스 헬스다. 회사 전체 매출의 20% 미만을 IngenioRx PBM이 차지하고 있는데 PBM은 'Pharmacy Benefit Management'의 줄임말로 한국의 건강보험심사평가원과 유사한 기업으로 보면 된다. PBM은 주로 처방전 개발 및 유지, 약국과의 계약, 의약품 제조업체와의 할인 및 리베이트 협상, 처방약 청구 처리 및 지불을 담당한다..

180 블랙록 BlackRock, Inc.

배당 개요

심볼	BLK	배당 성향	45.08%	배당 주기	분기
연간 배당금	$20.40	연배당수익률	2.56%	연속배당인상	14.1년
동종업계 배당수익률	3.18%	최근 배당지급일	24.03.22	Avg Price Recovery	14.1일

기업 개요

뉴욕에 본사를 둔 미국의 다국적 투자회사다. 1988년 위험관리 및 고정 수입 기관 자산관리자로 설립되었으며 2022년 1월 기준 10조 달러의 자산을 관리하는 세계 최대의 자산관리 회사이다. 30개 국에서 운영되고 있으며 뱅가드(Vanguard), 스테이트 스트리트(State Street)와 함께 미국을 지배하는 'Big 3' 인덱스 펀드 매니저 중 하나로 간주된다.

배당 예상치

회계연도 Fiscal Period Ending	예상 배당금 Consensus Rate	예상 연배당수익률 Consensus Yield	낮은 전망치 Low	높은 전망치 High
2023년 12월	$20.01	2.79%	$20.00	$20.17
2024년 12월	$21.24	2.96%	$18.99	$22.00
2025년 12월	$23.51	3.28%	$20.81	$25.85

배당 안정성 A+ | **배당 성장성** B | **배당 수익률** D | **배당 지속성** A-

블랙록은 인기 있는 상장지수펀드인 아이셰어즈(iShares)를 보유하고, 여러 종류의 전통적인 뮤추얼 펀드와 소수의 폐쇄형 펀드를 관리한다. 이러한 자산관리 회사는 개인 투자자에게 우려되는 사업일 수 있다. 주식시장의 상승과 하락이 맞물려 있기 때문이다. 시장이 좋으면 자금 유입이 증가하고 반대일 경우 자금이 빠져나간다. 2023년은 전체적으로 관리대상자산(AUM)이 전년 동기 대비 약 5% 감소한 9조 달러를 기록했다. 블랙록 수익의 대부분은 자산 규모에 따른 수수료와 연결되어 있으므로 AUM이 감소하면 수익도 감소할 가능성이 높다.
하지만 최근 들어 시장의 등락과 상관없이 블랙록에 주목할 필요가 있는데, 첫째, 고객의 요구를 충족하기 위해 지속적으로 새로운 ETF를 출시하고 있기 때문이다. 2022년에만 이 회사는 85개 이상의 ETF를 출시했다. 둘째, 블랙록의 2.8% 연배당수익률은 S&P500지수 1.5% 수익률의 거의 두 배에 달한다. 그리고 투자자들은 회사의 배당금이 계속해서 증가할 수 있다고 합리적으로 확신할 수 있다. 셋째, 제품 구성이 상당히 다양하다. 패시브 전략은 장기 AUM의 약 3분의 2를 차지하며, 아이셰어즈 ETF 플랫폼은 국내 및 세계적으로 선도적인 시장 점유율을 유지하고 있다.

181 킴코 리얼티 *Kimco Realty Corporation*

배당 개요

심볼	KIM	배당 성향	122.97%	배당 주기	분기
연간 배당금	$0.96	연배당수익률	4.89%	연속배당인상	3년
동종업계 배당수익률	4.46%	최근 배당지급일	24.03.21	Avg Price Recovery	6.0일

기업 개요

1966년에 설립되었고, 뉴욕주 제리코에 본사를 둔 부동산 투자 신탁(REITs)으로 북미 최대의 공개 거래 기업이며, 야외 식료품 쇼핑센터 운영 및 복합용도 자산 운영업체이다. 1991년부터 뉴욕 증권거래소에서 거래되며 S&P500지수에 포함된 이 회사는 60년 이상 쇼핑센터 소유, 관리, 인수, 재개발 활동을 전문으로 해왔다.

배당 예상치

회계연도 Fiscal Period Ending	예상 배당금 Consensus Rate	예상 연배당수익률 Consensus Yield	낮은 전망치 Low	높은 전망치 High
2023년 12월	$0.96	5.13%	$0.92	$1.12
2024년 12월	$1.00	5.31%	$0.92	$1.25
2025년 12월	$1.06	5.63%	$0.92	$1.29

배당 안정성 B | **배당 성장성** C+ | **배당 수익률** C+ | **배당 지속성** D+

킴코 리얼티는 소매 리츠회사로 유명하다. 킴코 리얼티의 임대 기간은 5년 미만부터 30년 이상까지 다양해서 최근 금리인상에 따른 영향이 적은 편이다. 그리고 킴코 센터의 약 72%가 식료품점에 집중되면서 최근 소비부진에 따른 영향도 적다. 아무리 경기가 어려워도 식료품은 구매하기 때문이다. 높은 금리 때문에 대부분의 리츠기업들이 부진하고 있는데, 킴코 리얼티는 선전하고 있다.

[3월] 5주차

182	록히드 마틴(LMT)
183	힐튼 월드와이드(HLT)
184	윌리엄스 컴퍼니스(WMB)
185	할리버튼 컴퍼니(HAL)
186	뱅크 오브 아메리카(BAC)
187	골드만 삭스(GS)
188	길리어드 사이언스(GILD)
189	퍼블릭 스토리지(PSA)
190	T. 로우 프라이스(TROW)
191	브로드컴(AVGO)
192	유니온 퍼시픽(UNP)
193	프로로지스(PLD)
194	크라운 캐슬(CCI)
195	벡톤 디킨슨(BDX)
196	HCA 헬스케어(HCA)
197	인터콘티넨탈 익스체인지(ICE)
198	메리어트 인터내셔널(MAR)
199	데본 에너지(DVN)
200	아메리칸 인터내셔널 그룹(AIG)
201	트래블러스 컴퍼니(TRV)
202	헤스 코퍼레이션(HES)
203	트레인 테크놀로지스(TT)
204	M&T 뱅크(MTB)
205	퍼블릭 서비스 엔터프라이즈 그룹(PEG)

[3월] 5주차

206	에버소스 에너지(ES)
207	로스 스토어(ROST)
208	베리스크 애널리틱스(VRSK)
209	엑스트라 스페이스 스토리지(EXR)
210	아메렌(AEE)
211	마틴 마리에타 머티리얼스(MLM)
212	도미노 피자(DPZ)
213	레이도스 홀딩스(LDOS)

182 록히드 마틴 Lockheed Martin Corporation

배당 개요

심볼	LMT	배당 성향	45.44%	배당 주기	분기
연간 배당금	$12.60	연배당수익률	2.97%	연속배당인상	21년
동종업계 배당수익률	2.36%	최근 배당지급일	24.03.29	Avg Price Recovery	12.6일

기업 개요

미국의 항공우주, 무기, 국방, 정보보안, 기술 기업이다. 2014년 회계연도 매출 기준 세계 최대의 방위산업체이며, 미국 연방정부 계약자 목록에서 1위를 차지했으며, 회사 연간 매출의 절반이 미 국방부에 있다. 항공, MFC(미사일 및 사격통제), RMS(로타리 및 미션시스템), 우주의 4개 사업 부문에서 운영된다. 또한 의료 시스템, 재에너지 시스템, 지능형 에너지 분배, 소형 핵융합에 투자한다.

배당 예상치

회계연도 Fiscal Period Ending	예상 배당금 Consensus Rate	예상 연배당수익률 Consensus Yield	낮은 전망치 Low	높은 전망치 High
2023년 12월	$12.16	2.73%	$12.00	$12.30
2024년 12월	$12.87	2.89%	$12.66	$13.06
2025년 12월	$13.66	3.07%	$13.40	$14.11

배당 안정성 A | **배당 성장성** A+ | **배당 수익률** B+ | **배당 지속성** A

개인적으로 필자가 생각하는 세월이 지나도 변하지 않는 장기테마가 있다. 첫째, 물. 둘째, 친환경. 셋째, 국방이다.

여기서 얘기하는 록히드 마틴은 미국 정부의 중요한 파트너로 최첨단 무기, 항공기 및 방어 시스템을 개발하고 건설하고 있다. 록히드 마틴을 미국 정부의 한 축으로 생각할 수도 있다. 이는 록히드 연간 매출의 70%가 미국정부에서 나오고 있는데, 사업의 대부분은 군대와 NASA의 부서와 관련이 있기 때문이다. 전쟁을 흥미 거리로 삼지는 않으나 최근 미국과 중국의 마찰, 중동분쟁, 더 나아가 중국과 대만의 긴장관계, 당장 우리나라와 북한문제 등을 볼 때 정말 필요한 분야가 방산주가 아닌가 싶다. 경제가 아무리 어려워도 미국은 국방비 지출을 줄이지 않을 것이다.

183 힐튼 월드와이드 Hilton Worldwide Holdings Inc.

배당 개요

심볼	HLT	배당 성향	7.32%	배당 주기	분기
연간 배당금	$0.60	연배당수익률	0.30%	연속배당인상	0년
동종업계 배당수익률	-	최근 배당지급일	24.03.28	Avg Price Recovery	1.5일

기업 개요

광범위한 호텔 및 리조트를 관리하고 프랜차이즈 하는 미국의 다국적 호텔기업이다. 1919년 콘래드 힐튼(Conrad Hilton)이 설립하였으며, 버지니아주 타이슨스 코너에 본사가 있다. 최대 주주는 2018년 중반까지 HNA 그룹(HNA Group), 블랙스톤(Blackstone), 웰링턴 매니지먼트 그룹(Wellington Management Group)이었다. 2019년 포춘지가 선정한 가장 일하기 좋은 100대 기업 목록에서 1위를 차지하기도 했다.

배당 예상치

회계연도 Fiscal Period Ending	예상 배당금 Consensus Rate	예상 연배당수익률 Consensus Yield	낮은 전망치 Low	높은 전망치 High
2023년 12월	$0.60	0.36%	$0.59	$0.61
2024년 12월	$0.73	0.43%	$0.59	$1.28
2025년 12월	$0.83	0.49%	$0.59	$1.53

배당 안정성 C- | **배당 성장성** A+ | **배당 수익률** F | **배당 지속성** F

힐튼 월드와이드 홀딩스는 세계적인 숙박기업 체인으로 전 세계로 퍼져 있는 자사의 호텔, 리조트 자산을 소유하고 관리한다. 대략 118개 국에 걸쳐 약 2,820개 호텔, 약 41만 6,400개의 객실로 구성되어 있다. 인플레이션에 따른 높은 여행 비용에도 불구하고 코로나19 팬데믹 이전에 비해 많은 사람들이 휴가를 계획함에 따라 호텔 및 리조트 운영업체의 매출 반등이 일어나고 있다. 어찌 보면 여행의 묘미는 호텔을 이용하는 것이 아닌가 싶다. 필자도 잠은 좋은 곳에서 자야 한다고 생각한다.

184 윌리엄스 컴퍼니스 Williams Companies, Inc.

배당 개요

심볼	WMB	배당 성향	90.24%	배당 주기	분기
연간 배당금	$1.90	연배당수익률	5.57%	연속배당인상	8년
동종업계 배당수익률	4.24%	최근 배당지급일	24.03.25	Avg Price Recovery	9.9일

기업 개요

오클라호마주 털사에 본사를 둔 미국의 에너지 회사이다. 핵심 사업은 천연가스 처리 및 운송이며 석유와 발전자산이 있다. 1908년 설립되었고, 포츈지 선정 500대 기업이며, S&P500의 구성요소이다.

배당 예상치

회계연도 Fiscal Period Ending	예상 배당금 Consensus Rate	예상 연배당수익률 Consensus Yield	낮은 전망치 Low	높은 전망치 High
2023년 12월	$1.80	5.07%	$1.79	$1.82
2024년 12월	$1.88	5.30%	$1.81	$1.94
2025년 12월	$1.97	5.55%	$1.84	$2.08

배당 안정성 B | **배당 성장성** B | **배당 수익률** C+ | **배당 지속성** A-

윌리엄스 컴퍼니스는 천연가스 파이프라인 회사이다. 보통 천연가스 파이프라인 거대 기업은 뛰어난 배당 실적을 보유하고 있다. 윌리엄스 컴퍼니스는 1974년부터 분기마다 배당금을 지급해 왔으며 2018년부터는 배당금을 연평균 6%씩 늘렸다. 주가가 아주 크게 상승하거나 성장성이 뛰어난 기업은 아니지만 배당을 주는 기업, 특히 배당을 늘리는 기업을 좋아하는 분들이라면 주목하길 바란다.

185 할리버튼 컴퍼니 *Halliburton Company*

배당 개요

심볼	HAL	배당 성향	17.30%	배당 주기	분기
연간 배당금	$0.68	연배당수익률	1.94%	연속배당인상	3년
동종업계 배당수익률	4.24%	최근 배당지급일	24.03.27	Avg Price Recovery	2.4일

기업 개요

전 세계 에너지 산업에 제품과 서비스를 제공하고 세계 대부분의 수압 파쇄 작업을 담당하는 미국의 다국적 기업이며, 2009년에는 세계 2위의 유전 서비스 회사였다. 전 세계에 수백 개의 자회사, 계열사, 지점, 브랜드를 소유하고 있으며 약 5만 5,000명의 직원을 고용하고 있고, 휴스턴과 두바이에 이중 본사를 두고 있다.

배당 예상치

회계연도 Fiscal Period Ending	예상 배당금 Consensus Rate	예상 연배당수익률 Consensus Yield	낮은 전망치 Low	높은 전망치 High
2023년 12월	$0.64	1.68%	$0.64	$0.64
2024년 12월	$0.69	1.82%	$0.64	$0.77
2025년 12월	$0.73	1.93%	$0.64	$0.92

배당 안정성 B+ | **배당 성장성** A- | **배당 수익률** D- | **배당 지속성** A-

전 세계 3대 유전 서비스 회사 중 하나인 할리버튼 컴퍼니는 굉장히 재미있는 기업이다. 할리버튼 컴퍼니가 석유나 가스를 전혀 생산하지 않는다는 점에서 흥미롭다. 캘리포니아 골드러시 기간 동안 최고의 수익을 올린 기업 몇몇은 단 1온스의 금도 생산하지 않았다. 대신 그들은 금광부들에게 곡괭이와 삽을 팔았다. 이것이 할리버튼의 비즈니스 모델이다. 할리버튼은 에너지 산업에 제품과 서비스를 제공하는 세계 최대 규모의 공급업체 중 하나로 예를 들면 회사는 석유 및 가스 시추 고객에게 드릴 비트, 화학 물질 및 소프트웨어를 판매한다. 또, 석유 및 가스 생산을 위한 유정을 완성하기 위해 고객에게 압력 펌핑, 처리 및 도구를 판매한다. 비즈니스 모델이 이렇다 보니 전 세계 각지에서 매출이 발생하는데, 가장 큰 지역은 북미로 매출의 42%를 차지했고, 매출의 또 다른 25%는 중동과 아시아에서 나왔다. 라틴 아메리카와 유럽/아프리카는 각각 매출의 15%와 18%를 차지했다.

186 뱅크 오브 아메리카 *Bank of America Corporation*

배당 개요

심볼	BAC	배당 성향	27.94%	배당 주기	분기
연간 배당금	$0.96	연배당수익률	2.83%	연속배당인상	3년
동종업계 배당수익률	3.18%	최근 배당지급일	24.03.29	Avg Price Recovery	3.3일

기업 개요

미국의 다국적 투자은행이자 금융서비스 지주회사로 JP모건 체이스에 이어 미국 2위인 은행이며, 시가총액 기준으로 세계에서 2번째로 큰 은행이고, 미국의 Big 4 은행 중 하나이다. 일련의 인수합병을 통해 2008년과 2009년에 각각 자산관리를 위한 메릴린치(Merrill Lynch)를, 투자은행을 위한 뱅크 오브 아메리카 메릴린치(Bank of America Merrill Lynch)를 설립하여 상업은행 사업을 구축했다. 2018년 8월 기준 시가총액은 3,135억 달러로 세계에서 13번째로 큰 회사였고, 2020년 포춘지 500에서 25위에 올랐으며, 2020년 포브스 글로벌 2000 순위에서 8위에 올랐다.

배당 예상치

회계연도 Fiscal Period Ending	예상 배당금 Consensus Rate	예상 연배당수익률 Consensus Yield	낮은 전망치 Low	높은 전망치 High
2023년 12월	$0.92	3.07%	$0.92	$0.92
2024년 12월	$1.00	3.33%	$0.94	$1.03
2025년 12월	$1.08	3.59%	$0.96	$1.20

배당 안정성 B | **배당 성장성** D | **배당 수익률** C- | **배당 지속성** A-

최근 뱅크 오브 아메리카는 미국 연방준비은행에서 정기적으로 실시하는 스트레스 테스트를 통과하여 심각한 경기침체에서 살아남을 수 있음을 다시금 확인했다. 스트레스 테스트 결과는 3개월 만기 국채 금리가 거의 0으로 크게 떨어지고 10년 만기 국채 금리가 1.5%로 떨어질 것이라는 심각하게 불리한 시나리오의 가정에서도 통과했는데 이는 나름 의미가 있는 것이다. 또 지난 1년 동안 그래왔듯이 금리가 인상되면 경제가 둔화된다. 실제로 이것이 바로 인플레이션을 억제하기 위한 연준의 금리인상 캠페인의 핵심인데 사람들은 돈을 덜 쓰고, 덜 벌고, 덜 예금하고, 대출도 줄인다. 이런 상황에서 2023년 1분기 소비자 잔고는 지난해보다 330억 달러 감소했지만 해당 분기에 13만 개의 신규 계좌를 추가했다.

이 모든 것을 고려하면 뱅크 오브 아메리카는 매우 잘 운영되고 있다. 이는 경제가 반등할 때 뱅크 오브 아메리카가 성공할 수 있는 기반을 마련한 것으로 시간이 지나면 훨씬 상황이 나아질 것이다. 그래서 필자가 제일 좋아하는 금융주가 바로 뱅크 오브 아메리카이다.

187 골드만 삭스 *The Goldman Sachs Group, Inc.*

배당 개요

심볼	GS	배당 성향	27.98%	배당 주기	분기
연간 배당금	$11.00	연배당수익률	2.86%	연속배당인상	3년
동종업계 배당수익률	3.18%	최근 배당지급일	24.03.28	Avg Price Recovery	7.9일

기업 개요

미국의 다국적 투자은행 및 금융회사로, 주로 국제 금융시장에서 기관 투자자들에게 서비스를 제공한다. 1869년에 독일계 유대인 마르쿠스 골드만이 뉴욕에 차린 약속어음 거래 회사를 모체로 시작된 금융회사로, 전 세계 24개 국 지사를 통해 기업 M&A와 채권 발행 등 사업을 하고 있다. 수익 기준으로 세계 2위의 투자 은행이며 포춘지 500대 미국기업 중 총 수익 기준으로 57위이다.

배당 예상치

회계연도 Fiscal Period Ending	예상 배당금 Consensus Rate	예상 연배당수익률 Consensus Yield	낮은 전망치 Low	높은 전망치 High
2023년 12월	$10.51	3.10%	$10.50	$10.75
2024년 12월	$11.39	3.36%	$11.00	$11.75
2025년 12월	$11.99	3.54%	$11.00	$13.00

배당 안정성 A+ | **배당 성장성** C+ | **배당 수익률** D+ | **배당 지속성** A-

거대 투자 은행인 골드만삭스는 지난 2022년, 힘든 상황을 겪었다. 기업공개(IPO)가 급격히 감소했고 어려운 시장 환경으로 인해 운영이 쉽지 않았다. 문제의 근본 원인은 기업들이 너무 많은 불확실성을 안고 상장하거나 많은 거래를 하길 원하지 않는다는 것이었다. 이로 인해 골드만삭스는 최악의 타격을 입었다. 최근 매출이 20% 감소했고, 순이익은 49% 감소했다. 하락세를 주도한 것은 주식 및 채권 거래 감소로 인한 투자 은행 수수료의 48% 감소였고 한 해 동안 인수 및 합병이 줄어든 것도 하락 요인이었다. 하지만 주가가 장부가치보다 약간 낮기 때문에 투자자들 사이에서 저점매수 이야기가 들려오고 있다. 바닥을 지났다는 확신은 없지만 그즈음에서 거래가 되고 있는 듯하다.

188 길리어드 사이언스 Gilead Sciences, Inc.

배당 개요

심볼	GILD	배당 성향	40.85%	배당 주기	분기
연간 배당금	$3.08	연배당수익률	4.28%	연속배당인상	9년
동종업계 배당수익률	1.58%	최근 배당지급일	24.03.28	Avg Price Recovery	3.3일

기업 개요

캘리포니아주 포스터시티에 본사가 있는 미국의 바이오 제약회사로, HIV/AIDS, B형 간염, C형 간염 치료, 인플루엔자, 코로나19(COVID-19) 등에 사용되는 항바이러스제 연구 및 개발을 위주로 한다. 나스닥 바이오테크놀로지 지수(NASDAQ Biotechnology Index) 및 S&P500의 회원이다. 1987년에 설립되었고, 1992년 IPO 된 이후 10년 동안 타미플루(Tamiflu), 비스타이드(Vistide) 등의 약물을 성공적으로 개발했다.

배당 예상치

회계연도 Fiscal Period Ending	예상 배당금 Consensus Rate	예상 연배당수익률 Consensus Yield	낮은 전망치 Low	높은 전망치 High
2023년 12월	$3.02	4.01%	$2.92	$3.13
2024년 12월	$3.18	4.21%	$2.92	$3.87
2025년 12월	$3.32	4.40%	$3.00	$4.16

배당 안정성 B+ | **배당 성장성** A | **배당 수익률** A | **배당 지속성** C+

길리어드 사이언스는 바이러스성 질병, 특히 HIV(사람면역결핍바이러스)와 종양학을 전문으로 하는 거대 생명공학 기업이다. 최근 몇 년간 코로나19 치료제인 항바이러스제 베클루리(Veklury)로 인해 회사 매출이 다소 호전세를 보였지만, 이 제품을 제외하면 길리어드 사이언스의 기본 사업도 부분적으로 팬데믹의 부작용으로 피해를 입었다. 다행히 지금은 조금씩 상황이 개선되고 있지만 투자자들 사이에서 인기는 별로 없다. 빅타비(Biktarvy), 데스코비(Descovy) 블록버스터 제품과 선렌카(Sunlenca) 등 들어도 뭔지 모르는 제품이 대부분이기 때문이다. 그러나 회사의 견고하고 예측 가능한 사업은 합리적인 가치 평가와 함께 우량 배당주를 찾는 사람들에게 이상적으로 보인다. 지난 5년간 배당금을 32% 늘렸다는 점을 기억하자.

189 퍼블릭 스토리지 *Public Storage*

배당 개요

심볼	PSA	배당 성향	102.91%	배당 주기	분기
연간 배당금	$12.00	연배당수익률	4.22%	연속배당인상	1년
동종업계 배당수익률	4.46%	최근 배당지급일	24.03.29	Avg Price Recovery	10.2일

기업 개요

캘리포니아 글렌데일에 본사를 둔, 미국에서 가장 큰 셀프 스토리지 서비스 회사로 부동산 투자 신탁(REITs)으로 운영된다. 미국, 캐나다, 유럽에 2,500개 이상의 지점에서 셀프 스토리지가 운영된다. 1972년에 설립되었으며 수익의 90% 이상이 셀프 스토리지 운영에서 발생하지만, 보험과 포장 서비스도 제공한다.

배당 예상치

회계연도 Fiscal Period Ending	예상 배당금 Consensus Rate	예상 연배당수익률 Consensus Yield	낮은 전망치 Low	높은 전망치 High
2023년 12월	$12.02	4.66%	$12.00	$12.15
2024년 12월	$12.51	4,85%	$12.00	$13.20
2025년 12월	$12.68	4.92%	$12.00	$13.65

배당 안정성 A- | **배당 성장성** A- | **배당 수익률** C | **배당 지속성** B

미국 최대 셀프 스토리지 시설 소유자인 퍼블릭 스토리지는 미국 40개 주에 걸쳐 2,880개가 넘는 셀프 스토리지 시설을 운영 중인 리츠업체이다. 특징이 있다면 개인 및 업무용으로 저장 공간을 월 단위로 임대한다. 최근 원격 및 하이브리드 근무 방식, 주택 판매 증가, 리모델링 및 수도권 시장 내외 이동으로 인해 셀프 스토리지 공간에 대한 수요가 급증했다. 하지만 고금리 시기로 접어들면서 투자 매력도가 떨어지고 있다. 그럼에도 필자는 셀프 스토리지가 '영원한' 사업으로 보인다. 사람들은 항상 자신의 소지품을 보관할 안전한 장소가 필요하고 또 대부분의 다른 상업용 부동산에 비해 창고형 부동산의 건설비, 유지관리비, 운영비가 상대적으로 저렴하기 때문에 매우 매력적인 비용 구조를 가지고 있다. 솔직히 금리만 좀 떨어지면 부활이 가능해 보인다.

190 T. 로우 프라이스 *Price T Rowe Group, Inc.*

배당 개요

심볼	TROW	배당 성향	61.73%	배당 주기	분기
연간 배당금	$4.96	연배당수익률	4.53%	연속배당인상	38년
동종업계 배당수익률	3.18%	최근 배당지급일	24.03.28	Avg Price Recovery	9.6일

기업 개요

개인, 기관 및 금융 중개인을 위한 펀드, 자문서비스, 별도 계정 관리, 퇴직계획 등의 서비스를 제공하는 글로벌 투자관리 회사이다. 2020년 현재 1조 6,000억 달러 이상의 관리 자산과 62억 달러의 연간 매출을 보유하고 있다. 1937년에 설립되었으며, 메릴랜드주 볼티모어에 본사가 있고, 47개 국에 사무소를 두고 있다. 지속적으로 세계 최고의 자산 운용사로 선정된 이곳은 2020년 포춘지가 선정한 세계에서 가장 존경받는 기업으로 선정되었다.

배당 예상치

회계연도 Fiscal Period Ending	예상 배당금 Consensus Rate	예상 연배당수익률 Consensus Yield	낮은 전망치 Low	높은 전망치 High
2023년 12월	$4.86	4.97%	$4.80	$4.88
2024년 12월	$4.99	5.11%	$4.88	$5.60
2025년 12월	$5.21	5.33%	$4.96	$6.40

배당 안정성 A- | **배당 성장성** A- | **배당 수익률** C+ | **배당 지속성** A+

T. 로우 프라이스의 사업 구조는 매우 간단하다. 고객이 돈을 주고, 회사는 그 돈의 관리에 대한 수수료를 부과한다. 일반적으로 수수료는 고객이 T. 로우 프라이스를 통해 보유하고 있는 자산의 일정 비율로 계산된다. 회사가 관리하는 돈이 많을수록 수수료 수익도 커지고, 관리하는 돈이 적을수록 수수료 수입도 줄어든다. 문제는 관리하는 돈이 줄어들고 있다는 것이다. 지금의 투자자들은 여러 가지 이유로 자신의 계좌에서 돈을 인출하고 있다. 예를 들어, 걱정스러운 투자자들은 본질적으로 시장에서 빠져나오려고 하기 때문에 경제적 불확실성이 있는 시기에는 인출이 증가하는 경향이 있다. 그리고 노후를 대비해 저축을 해온 노년층에 막대한 자산이 집중돼 있다. 베이비붐 세대가 은퇴를 앞두고 생활비 인출이 늘어날 가능성이 높다. 또 큰 우려는 새로운 고객이 되어야 할 젊은 층들이 뮤추얼 펀드에서 벗어나 더 저렴한 상장지수펀드(ETF)로 눈에 띄는 변화가 있었다. 관리하는 돈이 많아지기에는 시간이 좀더 필요해 보인다.

191 브로드컴 *Broadcom Inc.*

배당 개요

심볼	AVGO	배당 성향	37.60%	배당 주기	분기
연간 배당금	$21.00	연배당수익률	1.71%	연속배당인상	14년
동종업계 배당수익률	1.37%	최근 배당지급일	24.03.29	Avg Price Recovery	12.5일

기업 개요

다양한 반도체 및 인프라 소프트웨어 제품을 설계, 개발, 제조하는 글로벌 공급업체이다. 브로드컴의 제품은 데이터센터, 네트워킹, 소프트웨어, 광대역, 무선, 스토리지 및 산업재 시장에 제공된다. 1961년에 휴렛 팩커드의 반도체 사업부로 설립되었으며, 인수합병을 통해 2005년 아바고 테크놀로지(Avago Technologie)가 설립되고, 2016년 브로드컴 코퍼레이션(Broadcom Corporation)을 인수한 뒤로 지금의 사명으로 바뀌었다. 그리고 'Avago'를 나타내는 AVGO가 심볼로 사용되었다. 모바일, 데이터센터, 사물인터넷 등의 부문에서 아바고 테크놀로지의 특허 입지를 크게 강화했으며 회사를 상위 반도체 공급업체 중 9번째로 많은 특허 보유자로 만들었다.

배당 예상치

회계연도 Fiscal Period Ending	예상 배당금 Consensus Rate	예상 연배당수익률 Consensus Yield	낮은 전망치 Low	높은 전망치 High
2023년 10월	$18.41	1.88%	$18.40	$18.47
2024년 10월	$20.06	2.05%	$18.40	$22.40
2025년 10월	$21.81	2.23%	$18.40	$26.40

배당 안정성 A+ | **배당 성장성** A+ | **배당 수익률** B- | **배당 지속성** B+

브로드컴은 주로 네트워킹, 연결성 반도체 및 장비 설계업체로 과거 애플의 아이폰용 Wi-Fi 핫스팟 칩을 개발한 적이 있다. 그래서 아이폰의 판매둔화 우려에 예민하게 움직였는데, 최근에는 AI의 수혜주로 이름을 날리고 있다. AI 교육 및 추론에는 엄청난 양의 초고속 데이터 네트워킹이 필요하기 때문에 이러한 네트워킹 플랫폼에 대한 수요가 매우 높다. CEO 혹 탄(Hock Tan)은 지난 분기에 AI 네트워킹에 대한 수요가 분기 대비 무려 50% 증가했으며 2023년 칩 매출의 15%가 2024년에는 25% 이상으로 확대될 것이라고 언급했다. 상당 기간 동안 AI의 수혜주로 실적도 크게 증가할 것이다.

192 유니온 퍼시픽 *Union Pacific Corp*

배당 개요

심볼	UNP	배당 성향	41.22%	배당 주기	분기
연간 배당금	$5.20	연배당수익률	2.10%	연속배당인상	0년
동종업계 배당수익률	2.36%	최근 배당지급일	24.03.29	Avg Price Recovery	13.2일

기업 개요

유니온 퍼시픽(리포팅 마크 UP, UPP, UPY), 정식 명칭으로는 유니온 퍼시픽 레일로드 컴퍼니(Union Pacific Railroad Company)는 미국 서부 23개 주에서 운행하는 화물운송 철도회사이다. 미국에서 BNSF 다음으로 큰 철도회사로 1862년에 설립되었고, 네브래스카주 오마하에 본사가 있다.

배당 예상치

회계연도 Fiscal Period Ending	예상 배당금 Consensus Rate	예상 연배당수익률 Consensus Yield	낮은 전망치 Low	높은 전망치 High
2023년 12월	$5.22	2.38%	$5.06	$5.57
2024년 12월	$5.49	2.51%	$5.06	$6.13
2025년 12월	$5.68	2.59%	$5.06	$6.13

배당 안정성 A | **배당 성장성** A | **배당 수익률** B- | **배당 지속성** A+

미국은 전국적으로 약 16만 마일에 걸쳐 매년 미국 화물의 40%를 운송하는 세계 최대의 철도 네트워크를 보유하고 있다. 그러나 철도 네트워크의 대부분이 여객 운송보다는 원자재 운송 전용 산업 노선으로 구성되어 있어 그 중요성이 간과되는 경우가 많다. 여기서 23개 주를 포괄하는 3만 2,500마일을 보유한 최대 규모의 회사가 바로 유니온 퍼시픽이다. 이 회사의 장점은 4년 연속 연료 소비율을 향상시켰다는 점이며 최근 철도 역사상 가장 연료 효율성이 높은 분기를 보냈다. 보다 효율적인 차량은 탄소 배출량을 줄일 뿐만 아니라 보다 생산적이고 안정적인 운영을 가능하게 했다. 하지만 철도주는 지난 10년 동안 강력한 외형 성장과 EPS 성장을 달성했음에도 불구하고 종종 과소평가되는 경우가 많았다.
그럼 향후 철도주의 핵심은 무엇인가? 철도주는 유니온 퍼시픽 인프라 투자 및 일자리법의 혜택을 받을 수 있는 좋은 위치에 있다. 이후 개인용 탱크 차량, 아스팔트, 시멘트, 막대, 빔 및 기타 주요 금속과 같은 도로 및 교량 원자재의 운송이 증가하면서 다시 달릴 것이다.

193 프로로지스 *Prologis, Inc.*

배당 개요

심볼	PLD	배당 성향	102.07%	배당 주기	분기
연간 배당금	$3.48	연배당수익률	2.16%	연속배당인상	12년
동종업계 배당수익률	4.46%	최근 배당지급일	24.03.29	Avg Price Recovery	12.0일

기업 개요

물류 시설에 투자하는 부동산 투자신탁으로 캘리포니아주 샌프란시스코에 본사가 있다. 2011년 AMB 프로퍼티 코퍼레이션(AMB Property Corporation)과 프로로지스(Prologis)의 합병을 통해 설립되었고 세계 최대의 산업용 부동산 회사가 되었다. 2022년 비 부동산 사업인 에센셜스(Essentials)를 확장하기 시작하여 고객에게 태양광, 보관시스템, 지게차, 발전기, 기타 물류 장비를 제공하고 있다.

배당 예상치

회계연도 Fiscal Period Ending	예상 배당금 Consensus Rate	예상 연배당수익률 Consensus Yield	낮은 전망치 Low	높은 전망치 High
2023년 12월	$3.48	3.16%	$3.48	$3.49
2024년 12월	$3.71	3.37%	$3.48	$3.83
2025년 12월	$3.95	3.59%	$3.48	$4.22

배당 안정성 A | **배당 성장성** A- | **배당 수익률** D | **배당 지속성** A

금리 상승과 기타 역풍으로 상업용 부동산 시장이 타격을 입었고 고금리로 인해 배당 투자 매력까지 떨어지면서 실적이 견고한 회사의 주가도 하락했다. 부동산 투자 신탁(REITs)은 세법에 따라 매년 과세 소득의 최소 90%를 주주에게 배당금으로 지급하도록 요구되는 규정이 있다. 이러한 리츠기업 중에 그나마 선전하고 있는 분야가 산업용 리츠이고, 바로 이 산업용 리츠 중에서 세계 최대의 물류 공간 운영업체가 프로로지스다. 프로로지스가 선전하는 이유로 까다로운 규제로 인한 높은 진입장벽, 전자상거래의 증가, 이로 인한 공실율이 거의 없는 특징 등이 있다. 그래서 프로로지스는 금리가 하락하기 시작할 때 크게 회복될 가능성이 높다

194 크라운 캐슬 Crown Castle Inc.

배당 개요

심볼	CCI	배당 성향	246.49%	배당 주기	분기
연간 배당금	$6.26	연배당수익률	5.75%	연속배당인상	0년
동종업계 배당수익률	4.46%	최근 배당지급일	24.03.29	Avg Price Recovery	10.7일

기업 개요

미국의 부동산 투자 신탁이자 공유통신 인프라 제공업체로, 미국의 모든 주요 시장에서 소규모 셀과 광섬유 솔루션을 지원하는 4만 개 이상의 셀 타워와 약 8만 마일의 광섬유 경로를 소유, 운영, 임대하고 있다. 1994년 설립되었고 텍사스주 휴스턴에 본사를 둔 이 회사는 전국적으로 100개의 지사를 두고 있다. 2017년 〈휴스턴 비즈니스 저널〉이 선정한 최고의 직장에 선정되기도 했다. 2019년 총 수익을 기준으로 포춘지 500대 기업에 496위로 처음으로 합류했다.

배당 예상치

회계연도 Fiscal Period Ending	예상 배당금 Consensus Rate	예상 연배당수익률 Consensus Yield	낮은 전망치 Low	높은 전망치 High
2023년 12월	$6.26	6.03%	$6.26	$6.27
2024년 12월	$6.27	6.04%	$6.26	$6.43
2025년 12월	$6.30	6.06%	$6.26	$6.64

배당 안정성 D | **배당 성장성** C | **배당 수익률** B- | **배당 지속성** A-

크라운 캐슬은 텍사스 주 휴스턴에 위치한 통신 리츠회사로 미국 시장 전역에 4만 개 이상의 셀 타워를 운영 및 임대하고 있다. 이 기업의 가장 큰 문제는 통신 기업을 향한 다양한 역풍에 있다. 통신업체들의 과도한 경쟁, 그리고 성장의 한계, 최근 부상한 납 피복 케이블문제 등과 그로 인한 추가 셀룰러 스펙트럼 구축을 늦추면서 크라운 캐슬의 실적이 저하되고 있다는 것이다. 리츠는 정말 다양한 분류로 나뉘는데, 가장 안 좋은 리츠가 바로 크라운 캐슬인 것 같다.

195 벡톤 디킨슨 Becton, Dickinson and Company

배당 개요

심볼	BDX	배당 성향	26.48%	배당 주기	분기
연간 배당금	$3.80	연배당수익률	1.58%	연속배당인상	52년
동종업계 배당수익률	1.58%	최근 배당지급일	24.03.29	Avg Price Recovery	6.4일

기업 개요

전 세계 의료기관, 의사, 생명과학 연구원, 임상실험실, 제약업 및 일반 대중을 위한 의료용품, 장치, 실험실 장비 및 진단 제품을 개발, 제조, 판매하는 회사다. 또한 특정 지역에서 컨설팅 및 분석 서비스를 제공하고 있다. 2021년 포춘지 선정 500대 기업에서 177위를 차지했다. 1897년에 설립되었으며 뉴저지주 프랭클린 레이크스에 본사를 두고 있다.

배당 예상치

회계연도 Fiscal Period Ending	예상 배당금 Consensus Rate	예상 연배당수익률 Consensus Yield	낮은 전망치 Low	높은 전망치 High
2023년 9월	$3.81	1.63%	$3.40	$4.01
2024년 9월	$3.89	1.67%	$3.40	$4.05
2025년 9월	$4.12	1.76%	$4.00	$4.23

배당 안정성 A | **배당 성장성** B+ | **배당 수익률** C | **배당 지속성** A+

헬스케어 주식을 생각하면 자동으로 제약회사가 떠오르는가? 대부분의 사람들이 그렇게 생각한다. 그러나 장기적으로 가장 중요한 이익 중 일부는 비제약 의료주식인 경우가 많다. 바로 백톤 디킨슨이 그런 기업인데, 벡톤 디킨슨은 의료 기관, 의사, 생명과학 연구자 등이 사용하는 다양한 의료 용품(바늘, 주사기 등), 장치, 실험실 장비 및 진단 제품의 개발, 제조 및 판매에 종사하고 있다. 이러한 의료장비 및 용품 기업은 꾸준하게 실적을 내는 양상을 보이는데, 벡톤 디킨슨도 지속적인 실적을 바탕으로 배당왕 목록에 이름을 올렸다.

196 HCA 헬스케어 *HCA Healthcare, Inc.*

배당 개요

심볼	HCA	배당 성향	11.58%	배당 주기	분기
연간 배당금	$2.64	연배당수익률	0.86%	연속배당인상	4년
동종업계 배당수익률	1.58%	최근 배당지급일	24.03.29	Avg Price Recovery	2.5일

기업 개요

1968년에 설립된 미국의 의료시설 영리 운영사이다. 테네시주 내슈빌에 본사를 두고 있으며 2020년 5월 기준 186개의 병원과 수술센터, 21개 주와 영국에 독립형 응급실, 긴급치료센터 및 클리닉을 소유, 운영하고 있다. 2021년 포춘지 500대 기업 중 총 수익 기준으로 62위에 올랐다. 하버드 필그림 헬스케어 협회(Harvard Pilgrim Institute), 미국 질병통제예방센터(CDC) 등과 파트너십을 맺고 대규모 임상연구를 수행하며 여러 의학 연구를 발표하기도 했다.

배당 예상치

회계연도 Fiscal Period Ending	예상 배당금 Consensus Rate	예상 연배당수익률 Consensus Yield	낮은 전망치 Low	높은 전망치 High
2023년 12월	$2.39	0.97%	$2.35	$2.40
2024년 12월	$2.50	1.01%	$2.31	$2.64
2025년 12월	$2.68	1.09%	$2.36	$2.90

배당 안정성 A | **배당 성장성** A- | **배당 수익률** B- | **배당 지속성** F

장우석의 말말말

HCA 헬스케어는 미국 최대 병원 체인 중 하나로 의료 부문의 선두주자 중 하나다. 쉽게 말하면 환자가 일상적인 치료를 받거나, 수술을 받거나, 응급 상황에 급히 이송되는 등 꼭 필요한 의료 시설 네트워크를 제공하는 회사인 것이다.

의료 시설 네트워크를 구축하려면 많은 시간과 비용이 필요하다. 그래서 이미 설립된 회사에는 분명한 이점이 있다. 이는 HCA에 경제적 해자를 부여하기 충분하다. 그리고 인구 노령화와 이에 따른 의료비 지출 증가로 인해 혜택을 받게 될 것이다.

197 인터콘티넨탈 익스체인지 *Intercontinental Exchange, Inc.*

배당 개요

심볼	ICE	배당 성향	27.28%	배당 주기	분기
연간 배당금	$1.80	연배당수익률	1.32%	연속배당인상	10년
동종업계 배당수익률	3.12%	최근 배당지급일	24.03.29	Avg Price Recovery	7.4일

기업 개요

2000년에 설립되었으며, 본사는 조지아주 애틀란타에 있다. 글로벌 금융 거래소 및 어음 교환소를 운영하고, 모기지에 관련된 기술, 데이터, 리스트를 제공하는 회사다. S&P500, Russell1000에 상장된 이 회사는 금융 및 상품 시장을 위한 거래소를 소유하고 있으며 12개의 규제 거래소 및 마켓플레이스를 운영하고 있다.

배당 예상치

회계연도 Fiscal Period Ending	예상 배당금 Consensus Rate	예상 연배당수익률 Consensus Yield	낮은 전망치 Low	높은 전망치 High
2023년 12월	$1.68	1.51%	$1.68	$1.70
2024년 12월	$1.79	1.61%	$1.64	$1.88
2025년 12월	$1.93	1.74%	$1.76	$2.06

배당 안정성 A | **배당 성장성** C+ | **배당 수익률** D- | **배당 지속성** C+

인터콘티넨탈 익스체인지는 뉴욕 증권 거래소를 소유한 것으로 알려져 있으며 여기에 유럽 최대 증권 거래소인 유로넥스트(Euronext)와 인기 상품 거래소인 뉴욕거래소(New York Board of Trade)를 관리한다. 거래소는 거래 및 청산 수수료로 수익을 창출한다. 2022년, 인터콘티넨탈 익스체인지 순수익의 43%가 청산 및 거래에서 나왔다. 두 번째로 큰 기여를 한 것은 거래 데이터를 미디어 수집업체에 판매하는 비지니스이다. 이런 거래소 운영은 아무나 할 수 없기에 당연히 넓은 해자를 보유하고 있는 기업으로 시장의 변동성과 거래가 늘면 수익이 증가하는 구조를 가지고 있다.

198 메리어트 인터내셔널 *Marriott International, Inc.*

배당 개요

심볼	MAR	배당 성향	19.31%	배당 주기	분기
연간 배당금	$2.08	연배당수익률	0.86%	연속배당인상	1년
동종업계 배당수익률	-	최근 배당지급일	24.03.29	Avg Price Recovery	2.5일

기업 개요

전 세계에 호텔, 레지던셜, 타임쉐어형 부동산 등의 숙박시설을 소유, 운영, 분양하는 미국의 다국적 기업이다. 매리어트는 사용가능한 객실 수 기준으로 세계에서 가장 큰 호텔 체인으로, 131개 국가에 8,000개의 호텔과 30개의 브랜드를 보유하고 있다. 1993년, 메리어트 코퍼레이션(Marriott Corporation)에서 부동산을 프랜차이즈하고 관리하는 메리어트 인터내셔널(Marriott International, Inc)과 부동산을 소유하는 호스트 메리어트 코퍼레이션(Host Marriott Corporation, 현재의 Host Hotels & Resorts)의 두 회사로 분리되면서 1927년에 설립되었다.

배당 예상치

회계연도 Fiscal Period Ending	예상 배당금 Consensus Rate	예상 연배당수익률 Consensus Yield	낮은 전망치 Low	높은 전망치 High
2023년 12월	$1.93	0.94%	$1.84	$2.00
2024년 12월	$2.23	1.09%	$1.16	$2.93
2025년 12월	$2.70	1.31%	$2.08	$3.39

배당 안정성 C- | **배당 성장성** A | **배당 수익률** D- | **배당 지속성** F

메리어트 인터내셔널은 클래식 럭셔리 호텔 브랜드인 JW 메리어트, 리츠칼튼, 세인트 레지스와 독특한 럭셔리 호텔 브랜드인 W 호텔, 더 럭셔리 컬렉션, 에디션, 불가리와 클래식 프리미엄 호텔 브랜드로인 메리어트 호텔, 쉐라톤, 델타 호텔, 메리어트 이그제큐티브 아파트, 메리어트 베케이션 클럽 등을 보유하고 있다.

펜데믹이 끝나고 본격적인 여행수 요가 증가하면서 매출이 크게 성장했다. 앞서 언급한 수많은 호텔 브랜드를 들으면 왠지 호캉스를 하고 싶은 생각이 들 것 같다. 특히 출장 수요가 회복하며 비즈니스 관련 숙박이 전 세계 객실 숙박의 32%를 차지했다.

199 데본 에너지 *Devon Energy Corporation*

배당 개요

심볼	DVN	배당 성향	53.94%	배당 주기	분기
연간 배당금	$3.08	연배당수익률	7.10%	연속배당인상	0년
동종업계 배당수익률	4.24%	최근 배당지급일	24.03.29	Avg Price Recovery	8.3일

기업 개요

주로 미국에서 석유, 천연가스 및 천연가스 액체를 탐사, 개발, 생산하는 에너지 기업이다. 1971년에 설립되었으며 본사는 오클라호마주 오클라호마 시티에 있다. 약 5,134개의 유정을 운영하며, 포춘지 선정 500대 기업에서 520위에 올랐다.

배당 예상치

회계연도 Fiscal Period Ending	예상 배당금 Consensus Rate	예상 연배당수익률 Consensus Yield	낮은 전망치 Low	높은 전망치 High
2023년 12월	$0.75	1.65%	$0.54	$0.80
2024년 12월	$0.86	1.90%	$0.80	$0.96
2025년 12월	$3.16	6.96%	$2.64	$3.89

배당 안정성 B- | **배당 성장성** A+ | **배당 수익률** C- | **배당 지속성** B

델라웨어(Delaware), 애너다코(Anadarko), 윌리스턴(Williston), 파우더 리버(Powder River) 등 여러 유역에 자원을 보유하고 있는 데본 에너지는 탐사 및 생산 회사다. 한마디로 업스트림 에너지 회사로 석유와 천연가스 생산에 주력하고 있다. 최근 주가의 약세는 유가와 관련성이 높다. 문제는 유가가 상승해도 주가는 그대로라는 점이다. 경기침체 가능성에 무게를 둔 것이다. 그리고 변동형 배당금을 지급하는 과정에서 회사가 어려울 때마다 배당을 자주 삭감했다. 결국 회사가 어려워지면 주주들과 고통을 분담해야 하는 건데, 솔직히 어떤 투자자가 선호를 할까?

200 아메리칸 인터내셔널 그룹 American International Group, Inc.

배당 개요

심볼	AIG	배당 성향	17.34%	배당 주기	분기
연간 배당금	$1.44	연배당수익률	2.11%	연속배당인상	1년
동종업계 배당수익률	3.18%	최근 배당지급일	24.03.28	Avg Price Recovery	1.4일

기업 개요

미국의 다국적 금융 및 보험회사로 80개 이상의 국가와 지역에서 사업을 운영하고 있다. 또한, AIG 여자오픈 골프대회 주관사이기도 하다. 1919년에 중국 상하이에서 설립되었고, 1939년에 본사가 뉴욕으로 이전되었다. 2018년 포춘지 선정 500대 기업 중 60위를 차지했고, S&P100과 S&P500의 구성요소이다. 2007~2008년 금융위기 동안 연방준비은행은 회사를 1,800억 달러에 구제하고 통제권을 인수했으며, AIG는 2012년에 미국정부에 2,050억 달러를 상환했다.

배당 예상치

회계연도 Fiscal Period Ending	예상 배당금 Consensus Rate	예상 연배당수익률 Consensus Yield	낮은 전망치 Low	높은 전망치 High
2023년 12월	$1.40	2.17%	$1.39	$1.40
2024년 12월	$1.54	2.38%	$1.47	$1.69
2025년 12월	$1.69	2.63%	$1.52	$2.00

배당 안정성 A- | **배당 성장성** C+ | **배당 수익률** D+ | **배당 지속성** C-

AIG는 광범위한 손해 보험, 생명 보험, 은퇴 솔루션 및 기타 금융 서비스를 제공하는 선도적인 글로벌 보험회사다. 특히 손해보험 사업 부문의 강력한 성과와 보험료 인상으로 계속해서 이익을 얻고 있다. AIG는 손해보험의 매출이 전체 매출의 55%를 차지하므로 허리케인 이안(Hurricane Ian)과 같이 막대한 비용이 나가는 자연재해만 없으면 큰 문제가 없을 것 같다.

201 트래블러스 컴퍼니 *The Travelers Companies, Inc.*

배당 개요

심볼	TRV	배당 성향	19.30%	배당 주기	분기
연간 배당금	$4.00	연배당수익률	1.82%	연속배당인상	19년
동종업계 배당수익률	3.18%	최근 배당지급일	24.03.29	Avg Price Recovery	9.5일

기업 개요

미국 대표 보험회사 중 하나로 미국 상업재해 보험 2위, 미국 개인보험 6위 보험사이다. 1853년에 설립되었고, 2004년에 회사 이름을 지금의 사명으로 변경하였다. 본사는 뉴욕에 있으며 2009년부터 다우존스 산업평균지수의 구성 요소였다. 총 매출 320억 달러로 2021년 포춘지 500대 기업 중 98위에 오르기도 했다.

배당 예상치

회계연도 Fiscal Period Ending	예상 배당금 Consensus Rate	예상 연배당수익률 Consensus Yield	낮은 전망치 Low	높은 전망치 High
2023년 12월	$3.91	2.28%	$3.67	$4.00
2024년 12월	$4.15	2.41%	$3.90	$4.40
2025년 12월	$4.46	2.59%	$3.99	$5.25

배당 안정성 A+ | **배당 성장성** B | **배당 수익률** D+ | **배당 지속성** A

손해보험사인 트래블러스 컴퍼니는 미국 일부 지역에서 발생한 심한 바람과 우박 폭풍으로 인해 분기별 이익이 6% 감소했다고 발표했다. 폭풍으로 인해 보험사의 재보험 순 손실액은 1년전 1억 6,000만 달러에서 5억 3,500만 달러로 늘어난 것이다. 매년 자연재해만 없으면 주가도 좋고, 별로 단점이 안보이는 기업인데, 미국은 태풍이나 허리케인, 산불 등의 사건이 너무 많다는 것이 문제다.

202 헤스 코퍼레이션 *Hess Corporation*

배당 개요

심볼	HES	배당 성향	14.0%	배당 주기	분기
연간 배당금	$1.75	연배당수익률	1.19%	연속배당인상	2년
동종업계 배당수익률	4.24%	최근 배당지급일	24.03.29	Avg Price Recovery	14.0일

기업 개요

원유, 액화천연가스(NGL), 천연가스를 탐사, 개발, 생산, 운송, 판매하는 미국의 글로벌 독립 에너지 회사이다. 북미 지역의 석유를 탐사하기 위해 1919년에 설립된 아메라다 코퍼레이션(Amerada Corporation)이 모기업이며, 1968년 헤스 오일 앤 케미컬(Hess Oil and Chemical)과 아메르다 페트로늄(Amerada Petroleum)의 합병으로 형성되었다. 2016년 포츈지 500대 기업 중에서 394위를 차지했다.

배당 예상치

회계연도 Fiscal Period Ending	예상 배당금 Consensus Rate	예상 연배당수익률 Consensus Yield	낮은 전망치 Low	높은 전망치 High
2023년 12월	$1.76	1.22%	$1.75	$1.82
2024년 12월	$2.03	1.41%	$1.75	$2.49
2025년 12월	$2.48	1.72%	$1.76	$3.32

배당 안정성 - | **배당 성장성** - | **배당 수익률** F | **배당 지속성** -

쉐브론이 석유 및 가스 생산업체인 헤스를 인수했다. 헤스는 가이아나와 멕시코만에 유전을 보유하고 있는데, 이를 쉐브론이 인수했다고 생각하면 된다. 석유 수급을 위해 중동보다는 분쟁이 없는 지역을 선택한 것으로 보인다. 아직 M&A 건으로 묶여 있는 상황이기에 여기서는 간단하게만 살펴봤다.

203 트레인 테크놀로지스 *Trane Technologies plc*

배당 개요

심볼	TT	배당 성향	29.46%	배당 주기	분기
연간 배당금	$3.36	연배당수익률	1.22%	연속배당인상	5년
동종업계 배당수익률	2.36%	최근 배당지급일	24.03.29	Avg Price Recovery	1.5일

기업 개요

난방, 환기, 공조(HVAC) 및 냉동 시스템 제조에 주력하는 아일랜드 소재 지주회사이다. 1885년에 설립되었으며 본사는 아일랜드의 소즈에 있다. 2008년 HVAC 제조업체인 트레인은 산업용 도구 제조업체인 잉가솔랜드(Ingersoll Rand)에 인수되었고, 다시 2020년에 도구 사업부가 분사되며 나머지 회사는 지금의 사명으로 이름이 변경되었다. 미국 내 판매 사무소, 유통업체, 딜러를 통해 제품을 마케팅 하고 판매한다.

배당 예상치

회계연도 Fiscal Period Ending	예상 배당금 Consensus Rate	예상 연배당수익률 Consensus Yield	낮은 전망치 Low	높은 전망치 High
2023년 12월	$2.97	1.30%	$2.77	$3.13
2024년 12월	$3.15	1.38%	$2.91	$3.57
2025년 12월	$3.36	1.47%	$3.00	$3.94

배당 안정성 A+ | **배당 성장성** A | **배당 수익률** C- | **배당 지속성** A-

난방, 환기, 공조 및 냉동(HVACR)제품 회사인 트레인 테크놀로지는 실적이 아주 좋은 기업이다. 그 이유는 데이터 센터, 첨단 기술 산업, 교육, 의료, 생명과학 및 정부, 산업 분야의 주문 강세가 이어지고 있기 때문이다. 예를 들어 데이터 센터는 특수한 공간으로 온도, 습도 및 공기 순도를 제어하기 위해 다양한 기술이 필요하다. 병원이나 생명과학 실험실도 마찬가지다. 다만 올해 주거용 냉동(HVAC) 제품 소비부진으로 2023년에 약세를 보이는 것이 아쉬웠는데, 2024년에는 좋은 성장을 이룰 것으로 예상하고 있다. 그럼 상업용과 주거용 모든 부분에서 추가 수익이 발생할 것이다.

204 M&T 뱅크 *M&T Bank Corporation*

배당 개요

심볼	MTB	배당 성향	32.48%	배당 주기	분기
연간 배당금	$5.20	연배당수익률	3.79%	연속배당인상	1년
동종업계 배당수익률	3.18%	최근 배당지급일	24.03.29	Avg Price Recovery	8.7일

기업 개요

1856년 설립되었고 뉴욕 버팔로에 본사를 둔 미국 은행 지주회사이다. 2021년 수익을 기준으로 포춘지 500대 기업 목록에서 519위였다. 1976년 이후 매 분기마다 흑자를 기록했으며, 2007~2008년 금융위기 동안에도 배당금을 낮추지 않은 은행이었다. 자회사인 윌밍턴(Wilmington Trust)는 글로벌 기업 및 기관 서비스, 프라이빗 뱅킹, 투자 관리 및 신탁 서비스를 제공한다.

배당 예상치

회계연도 Fiscal Period Ending	예상 배당금 Consensus Rate	예상 연배당수익률 Consensus Yield	낮은 전망치 Low	높은 전망치 High
2023년 12월	$5.22	3.47%	$4.80	$5.80
2024년 12월	$5.51	3.66%	$4.80	$6.60
2025년 12월	$5.72	3.80%	$5.64	$5.80

배당 안정성 B | **배당 성장성** C- | **배당 수익률** B- | **배당 지속성** B+

M&T 뱅크 코퍼레이션은 뉴욕에 본사를 둔 지방 은행으로 자산 기준 미국 내 19위를 차지하는 작은 규모의 은행이다. 실리콘밸리 은행의 파산으로 가뜩이나 어려운 상황에서 2023년 8월 무디스가 신용등급을 강등하자 위기에 빠지기도 했다. 최근에는 부실대출 문제가 수면 위로 떠오르고 있다. 이런 상황에서 의미 있는 회복은 시간이 더 걸릴 것으로 보인다.

205 퍼블릭 서비스 엔터프라이즈 그룹 *Public Service Enterprise Group Incorporat*

배당 개요

심볼	PEG	배당 성향	59.36%	배당 주기	분기
연간 배당금	$2.40	연배당수익률	3.99%	연속배당인상	13년
동종업계 배당수익률	3.75%	최근 배당지급일	24.03.29	Avg Price Recovery	11.9일

기업 개요

PSEG로도 불리는 이 회사는 뉴저지주 뉴어크에 본사를 둔 다각화된 에너지 회사다. 1903년에 뉴저지에서 400개 이상의 가스, 전기 및 운송회사들이 결합하여 설립된 퍼블릭 서비스 코퍼레이션(Public Service Corporation)을 모태로 하며, 1985년 공공서비스, 전기 및 가스 회사(PSE&G)를 관리하기 위해 PSEG(Public Service Enterprise Group)가 설립되었다. 가장 큰 자회사는 뉴저지에서 가장 오래된 퍼블릭 서비스 일렉트릭 앤 가스 컴퍼니(Public Service Electric and Gas Company, PSE&G)이다. 다른 자회사로는 PSE&G, PSEG Long Island, PSEG Power가 속해 있다.

배당 예상치

회계연도 Fiscal Period Ending	예상 배당금 Consensus Rate	예상 연배당수익률 Consensus Yield	낮은 전망치 Low	높은 전망치 High
2023년 12월	$2.28	3.58%	$2.25	$2.31
2024년 12월	$2.41	3.78%	$2.36	$2.47
2025년 12월	$2.54	3.98%	$2.44	$2.65

배당 안정성 B+ | **배당 성장성** B+ | **배당 수익률** C- | **배당 지속성** A

퍼블릭 서비스 엔터프라이즈 그룹은 미국 북동부 및 중부 대서양 지역의 천연가스 유통뿐만 아니라 전기의 생성, 송전, 배전이 포함된다. 원자력과 태양열 및 풍력까지 다양한 공급원을 보유하고 있다. 대부분의 유틸리티 기업이 그러했듯 고금리로 인한 배당 매력이 감소하면서 주가의 부진도 장기화 양상을 보이고 있다. 하지만 퍼블릭 서비스 엔터프라이즈 그룹은 그나마 양호한 실적을 보여주고 있다.

206 에버소스 에너지 *Eversource Energy*

배당 개요

심볼	ES	배당 성향	60.55%	배당 주기	분기
연간 배당금	$2.86	연배당수익률	4.88%	연속배당인상	26년
동종업계 배당수익률	3.75%	최근 배당지급일	24.03.29	Avg Price Recovery	9.8일

기업 개요

에버소스 에너지는 1966년에 설립되었고, 코네티컷주 하트퍼드와 매사추세츠주 보스턴에 본사를 두고 있다. 포춘지 500대 에너지 기업으로 코네티컷, 매사추세츠, 뉴햄프셔의 약 400만 고객에게 전기, 천연가스 서비스 및 수도 서비스를 제공하고 있다. 이전에는 노스웨스트 유틸리티(Northeast Utilities)로 알려졌으며 2015년 4월에 지금의 사명으로 변경했다.

배당 예상치

회계연도 Fiscal Period Ending	예상 배당금 Consensus Rate	예상 연배당수익률 Consensus Yield	낮은 전망치 Low	높은 전망치 High
2023년 12월	$2.71	4.64%	$2.70	$2.86
2024년 12월	$2.87	4.90%	$2.78	$3.03
2025년 12월	$3.05	5.21%	$3.02	$3.20

배당 안정성 A- | **배당 성장성** D+ | **배당 수익률** B | **배당 지속성** A

에버소스 에너지는 미국 북동부의 유틸리티 기업으로 물, 가스 및 전기 등 다양한 공공 서비스를 제공하는 미국 내 몇 안 되는 유틸리티 기업 중 하나이다. 코네티컷, 매사추세츠, 뉴햄프셔의 400만 명 이상의 고객에게 서비스를 제공하고 있으며 거의 모든 유틸리티 기업과 마찬가지로 최근 금리상승으로 인해 주가가 압박을 받았다.

207 로스 스토어 *Ross Stores, Inc.*

배당 개요

심볼	ROST	배당 성향	20.70%	배당 주기	분기
연간 배당금	$1.34	연배당수익률	0.93%	연속배당인상	2년
동종업계 배당수익률	1.89%	최근 배당지급일	24.03.29	Avg Price Recovery	16.6일

기업 개요

로스 드레스 포 레스(Ross Dress for Less) 및 디디스 디스카운츠(dd's DISCOUNTS)라는 브랜드를 보유하고 있는 로스 스토어는 주로 중산층을 대상으로 의류, 액세서리, 신발, 홈 패션 등을 판매하는 미국의 할인 백화점 체인이다. 미국에서 가장 큰 할인 소매업체이며 2022년 9월 기준 40개 주, 워싱턴DC, 괌에서 약 2,000개의 매장을 운영하고 있다. 1957년에 설립되었으며 본사는 캘리포니아주 더블린에 있다.

배당 예상치

회계연도 Fiscal Period Ending	예상 배당금 Consensus Rate	예상 연배당수익률 Consensus Yield	낮은 전망치 Low	높은 전망치 High
2023년 1월	$1.36	1.06%	$1.34	$1.47
2024년 1월	$1.50	1.17%	$1.34	$1.73
2025년 1월	$1.73	1.34%	$1.56	$2.04

배당 안정성 D | **배당 성장성** A | **배당 수익률** D- | **배당 지속성** D-

로스 스토어는 중산층 가구 중 가격에 민감한 25~54세 남성과 여성을 대상으로 할인 소매 의류 및 홈 액세서리 매장 체인을 운영하고 있다. 나름 마케팅 노하우가 있는 기업으로 독특한 의류와 가정용품을 백화점 가격에서 20~70% 할인된 가격에 판매하는 것이 로스 스토어의 성공 공식이다. 또 소박한 판매 진열(장식이나 화려한 비품 없음)과 공급업체로부터 대폭 할인된 가격으로 상품을 구매하고 그 과정에서 이러한 공급업체를 위해 대량의 재고를 정리하는 특징도 있다. 잘되는 소매업체에는 차별화 요소가 분명히 있다.

208 베리스크 애널리틱스 Verisk Analytics, Inc.

배당 개요

심볼	VRSK	배당 성향	18.28%	배당 주기	분기
연간 배당금	$1.36	연배당수익률	0.55%	연속배당인상	4년
동종업계 배당수익률	1.37%	최근 배당지급일	24.03.29	Avg Price Recovery	6.5일

기업 개요

1971년에 설립되었고, 뉴저지 저지시티에 본사가 있다. 정부, 보험, 천연자원, 금융, 위험관리 부문의 고객들에게 데이터 분석 솔루션을 제공한다. 인수, 클레임, 사기예방, 경제 예측, 보험보장, 화재방지, 재난 및 날씨 위험, 데이터관리 등 다양한 분야에서 예측분석 및 의사 결정을 지원하고 상담을 제공한다.

배당 예상치

회계연도 Fiscal Period Ending	예상 배당금 Consensus Rate	예상 연배당수익률 Consensus Yield	낮은 전망치 Low	높은 전망치 High
2023년 12월	$1.33	0.56%	$1.18	$1.36
2024년 12월	$1.49	0.63%	$1.40	$1.55
2025년 12월	$1.60	0.67%	$1.48	$1.72

배당 안정성 A+ | **배당 성장성** A | **배당 수익률** D- | **배당 지속성** C

베리스크 애널리틱스는 보험업계에 서비스를 제공하는 위험 평가 및 데이터 분석 회사로 AI를 활용하고, 머신 러닝 및 기타 고급 기술을 사용하여 상당한 양의 기록을 신속하게 분석하여 고객의 위험 관리에 도움이 되는 분석 및 통찰력을 제공한다. 그럼 이렇게 치밀하게 분석하는 이유가 무엇일까? 보험업계가 맞딱드린 보험사기와 변덕스러운 날씨, 재해를 예상하기 위해서다. 베리스크 애널리틱스는 결국 보험회사의 이익을 위해 꼭 필요한 기업이다.

209 엑스트라 스페이스 스토리지 *Extra Space Storage Inc.*

배당 개요

심볼	EXR	배당 성향	118.98%	배당 주기	분기
연간 배당금	$6.48	연배당수익률	4.58%	연속배당인상	0년
동종업계 배당수익률	4.46%	최근 배당지급일	24.03.29	Avg Price Recovery	8.5일

기업 개요

셀프 스토리지 시설에 투자하는 부동산 투자신탁으로, 1977년에 설립되었고, 유타주 코튼우드 하이츠에 본사가 있다. 온도조절 장치, 드라이브업 장치, 사물함, 보트 보관소, RV 보관소, 비즈니스용 보관소 등의 보관시설을 임대하며, 2022년 미국 최대의 셀프 스토리지 자산 관리 업체이며, 미국 2위의 셀프 스토리지 장치 소유주이다.

배당 예상치

회계연도 Fiscal Period Ending	예상 배당금 Consensus Rate	예상 연배당수익률 Consensus Yield	낮은 전망치 Low	높은 전망치 High
2023년 12월	$6.44	5.02%	$5.96	$6.48
2024년 12월	$6.64	5.18%	$6.10	$7.13
2025년 12월	$6.92	5.39%	$6.30	$7.84

배당 안정성 B- | **배당 성장성** A | **배당 수익률** C+ | **배당 지속성** C

엑스트라 스페이스 스토리지는 셀프 스토리지 시설의 소유 및 운영을 전문으로 하는 셀프 스토리지 부동산 투자 신탁 회사이다. 몇 번 반복을 했지만 리츠 기업은 고금리하에서 배당의 매력이 떨어진다는 것이다. 여기에 추가로 최근 인공지능의 붐으로 가치주보다는 성장주에 관심이 몰린 것도 이런 리츠 기업에게는 악재다.

사실 위에 언급한 문제는 어찌 보면 몇 년 안에 해소될 수 있는 상황이니 장기적인 안목으로 접근하라고 조언 드리고 싶다.

210 아메렌 *Ameren Corporation*

배당 개요

심볼	AEE	배당 성향	54.78%	배당주기	분기
연간 배당금	$2.68	연배당수익률	3.84%	연속배당인상	11년
동종업계 배당수익률	3.75%	최근 배당지급일	24.03.29	Avg Price Recovery	1.9일

기업 개요

미국의 공공 유틸리티 지주회사로서, 아메렌 미주리(Ameren Missouri), 아메렌 일리노이 일렉트릭 디스트리뷰션(Ameren Illinois Electric Distribution), 아메렌 일리노이 천연가스(Ameren Illinois Natural Gas), 아메렌 트랜스미션(Ameren Transmission)의 4개 부문으로 운영된다. 여러 전력회사 및 에너지 회사의 지주회사이다. 세인트루이스에 본사가 있으며 미주리주와 중부 및 동부, 일리노이주 남부에서 전기 및 천연가스 서비스를 제공하고 있다.

배당 예상치

회계연도 Fiscal Period Ending	예상 배당금 Consensus Rate	예상 연배당수익률 Consensus Yield	낮은 전망치 Low	높은 전망치 High
2023년 12월	$2.52	3.26%	$2.47	$2.53
2024년 12월	$2.69	3.48%	$2.62	$2.72
2025년 12월	$2.86	3.71%	$2.78	$2.89

배당 안정성 A- | **배당 성장성** C+ | **배당 수익률** D+ | **배당 지속성** A-

아메렌은 1997년 12월에 설립된 유틸리티 회사로, 미주리주와 일리노이주의 주거용, 상업용, 산업용 및 도매 시장에 전기와 천연가스를 생산하고 유통한다. 이 회사는 약 240만 명의 전기 고객과 900만 명 이상의 가스 고객에게 서비스를 제공하고 있다. 유틸리티 기업은 시장이 어려우면 선전을 하는 특징이 있는데, 2023년의 경우 시장도 강하고 금리도 높아서 주가가 부진한 편이다.

211 마틴 마리에타 머티리얼스 *Martin Marietta Materials, Inc.*

배당 개요

심볼	MLM	배당 성향	12.51%	배당주기	분기
연간 배당금	$2.96	연배당수익률	0.56%	연속배당인상	8년
동종업계 배당수익률	2.82%	최근 배당지급일	24.03.29	Avg Price Recovery	6.4일

기업 개요

골재 및 건축자재 공급업체이며, 특히 도로, 인도 및 기초 공사를 위한 자원을 공급한다. 1939년 노스캐롤라이나주 롤리에서 설립된 골재회사인 슈페리얼 스톤(Superior Stone)에서 시작하였고, 현재는 미국 26개 주, 캐나다, 카리브해 지역에서 사업을 운영하고 있다. 1995년에 록히드 코퍼레이션(Lockheed Corporation)과 합병하여 록히드 마틴이 설립되었으며, 1년 후 다시 독립회사로 분사되었고, 록히드 마틴은 항공 우주, 방위 등의 제조사업을 유지했다.

배당 예상치

회계연도 Fiscal Period Ending	예상 배당금 Consensus Rate	예상 연배당수익률 Consensus Yield	낮은 전망치 Low	높은 전망치 High
2023년 12월	$2.78	0.60%	$2.64	$3.00
2024년 12월	$2.91	0.63%	$2.27	$3.50
2025년 12월	$2.99	0.65%	$2.00	$3.75

배당 안정성 A+ | **배당 성장성** A- | **배당 수익률** F | **배당 지속성** A-

건설산업에 건축 자재를 공급하는 마틴 마리에타는 최근 미국이 1조 달러 규모의 대규모 정부 자금 지원 패키지에 따라 운송 인프라를 업그레이드할 때 미국 핵심 시장의 건설 자재에 대한 수요가 증가하면서 실적이 좋았다. 특히 석재, 모래, 자갈 등 골재 생산업체로 매우 탄탄한 사업 부문을 보유하고 있다.
텍사스, 플로리다, 조지아, 콜로라도 등에서 골재시장의 20~30%를 점유하고 있다. 골재시장은 자갈을 장거리 운송하기에는 너무 비싸기 때문에 대부분 현지 시장에서 공급한다. 바로 이 부분이 마틴 마리에타의 노하우다. 금리가 높아지면 부동산 시장이 침체가 와서 걱정을 하지만 각종 인프라 등 정부의 지출로 별로 걱정을 안 하는 기업이다.

212 도미노 피자 *Domino's Pizza, Inc.*

배당 개요

심볼	DPZ	배당 성향	27.45%	배당 주기	분기
연간 배당금	$4.84	연배당수익률	1.16%	연속배당인상	11년
동종업계 배당수익률	1.89%	최근 배당지급일	24.03.29	Avg Price Recovery	4.7일

기업 개요

1960년에 설립해 미시간주 앤아버에 본사를 둔 다국적 피자 레스토랑 체인이다. 2022년 1월 기준 90개 시장에서 약 1만 8,800개의 매장을 운영하고 있으며, 2018년 퀸즐랜드 비즈니스 리더 명예의 전당에 올랐다.

배당 예상치

회계연도 Fiscal Period Ending	예상 배당금 Consensus Rate	예상 연배당수익률 Consensus Yield	낮은 전망치 Low	높은 전망치 High
2023년 12월	$4.86	1.31%	$4.84	$4.98
2024년 12월	$5.33	1.43%	$4.80	$5.78
2025년 12월	$6.01	1.61%	$5.00	$6.65

배당 안정성 C | **배당 성장성** A+ | **배당 수익률** D- | **배당 지속성** B-

도미노 피자는 선도적인 피자 배달 기업으로 유명하다. 여기에 치폴레, 맥도널드 등 유명 패스트푸드 회사도 배달에 뛰어들면서 경쟁 체제가 시작됐다. 하지만 최근 우버이츠(Uber Eats)와의 파트너십과 같은 이니셔티브의 도움을 받아 조만간 과거의 영광을 되찾을 수 있는 환경이 만들어졌다.

213 레이도스 홀딩스 *Leidos Holdings, Inc*

배당 개요

심볼	LDOS	배당 성향	17.52%	배당주기	분기
연간 배당금	$1.52	연배당수익률	1.23%	연속배당인상	1년
동종업계 배당수익률	1.37%	최근 배당지급일	24.03.28	Avg Price Recovery	5.9일

기업 개요

사이언스 어플리케이션 인터내셔널 코퍼레이션(Science Applications International Corporation, SAIC)으로도 알려진 레이도스는 미국의 국방, 항공, 정보기술, 바이오메디컬 연구기업으로 버지니아주 레스톤에 본사가 있다. 2016년 록히드 마틴의 IT부문인 인포메이션 시스템즈&글로벌 솔루션스(Information Systems & Global Solutions, Lockheed Martin IS&GS)와 합병하여 방위산업 최대의 IT서비스 제공업체를 탄생시켰다. 레이도스와 록히드 마틴의 합병은 지금까지 국방 부문 통합 가장 큰 거래로 기록된다. 레이도스는 미국 국방부를 포함한 정부기관 및 기타 상업 시장에서 광범위하게 협력하고 있다.

배당 예상치

회계연도 Fiscal Period Ending	예상 배당금 Consensus Rate	예상 연배당수익률 Consensus Yield	낮은 전망치 Low	높은 전망치 High
2023년 12월	$1.47	1.39%	$1.46	$1.48
2024년 12월	$1.56	1.48%	$1.52	$1.60
2025년 12월	$1.68	1.60%	$1.61	$1.76

배당 안정성 B | **배당 성장성** B+ | **배당 수익률** C | **배당 지속성** C+

레이도스 홀딩스는 미국에 본사를 둔 국방, 항공 및 정보 기술 회사다. 미국 정부의 사이버 보안 지출에도 크게 노출되어 있다. 이런 방산주는 미국 국방부, 미국 정부, 레이도스가 톱니바퀴처럼 돌아간다고 생각하면 된다.

대부분의 국가가 대체로 국방비를 줄이지 않기 때문에 장기적으로 좋아 보인다. 미국과 중국의 갈등, 이스라엘-하마스 분쟁, 러시아-우크라이나 전쟁 등으로 봤을 때 방산주 시장은 절대 죽지 않을 것이다.

◆◆◆

끝으로 전할 말이 있다. 대부분의 기업이 이 책에서 소개한 배당 지급일에 따라 배당을 지급하고 있지만 실적 일정의 변경, 매월 달라지는 주수(예. 4주, 5주)에 따라 배당 날짜에 변동이 있을 수 있다. 그러니 '매주 달러 받는 배당주 포트폴리오' 속 개별 기업들의 배당 일정을 체크하고, 틈틈이 입금되는 배당금을 확인하는 자세가 필요하다.

기업들의 상황은 매번 바뀌기에 이 책에서 소개한 213개 기업들의 배당 상황과 수익률, 예상치 역시 변화할 것이다. 종이책의 물리적 한계로 그 점을 다 담지 못하는 것이 아쉽지만, 필자는 이 책이 배당주 포트폴리오를 만들고 싶은 여러분에게 좋은 씨앗과 양분이 되기를 바랄 뿐이다. 모쪼록 이 책을 통해 여러분이 배당주의 매력을 깨닫고, 그동안 알지 못했던 알짜 배당 기업들을 발견하여, 평생 가는 포트폴리오를 구성하길 진심으로 기원한다.

큐알코드를 통해
장우석 멘토의 특별 강연
'시장을 이기는 포트폴리오'를
들으실 수 있습니다.

※수강 가능 기간: 2024년 12월 31일까지

직접 투자가 어렵고, 시간도 없다면 ETF가 좋은 해답이다. 자산운용업계 1위 삼성자산운용의 월배당 ETF는 높은 프리미엄을 통해 월분배금을 추구하는 장점이 있다. 타겟프리미엄 전략을 활용한 월배당 3종 ETF를 소개하려 한다. 관심이 있다면 증권사 MTS를 통해 검색해보는 것을 추천한다.

1) Kodex 미국배당 + 10%프리미엄다우존스 ETF

10년 연속 배당을 늘려온 100개 종목으로 포트폴리오를 구성하고 S&P500 지수 콜옵션 매도를 통해 연 10% 이상 수준의 배당을 추구하는 월배당 상품이다. 영업이익이 꾸준히 증가하는 배당성장 종목으로 구성되어 있어 성과 또한 장기적으로 양호한 흐름을 보인다.

2) Kodex 미국30년국채 + 12%프리미엄(합성 H) ETF

금리 인하 시기에 수익을 내는 데는 장기채 상품이 제격이다. 미국 초장기 국고채로 수익을 추구하고, 동시에 TLT ETF(미국30년국채 성과를 추종하는 ETF) 옵션 매도를 통해 월 1% 수준의 배당까지 추구한다.

3) Kodex 미국AI테크TOP10 + 15%프리미엄 ETF

미국의 대표적인 AI 테크 10개 종목이 우선 선별되며 시가총액을 고려해 투자 비중이 결정된다. 최근 각광받는 마이크로소프트, 엔비디아가 높은 비중을 차지하고 있으며 주목받는 브로드컴, AMD, TSMC도 편입되어 있어 앞으로 높은 수익이 예상되는 ETF다. 나스닥100지수 콜옵션 매도를 활용하여 연 15% 수준의 배당을 추구한다.

※더 자세한 내용이 궁금하다면
QR코드에 접속하세요.

매주 달러 받는
배당주 통장

초판 1쇄 발행 2024년 3월 27일
초판 6쇄 발행 2024년 8월 30일

지은이 장우석
펴낸이 김선준

편집이사 서선행
책임편집 최한솔
편집3팀 오시정, 최구영
마케팅팀 권두리, 이진규, 신동빈
홍보팀 조아란, 장태수, 이은정, 유준상, 권희, 박미정, 이건희, 박지훈
디자인 정란
경영관리 송현주, 권송이

펴낸곳 페이지2북스
출판등록 2019년 4월 25일 제 2019-000129호
주소 서울시 영등포구 여의대로 108 파크원타워1, 28층
전화 070)4203-7755 **팩스** 070)4170-4865
이메일 page2books@naver.com
종이 월드페이퍼 **인쇄 및 제본** 한영문화사

ISBN 979-11-6985-070-4 (03320)

- 책값은 뒤표지에 있습니다.
- 파본은 구입하신 서점에서 교환해 드립니다.